国家社科基金项目（17BFX189）成果

Legal Methods for
Ensuring Justice in Criminal Cases

刑事个案公正的法律方法

周少华　倪　震／著

法律出版社 LAW PRESS·CHINA
北京

图书在版编目(CIP)数据

刑事个案公正的法律方法 / 周少华，倪震著. -- 北京：法律出版社，2024
ISBN 978 -7 -5197 -9119 -3

Ⅰ. ①刑… Ⅱ. ①周… ②倪… Ⅲ. ①刑事诉讼－公正－研究 Ⅳ. ①D915.304

中国国家版本馆 CIP 数据核字（2024）第 092336 号

刑事个案公正的法律方法
XINGSHI GEAN GONGZHENG DE FALÜ FANGFA

周少华　倪　震　著

策划编辑 王　锋
责任编辑 王　锋　陈　妮
装帧设计 李　瞻

出版发行 法律出版社
编辑统筹 法治与经济出版分社
责任校对 王晓萍
责任印制 吕亚莉
经　　销 新华书店
开本 A5
印张 8.375　**字数** 235 千
版本 2024 年 6 月第 1 版
印次 2024 年 6 月第 1 次印刷
印刷 北京建宏印刷有限公司

地址：北京市丰台区莲花池西里 7 号(100073)
网址：www.lawpress.com.cn
投稿邮箱：info@lawpress.com.cn
举报盗版邮箱：jbwq@lawpress.com.cn
销售电话：010 - 83938349
客服电话：010 - 83938350
咨询电话：010 - 63939796

书号：ISBN 978 -7 -5197 -9119 -3　　**定价**：76.00 元
凡购买本社图书，如有印装错误，我社负责退换。电话：010 - 83938349

目录

第一章　刑事个案公正及其法治意义

法律应当是公正的，这几乎是一个无须论证的命题。因为公正是人类社会最基本的价值观念，也是法律所追求的最高价值。法律一旦偏离甚至违背基本的公平、正义标准，不仅会引起法律正当性、合法性上的危机，损害法律的权威，最终还可能会导致法律秩序本身的崩溃。

在对法律公正问题的讨论中，一般公正与个案公正是一组最常见的概念。在西方思想史上，自亚里士多德将"正义"区分为普遍正义与特殊正义以来，人们就开始采用这一区分来讨论法律的公平正义问题。

一、法律的一般公正

公正，包含公平、正义。公平、正义都是法律所追求的基本价值。所谓公平，"是人们对社会事物进行价值评价时所表现出来的观念，是一种价值评价形式,一种思想意识。它可以是一种公平感,也可以是一种学说、理想、主张以及体现为一定的制度等";"公平强调的仍是平等,而这种平等又必须公认"。[①] 而正义,则是一个众说纷纭的概念,以至人们不得不借助类型学的帮助理解正义,[②]从而将正义分为不同的方面。比如普遍正义与特殊正义、形式正义与实质正义、实体正义与程序正义、分配正义与矫正正义等。每一类型的正义都试图从某个角度说明什么是正义,但没有任何一种类型可以回答正义的全部内涵。总体上,正义被认为至少具有以下特征:其一,正义是内涵不断变化的词,不同时代的人对其有不同理解,也就是说正义具有相对性;其二,正义代表人类普遍认同的最高价值,因而又具有普遍性。

法律的一般公正,由一般正义而来。一般正义,也被称为普遍正义。罗尔斯所说的"制度正义",其实就是指普遍正义。在罗尔斯那里,"制度正义"是与"个人正义"并行使用的概念。所谓制度,通常表现为一种公共规则体系。如果制度是正义的,许多复杂的社会问题就可以得到公平合理的处理。借助制度正义,罗尔斯提出了普遍正义的问题,并认为此种正义"不受任何时间地点的限制,普遍适用于所有社会和历史时期,适用于任何时代背景下的任何人"。[③] 罗尔斯通过自由和平等原则来阐述他的普遍正义观念:一方面,人人都享有最广泛的基本自由;另一方面,人们在享有这种基本自由上是平等的,是与他人的自由相容的。

虽然"正义"与"公正"不是同一个概念,但是公正中一定包含正义,意指正义被平等地予以分配。如此,法律的一般公正就是指体现在

---

① 杨震:《法价值哲学导论》,中国社会科学出版社 2004 年版,第 198 ~ 199 页。

② 参见[美]劳伦斯·索伦:《法理词汇》,王凌皞译,中国政法大学出版社 2010 年版,第 92 页。

③ [美]约翰·罗尔斯:《正义论》,何怀宏等译,中国社会科学出版社 2001 年版,第 137 页。

法律之中、能够反映当时社会普遍心理认同的公平正义观念，它主要是通过立法来得到保证的。“人们通常将法律等同于正义”，[①]正义的法律当然应该被公平地适用。从实质内容上说，法律的一般公正与人类的基本道德原则以及自然正义有关，涉及“什么是正义”这一实体问题，通过法律制度的具体内容来判断；而从形式上说，法律的一般公正则意味着法律得到了遵守和平等的适用，与法律的边界以及一系列程序性的要求有关，体现的是法治主义的精神。

当然，现代法治早已不是一个纯形式的概念，法治主义本身就已经可以作为一个理解法律一般公正的解释性概念。形式法治观念强调规则的制定和一体遵循，其关注的重点是规则的权威性；而实质法治观念则强调法律的正当性，也就是法律要合乎正义，尽管不同时代可能对“正义”本身的理解不完全相同。

我们认为，对于法律的一般公正，不能只从实质意义上理解，它同样是包含形式正义在内的。尤其是，当我们在司法层面讨论一般公正时，形式正义就显得尤为重要，因为只有在司法者严格遵守和适用法律，使形式正义得到保证的前提下，已经制定的良法所代表的实质正义才能真正实现。

所以，法律的一般公正意味着有一套能够体现基本正义观念的法律制度，其不仅包含各种利益、权利被合理地分配，而且当利益发生冲突、权利被侵害时，法律能够对冲突的利益进行符合正义原则的平衡与协调，对被侵害的权利提供平等、有效的保护。

二、个案公正

与一般公正相对应的个案公正，顾名思义就是公平正义观念在具体案件当中的体现，其本质就是司法者依据事实和法律，对个案作出公

---

① ［英］雷蒙德·瓦克斯：《法哲学：价值与事实》，谭宇生译，译林出版社 2013 年版，第 58 页。

平、公正裁判，既反映法律对公平正义的一般要求，也反映法官个人对法律的理解、对各种利益冲突的协调、对法律诸价值的平衡。因而，我们也可以把个案公正理解为在具体案件中，各种利益关系与法律的诸价值得到合理平衡的状态。

在我国，有学者将个案公正描述为“具体正义”。其认为，如果我们将法律文本看作法律世界的全部，我们会看到普遍的正义原则在法律中的贯彻和表达，但法律并不仅仅是文本的世界，更是一个实践的领域。实践要求法律文本中的普遍正义必须在具体的法律生活中得以对象化，而普遍正义正是在其对象化的过程中转化为具体正义。[①] 的确，法律不仅意味着一整套的规则体系，还意味着规则体系要发挥规范、调整社会生活的功能。当法律被平等地适用时，通常就能实现法律的一般公正；但是，在平等适用的基础上，司法者还必须考虑具体案件的特殊情况，作出符合案件自身情况的“具体正义”的判决，这就是个案公正。可见，一般公正强调的是统一性、普遍性、平等性，而个案公正强调的则是个别化、具体性、差异性。

在亚里士多德那里，正义原则就已经被表述为同等情况同等对待、不同情况根据其不平等的比例区别对待。[②] 正义原则可以说一直影响着后来西方的正义观念。罗尔斯在阐述他的正义原则的时候，认为正义除了包含体现自由平等原则的普遍正义，还需要加入能够体现社会制度和社会合作中利益与负担分配不平等的差别原则。差别原则意味着，它首先承认，人们在分配的某些方面，包括在运用权力方面，可能是不平等的，但是，该原则又要求这种不平等对每个人都有利，即必须能

① 参见武建敏：《走向具体正义》，载《河北经贸大学学报（综合版）》2007 年第 2 期。

② 参见［英］雷蒙德·瓦克斯：《法哲学：价值与事实》，谭宇生译，译林出版社 2013 年版，第 59 页。

提供同等的机会。当然，罗尔斯认为，自由平等原则是根本的和应当优先被满足的，如果违反了自由平等，那么差别原则也就无足轻重了。因此，他更看重人们在基本自由权利上的平等。① 可以说，法律的一般公正体现的主要是平等原则，而个案公正体现的则主要是差别原则。在具体案件中，只要正确、平等地适用法律，就可以实现法律的一般公正；但是，在此基础上，只有进一步考虑每一个案件所具有的特殊性、个别性的因素，审查裁判结果的具体妥当性，才能实现个案公正。

个案公正是以一般公正作为基础和前提的，失去一般公正，所谓个案公正不可能是真的公正，而且必定违反法治原则，成为无本之木、无源之水。可以说，一般公正与个案公正之间的关系就是一般与个别、普遍与特殊的关系，一般公正因其普遍性特征，必须在个案中被反映，同时在个案中被具体化。所谓“具体化”，就是在一般公正的指引下，案件当中的特殊因素被充分考虑到，不同利益诉求被合理满足，法律诸价值得到平衡。在此状态下，判决的法律效果与社会效果不仅能够兼顾，而且两个效果之间的比例关系达到最优化。

个案公正虽然必须考虑案件的具体情况，以“具体正义”的方式体现出来，但同时，这种“具体正义”又是被覆盖于一般正义之下的，能够被法律的一般公正包含。拉德布鲁赫认为，在法哲学上，广义的正义主要由三种法律理念构成：(1)平等。平等意味着，对于相同情况，应作相同对待；对于不同情况，应作不同对待。(2)合目的性。法有特定的社会目的，合目的性就是要求法能够促进社会利益的实现。(3)安定性。该理念依赖法的实证性，要求立法、行政和司法等法律过程中法的内容和程序都必须具有一定的明确性、公开性和存续性。② 此三种理

① 参见顾肃：《西方政治法律思想史》，中国人民大学出版社2005年版，第430页。

② 参见[德]古斯塔夫·拉德布鲁赫：《法哲学》，王朴译，法律出版社2005年版，第73～74页。

念,不仅需要被一般性地表达在法律中,而且需要在司法过程中被彰显在每一个具体的案件中。因此,正义交织着一般正义与个案正义、形式正义与实质正义、实体正义与程序正义。

三、司法公正的实质是个案公正

司法实践中究竟是优先考虑一般正义还是个案正义,反映了两种不同的法律观。

在英美法学理论中,存在形式化的法律观和实质化的法律观之间的分歧。[①] 这两种法律观,反映了法治自身内在的矛盾,形式化的法律观比较强调法律的一般正义,而实质化的法律观则重视法律的个案公正(具体正义)。德国法学家提出了法学思维的三种模式:(1)规范论,高举规范作为法的意义,认为当规范被稳妥地适用于具体处境时,便是"守序"。规范论以超脱于具体个案处境的抽象法规为法之根本,因而其注重的显然只是一般正义的实现。(2)决断论,以决断为法之终极所在,独尊决断,虽然其也存在法规,但这些法规并不是法的源头或终极形式,裁判者个人的决定才是最重要的,可见其注重的一般是个案正义的实现。(3)秩序论,是在批判前两种思维模式的基础上提出来的,其提供了一种"具体秩序的思考"。在这种思维模式下,一切法律都是"具体处境中的法"。因此,这是一种试图兼顾一般正义与个案正义的思维方式。[②]

司法机关的职责就在于准确、公正、合理地理解与适用法律。以往,人们大多将平等原则作为司法公正的外在标准,而将司法公正的目

① 关于两种法律观的具体内容,参见[英]P. S. 阿蒂亚、[美]R. S. 萨默斯:《英美法中的形式与实质——法律推理、法律理论和法律制度的比较研究》,金敏、陈林林、王笑红译,中国政法大学出版社2005年版,第346~348页。

② 参见[德]卡尔·施密特:《论法学思维的三种模式》,苏慧婕译,中国法制出版社2012年版,第45页以下。

标设定为“同案同判”,似乎只要做到了同案同判,也就实现了司法公正。① 但实际上,同案同判只是表达了法律的“平等适用”这一要求,其能够实现的只是形式正义,而与“同案同判”相对应的“不同情况不同处理”的价值则容易在该命题下被忽略。尽管有人认为,“同案同判”命题当然包含“不同情况不同处理”,但是,实践中很难判定哪些案件属于“同案”。司法实践的真实情况可能是,只存在大量的“类案”,而不存在真正的“同案”。对“类案”,究竟是作为“同案”作出同判,还是作为相似的案件而作出差异化的判决?如果可以作出差异化的判决,那么在什么情况下属于“同案同判”,在什么情况下属于“同案不同判”?

如果法官的判决是在法律之下作出的,那么一般公正就得到了保证,但是,法官的工作显然不能止于此。法律实践的真实情况是,法官不大可能仅仅根据一套僵硬的法律教条去处理案件。面对具体案件争议的复杂性和多样性,法官不得不在不同个案中创造性地作出决断。这样,法律就必须永远将“其于个案当中应该如何被理解、适用与决定”这个任务和权力赋予法官,在裁判时,法官必然带有个人的意志完成对个案的司法判断。因此,“法秩序并非单由法律,而毋宁是由法律与法官共同创造”。② 法官的工作既要接受“法律拘束”,又要努力追求

---

① 例如,张志铭教授认为:“从最为直接而显著的意义上说,案例指导制度或指导性案例所追求的价值目标就是‘同案同判’。”参见张志铭:《中国法院案例指导制度价值功能之认知》,载《学习与探索》2012 年第 3 期。刘作翔教授认为:“案例指导制度的核心是旨在通过‘指导性案例’的模本或标本作用,来解决‘同案不同判’的问题。”参见刘作翔:《案例指导制度的定位及相关问题》,载《苏州大学学报(哲学社会科学版)》2011 年第 4 期。徐昕教授也认为:“案例指导制度是应对‘同案不同判’问题的重要手段。”参见徐昕:《迈向司法统一的案例指导制度》,载《学习与探索》2009 年第 5 期。兰荣杰博士认为:“在刑事诉讼中,‘同案同判’主要体现为量刑均衡或量刑规范化。”参见兰荣杰:《程序视野中的“同案同判”——以量刑为切入点》,载《当代法学》2013 年第 4 期。

② 黄舒芃:《变迁社会中的法学方法》,台北,元照出版有限公司 2009 年版,第 11 页。

"个案正义";要在这二者之间实现平衡,就不能简单采取机械的司法方式,不能不假思索地"同案同判",而要对每一个案件都进行个别化的考量。

社会生活的复杂性决定了司法实践中不可能有真正的"同案"。我们通常所认为的"同案",一般都是根据案件基本事实的相似性来确定的,并不是基于对案件全部事实因素进行比较得出的结论。事实上,即使罪名相同、犯罪情节相当的案件之间,也或多或少存在某些差异。影响案件处理结果的因素并不仅仅限于案件的基本事实,诸多非基本事实的因素也经常会影响案件的处理结果。所以,在审理"同案"过程中,法官仍然有必要仔细甄别案件当中的差异,以便作出一个更符合个案公正的判决。我们认为,与不假思索的"同案同判"相比,建立在个别化考量基础上的差异化判决,更符合司法活动的本质和规律,也更有利于实现个案中的正义。

司法就是法官行使决断力的一种活动,这种活动以实现个案公正为基本目标,因而,司法公正的实质就是个案公正。

在刑事司法实践中,人们对法院判决往往抱有更高期待。刑事案件的判决结果常常关系被告人个人重大权利的限制或剥夺,同时,被犯罪人所破坏的社会关系、所损害的利益能否经由司法审判得到修复,也会极大地影响人们对刑事司法公正的看法。不合理、不公正的刑事判决不仅容易激起一般社会公众的"道德义愤",而且常常引起法学家们的"法治忧思"。尤其在网络时代,热点刑事案件常常会引发社会公众的广泛关注,在此背景下,刑事司法是否公正,不仅会影响社会公众对整个司法公正的整体看法,而且关系公众的正义期待能否得到满足的问题。正因为如此,刑事个案公正几乎可以成为司法公正的一个"试金石",常常需要接受公众正义直觉的检验。

本书聚焦于刑事个案公正的实现,试图为刑事司法勾勒出一个寻求个案公正的基本方法路径。

四、何为刑事个案公正

刑事个案公正，是指在刑事司法过程中，案件被公平对待、行为被准确评价、犯罪与刑罚之间的关系被均衡处理，案件当中的各种利益冲突达到合理平衡的状态。

阶级社会都会面临犯罪问题的困扰，尤其是当代社会，随着新技术的不断涌现和社会生活的急剧变化，许多新的犯罪现象给社会治理带来诸多难题。如何公正有效地预防和惩罚犯罪，不仅是法律技术上需要解决的难题，更是一个关乎公平正义的问题。因而，刑事司法成为投射司法公正的一面镜子。美国著名法学家埃尔曼曾言："在任何时代里，曾被一位美国哲学家描述为'面对现代文明事物中的最令人沮丧者之一'的刑法问题总是涉及人类的一些基本信仰与特征。因此，即使是在通过一种广泛的文化认同而在其他方面特色趋于一致的社会中，刑法问题却仍然不可避免地会引起争论。"①刑法问题的这种特殊性，使刑事案件判决的公正性问题总是会牵动公众敏感的神经，热点刑事案件总是能够引发社会的强烈关注。如果刑事案件能够得到公正的判决，个案公正能够被实现，那么无疑可以极大地彰显司法公正；如果出现刑事错案、冤案和不公正的刑事判决，那么会给社会公众留下"司法不公"的印象，伤害民众的正义情感，损害司法权威。

一直以来，司法公正不仅备受学界关注，而且始终都是司法机关努力追求的基本价值目标，也是我国司法机关进行司法改革的最大动力。多年来，我国最高司法机关所推动的各种改革举措，从宏观的司法公开、法官队伍的专业化以及司法责任制，到微观的案例指导制度、量刑规范化以及指导案例的持续发布，都旨在维护司法的权威性、统一性和

① [美]H. W. 埃尔曼：《比较法律文化》，高鸿钧等译，清华大学出版社2002年版，第66~67页。

公正性。

在某种意义上，刑事司法公正居于整个司法公正的核心位置，它能够最直观地通过个案公正的形式表达出来。就此而言，习近平总书记作出“努力让人民群众在每一个司法案件中感受到公平正义”①的重要指示，深刻地揭示了司法公正的本质在于个案公正。

关于刑事个案公正的基本内涵，我们认为可从以下两个原则进行界定：一是“罚当其罪”，表达了刑事个案公正的实质意义。《中华人民共和国刑法》（以下简称《刑法》）第5条规定：“刑罚的轻重，应当与犯罪分子所犯罪行和承担的刑事责任相适应。”这一要求应该体现在每一个具体案件中。二是“平等适用”，表达了刑事个案公正形式方面的要求。《刑法》第4条规定：“对任何人犯罪，在适用法律上一律平等。不允许任何人有超越法律的特权。”适用刑法人人平等原则，通常体现在人们常说的“同案同判”这一具体要求上。这两个基本原则，其实具有内在的统一性，它们想要解决的都是刑事处罚中的刑罚均衡问题：前一个原则要求所判处的刑罚必须与行为的罪责程度保持均衡；而后一个原则要求对不同的犯罪人在适用刑法时应坚持统一的标准，不得在法律之外搞差别化的歧视或优待。

虽然对于上述两个原则之间的关系详加研究亦具有重要意义，但是，我们更需要关注的一个核心问题或许是：如何从个案的角度理性阐述刑法的“平等适用”？更明确地说，“平等适用”原则的核心要义难道就是我们通常所说的“同案同判”吗？长久以来，人们都将“同案同判”当成一项不容置疑的公理。但是，从实践的立场看，“同案同判”真的是可预期的吗？或者，具体到刑事案件，我们该对“同案同判”怀有怎

① 《高举中国特色社会主义伟大旗帜　为全面建设社会主义现代化国家而团结奋斗——在中国共产党第二十次全国代表大会上的报告（2022年10月16日）》，载《人民日报》2022年10月26日，第1版。

样的期待呢？我们认为，澄清这些理论上的难题，不仅关系司法实践如何将刑法的平等适用原则现实化的问题，而且关系人们以往对“同案不同判”现象的众多理论批判，究竟在多大程度上是合理的。

我们之所以提出这样的问题，是因为以往的法学理论几乎把“同案同判”看作司法公正的一个代名词，或者至少将其作为司法公正最重要的一项指标；在此情形下，难免会将“同案不同判”作为违反法治的现象加以批判，认为它是妨碍司法公正的强大敌人。但是，我们的研究将表明：不能将同案同判与司法公正简单等同；恰恰相反，从个案公正的角度看，最能彰显司法公正的不是同案同判，而是差异化判决。

我们之所以特别关注刑事司法中的个案公正，主要是因为，在刑事司法中，“同案同判”不仅要求法律的平等对待，彰显形式公平，而且要求罚当其罪，体现实体公平。而在民事司法中，情况则有所不同。由于民法遵循意思自治原则，权利人对自己的权利享有充分的自由，当事人处分权的行使、当事人和解的达成，以及法院的调解程序与证据规则的运用等诸多因素，都可能影响案件的处理结果。为此，在民事司法中，实质上的“同案”被不同处理是极其常见的，其合法性很容易得到规范性的论证，并不会招致“同案不同判”的批判。因此，在民事司法领域，“同案同判”的法治意义就变得比较有限，不像在刑事司法中那样凸显。

这其实也表明了一个事实，那就是刑事个案公正的实现问题，无论是在理论上，还是在实践中，都是一个具有独特价值和意义的问题，有必要进行专门研究。

五、刑事个案公正的外在判断标准

其一，类案和指导性案例。对于个案的刑罚裁量，需要结合指导性案例以及其他同类地区的类似案例，在比较的基础上，充分考量个案之间的相同与不同、类似与差异，对待决案件中的量刑结果进行对照修正,以实现量刑结果在同类案件之间的均衡性。为此,最高人民法院在2005年发布的《人民法院第二个五年改革纲要(2004—2008)》中,正式提出"案例指导制度"与"指导性案例"的概念,并将案例指导制度作为司法改革的重要任务。随后,自2011年12月20日发布第一批指导性案例以来,截至2023年12月,最高人民法院已经发布了39批指导性案例。同时,为深化司法责任制综合配套改革,健全完善类案检索制度,进一步统一法律适用,2020年7月27日发布了《最高人民法院关于统一法律适用加强类案检索的指导意见(试行)》(以下简称《类案检索指导意见》),对人民法院办理案件时应当进行类案检索的具体情形进行了明确规定。

其二,量刑指导规范性文件。针对实践中的同案不同判、量刑偏差等问题,最高人民法院早在2008年8月就发布了一个《人民法院量刑指导意见(试行)》,并于2009年4月对其进行了修订。该意见中,只规定了5种犯罪的量刑指导规则。自2009年6月1日起,开始在全国120多家指定法院开展量刑规范化试点工作。此后的10多年里,最高人民法院又先后发布了多个版本的量刑指导意见。2010年9月13日,最高人民法院发布了《人民法院量刑指导意见(试行)》(以下简称2010年《量刑指导意见》),将规范指导的常见犯罪增加到了15种;同时,与最高人民检察院、公安部、国家安全部、司法部联合发布了《关于规范量刑程序若干问题的意见(试行)》。上述两个规范性文件自2010年10月1日起在全国法院全面试行。

2013年12月23日,又发布了《最高人民法院关于常见犯罪的量刑指导意见》(以下简称2013年《量刑指导意见》),并于2014年1月1日起实施,以进一步规范刑罚裁量权,落实宽严相济刑事政策,增强量刑的公开性,实现量刑公正。2017年3月9日,最高人民法院对2013年《量刑指导意见》进行修订,对量刑方法等内容作了重大修改,并于当年4月1日起施行(以下简称2017年《量刑指导意见》),2013年《量刑指导意见》同时废止。2017年5月1日,《最高人民法院关于常见犯罪的量刑指导意见(二)(试行)》发布,新增了8种常见犯罪的量刑指导规范。

2021年6月16日,最高人民法院、最高人民检察院《关于常见犯罪的量刑指导意见(试行)》(以下简称2021年《量刑指导意见》)发布,并于同年7月1日起实施,2017年《量刑指导意见》同时废止。该指导意见适用于23种常见犯罪判处有期徒刑的案件的量刑。本书如果引用量刑指导意见的具体内容,均以2021年《量刑指导意见》为准,并根据表达需要统一表述为2021年《量刑指导意见》或现行《量刑指导意见》。如果不涉及具体内容的引用,只笼统指称作为规范性文件名称的量刑指导意见,为了表达上的顺畅,仅表述为量刑指导意见。

其三,规范性文件实施细则。在量刑规范化实践中,最高人民法院自始至终都授权各高级人民法院可以"根据当地实际"制定量刑指导意见的实施细则。在2021年《量刑指导意见》发布之前,各地高级人民法院基本都制定了针对之前量刑指导意见的实施细则。与以往由最高人民法院单独发布不同,2021年《量刑指导意见》是由最高人民法院和最高人民检察院共同发布,因此,"各省、自治区、直辖市高级人民法院、人民检察院应当结合当地实际,共同制定实施细则"。截至本书提交出版之际,尚有少数省份还没有针对2021年《量刑指导意见》出台新的实施细则,相信各地最终都会出台新的实施细则,只是时间早晚的问题。

六、刑事个案公正的法治意义

我们之所以阐释刑事个案公正,而不是笼统地阐述刑事公正,是因为刑事个案公正具有以下几个方面的积极功能。

(一)从抽象公正走向具体公正

法治不仅仅表现为一系列的法律原则和一整套的规则体系,更体现在具体的法律实践中。正义不只是一个抽象的观念,更需要具体地体现在法官对每一个案件的判决中。社会公众对司法公正的直观感受来自法院对一桩桩具体案件的司法判决。可以说,没有个案公正,整体的、普遍的司法公正也不可能存在。正如陈兴良教授指出的,“在刑事法律活动中,个别公正之所以重要,主要是因为刑事立法所确立的一般公正由于法律规范本身的局限性,在适用于个别案件时,这种一般公正不能‘天然地’转化为个别公正,而有待于能动的刑事司法活动”。[①] 也就是说,一般公正仅仅是立法层面的抽象意义的普遍公正,而个案公正是司法层面的具体公正,如果不经历这样一个由抽象公正向具体公正的转化过程,那么公正就很难被人们外在地认识和感知。司法的本质就是行使判断力,努力地将法律的一般正义落实到具体案件中。因此,只有致力于个案公正的实现,刑事司法才能够成为抽象公正走向具体公正的桥梁。

(二)调和形式正义和实质正义

法治首先表现为一系列的形式要求,而以文字表述的法律具有鲜明的形式理性的特征。法的形式理性通过各种外在的技术性要素被表达出来,如含义明确的法律概念、可操作性的规范、各规范之间内在的统一性等。一般来说,遵从法律规范的要求,即能体现形式正义的要求。从法治意义来说,法的形式正义有助于维护法秩序的稳定,使社会公众在行为时对行为所产生的法律后果有稳定的预期,从而促进积极行为、抑制有害行为。特别是对于刑法来说,形式正义体现法的安全价值,具有人权保障的功能,因而显得更加重要。正因为法的形式正义具有重要的法治意义,马克斯·韦伯着眼于规则体系的完备性与一体适

---

① 陈兴良:《刑法的价值构造》(第2版),中国人民大学出版社2006年版,第280页。

用,侧重法的形式正义的向度,力倡形式理性的法律。①

但是,法的形式正义只是一种手段的正义,它仅表现为对法律外在形式要求的遵循,但仅有形式正义显然是不够的。由于法律所处理的是各种利益关系,涉及权利的分配,必须体现实质正义的要求,实质正义才是目的的正义。在理想的情况下,满足了手段的正义,也就同时能够实现目的的正义;但是在现实的法律实践中,形式正义的实现并不当然意味着实质正义的要求得到了满足。当形式正义的要求与实质正义发生冲突时,应当优先考虑实质正义的实现,手段应当服从于目的,而不能本末倒置。即使在特别重视形式正义的刑事司法领域,也丝毫不能忽视实质正义的实现。在刑法教义学上,犯罪论的体系性思考即具有强烈的形式化特征,从根本上讲,这种形式化特征也是为了使实质正义最终得到保证。德国刑法学家耶赛克和魏根特认为:“犯罪论中所概括的犯罪概念的一般特征,使合理的、与事实相适应的和均衡的判决成为可能,而且它对维护法安全是起到很大作用的。但人们也不能忽视落入非常抽象的程式化的刑法解释学(Stafrechtsdogmaik)的危险。该危险存在于法官机械地信赖理论上的概念,从而忽视具体案件的特殊性。重要的是要解决实际问题。”②此处提到的“具体案件的特殊性”,就是指在关注并妥善、公正考量个案特殊情形下所作出的判决,一定意义上就实现了个案公正。但是,不可忽视的一点是:过度追求实质正义的实现有使法律失去规则原本应该具有的稳定性预期的危险,这对于以刑罚为法律后果的刑法而言,是尤其需要避免的危险。反之,过于固守法律的形式正义,又会使法律为了手段而丧失目的价值诉求,

---

① 参见[德]马克斯·韦伯:《法律社会学》,康乐、简惠美译,台北,远流出版事业股份有限公司2003年版,第31页。

② [德]汉斯·海因里希·耶赛克、[德]托马斯·魏根特:《德国刑法教科书(总论)》,徐久生译,中国法制出版社2001年版,第242页。

难以得到合理性的证成而陷入概念法学机械形式主义的泥淖。形式正义与实质正义之间的这种关系,乃是法治自身的内在矛盾;可以说,优良的法治都在试图更好地处理这一矛盾。

因此,如何有效地兼顾形式正义与实质正义,不仅是刑法理论的任务,更是刑事司法必须面对的现实问题。我们认为,刑事个案公正的法律方法能够比较有效地调和这对矛盾。一方面,刑事个案公正的实现旨在关注个案的妥当性与合理性,其本身就彰显着刑法的实质正义。另一方面,从我们提出的刑事个案公正的评价标准来看,内在标准侧重于自身的本体论内容,它赋予刑事个案裁量一种稳定的框架;更为重要的是,外在标准立足于个案与个案之间的比较,使不同案件之间保持形式上的一致关联,彰显法律作为规则之治的形式理性。同时,这种个案之间的比较并不是简单化地践行"同案同判"这一形式化的司法理念,机械地维护判决的一致性,而是重在以比较为基础,充分考量个案自身的特殊性,进而在每一个具体案件中实现实质正义。即便是所谓"同案",也应在比较的基础上作个别化的考量,这种考量的实质就是求"同"基础上的存"异",是建立在类案正义基础上的个案正义。在比较案件的法律方法中,思维逻辑上的形式正义仍然处于优先考虑的位阶,也就是在满足法律的形式要求的前提下去追求实质正义,而这种实质正义的具体表达就是个案公正。由此可见,刑事个案公正能够在一定程度上调和形式正义与实质正义之间的紧张关系,将二者有机统一起来。

(三)彰显司法公正,提升司法公信力

刑事司法是司法公正中较敏感的部分,社会关注度较高,很容易引起公众的强烈反应。尤其是在我国刑事司法领域量刑实践公开度与透明度不高的现实背景下,冤案错案一旦进入公众视野,并随着网络等媒体传播而产生放大效应,很容易对司法公信力和司法权威造成损害。

鉴于量刑失衡、同案不同判等现象被学界和公众广为诟病，能够直观反映平等适用的“同案同判”就被视为彰显量刑公正、提升司法公信力的一剂良药，量刑规范化改革也是在这个现实背景之下应运而生的。

社会公众对刑事司法公正最直观的感受往往来自案件之间处理结果上的比较，类似案件在量刑结果上保持一致，的确比较容易给人以公正、公平之感。但是，我们认为，对司法公正的追求不能仅仅满足于“同案同判”所带来的量刑结果上的一致性，因为这只是一种机械、抽象、形式意义上的公正，虽然短时间内可能形成司法公信力提升的表象，但是从长远来看，量刑公正与刑事司法公信力的提升不应寄托于量刑结果的一致，而应专注于量刑裁量标准的一致。只有加强量刑标准的客观性与量刑过程的透明度，使刑事司法以一种可见的正义方式运行，在刑事司法与社会公正之间最大限度地建立起稳定、必然的联系，于具体的个案中落实量刑的公平公正，增强刑事判决的社会认同度，才是解决问题的最佳途径。

第二章　同案同判对刑事个案公正的意义

在对司法公正的讨论中，同案同判几乎是一个绕不开的命题。很多人把同案同判当成司法公正的代名词，将个案公正的实质归结为同案同判，相应地，也就把同案不同判看成是司法公正的最大障碍而大加批判。的确，由于刑事案件的判决常常关涉个人重大权利的限制或剥夺，人们自然对其确定性和量刑公正抱有极高的预期。在刑事司法中，同案同判不仅具有要求法律平等对待的形式公平的意义，还具有比较而言的实体公平的意义。因而，同案同判在刑事司法中更受重视，并被体现在量刑公平这一要求上。

但笔者认为，即便是在对法律的确定性抱有最高预期的刑事司法领域，同案同判也并不具有当然的合法性。因为同案同判仅仅形式化地表达了刑法的平等适用原则，却无法说明“同判”本身在实质意义上的正当性。判决的正当性、合理性只能通过判决理由的阐释得到说明，简单化的同案同判或许会忽视案件中的特殊因素，从而欠缺实质合理性。因此，从追求个案公正的角度，对同案同判命题需要重新进行思考。当然，需要声明的是，笔者并不是要否定同案同判这一内含着正义观念的司法准则，而是试图更好地阐释它。

一、刑事案件的“同案”如何判定

虽然人们习惯于将法律的平等适用原则通俗地表达为同案同判，并把同案同判视为司法公正的基本要求，但支持这一观点的学者也不得不承认：司法裁判中不存在案件事实绝对相同的两个案件。因此，这里的“同案”的确切表述应当是同类案件或类似案件，而非同样案件或相同案件。① 即使司法实践中确有大量的严格意义上的“同案”存在，那么“同案”应该如何认定呢？也就是说，我们应该如何来证明一个案件与另一个案件之间具有相同性呢？因为“同案”是“同判”的基础，要实现“同判”，首先得证明“同案”的存在。然而，“同案”的判定似乎并不是一件容易的事情。

由于刑事司法的目标是对特定的犯罪行为进行法律评价并决定科以何种刑罚，因此，所有案件最终都要落实到作为法律效果的量刑结果之上。“罪责概念和罪责原则的效果，基本上都是通过量刑表现出来的……一方面，作为归责的主要内容，罪责主要作为刑罚的上限来理解；另一方面，作为量刑罪责，罪责的程度决定了刑罚的严厉性。”②而同案同判所追求的，正是罪责程度相同的案件在最终结果上的一致性。但是，由于量刑结果不仅取决于由行为的性质所决定的定罪事实，还取

① 参见张志铭：《中国法院案例指导制度价值功能之认知》，载《学习与探索》2012年第3期。

② ［德］汉斯－约格·阿尔布莱希特：《重罪量刑：关于刑量确立与刑量阐释的比较性理论与实证研究》，熊琦等译校，法律出版社2017年版，第32页。

决于体现行为的社会危害性大小和犯罪人人身危险性高低的各种量刑事实因素，因此，这些量刑事实其实就是我们通常所说的情节。

关于刑法上的情节，理论上存在不同的认识：(1)把刑法上的情节统称为犯罪情节，并根据其在行为评价中的意义，将犯罪情节区分为定罪情节和量刑情节。[①] (2)把刑法上的情节称为犯罪情节，又在犯罪情节之外讨论量刑情节，但是对二者的关系则未加讨论。不过从论者的具体行文来看，犯罪情节和量刑情节显然存在交叉关系。[②] (3)把刑法上的情节区分为犯罪情节和犯罪人情节，在此之外又讨论量刑情节，后者与前两者显然亦有所重叠。[③] 笔者认为，将刑法上的情节区分为犯罪情节和犯罪人情节有其合理之处。因为前者更多地表明行为的社会危害性程度，而后者则更多地表明行为人的人身危险性程度。至于它们与量刑情节的关系，笔者的看法是，既然犯罪情节和犯罪人情节是构成要件之外的能够说明行为社会危害性程度或行为人人身危险性程度的事实情况，那么可以认为，几乎所有的犯罪情节和犯罪人情节都是量刑情节，而所谓定罪情节，其实就是犯罪构成事实。

所以一般认为，一个待决案件与一个作为参照的已决案件是否属于“同案”，需要有两个分析步骤，即通过对案件性质上的定性分析和对案件情节上的定量分析，才能加以判断。[④] 两个以上案件只有在“质”和“量”两个方面都等同时，才可以称得上是“同案”。基于这一认识，笔者认为，不同刑事个案要认定为法律意义上的“同案”，就应当同时具备以下四个方面的类同性：(1)犯罪性质上的类同性；(2)犯罪情

---

① 参见周光权：《刑法总论》，中国人民大学出版社2007年版，第403页。

② 参见张明楷：《刑法学》(第4版)，法律出版社2011年版，第493、502页。

③ 参见曲新久：《刑法学》(第2版)，中国政法大学出版社2009年版，第215～218页。

④ 参见张志铭：《中国法院案例指导制度价值功能之认知》，载《学习与探索》2012年第3期。

节上的类同性;(3)犯罪人情节上的类同性;(4)其他量刑情节上的类同性。

罪刑法定原则要求对犯罪性质的认定应当以刑法的明文规定为首要的判断依据。由于犯罪论体系的理论构造存在不同,对犯罪性质的类同性的判定可能会存在思维方式上的差异。但从实践的角度来说,法定构成要件的本质无论是违法类型还是违法、有责类型,都不会影响构成要件是认定犯罪的法律标准这一判断。我国刑法采用形式评价与实质评价相结合的所谓混合犯罪概念作为法定犯罪概念,并采用"定性+定量"的立法模式规定犯罪构成。因而我国刑法理论的通说认为,犯罪构成是刑法规定的,反映某一行为的社会危害性及其程度,而为该行为成立犯罪所必须具备的一切客观要件和主观要件的有机整体。由于犯罪构成是主客观要件的有机整体,是犯罪的社会危害性的法律标志,因此,犯罪构成是认定犯罪的法律标准。张明楷教授就曾指出:"就认定犯罪的法律标准而言,除了犯罪构成之外再没有别的标准,也不能在犯罪构成之外附加其他任何条件,所以,犯罪构成是认定犯罪的唯一法律标准。换言之,行为符合犯罪构成,是认定犯罪的唯一根据。"①刑法针对每一个具体犯罪所规定的犯罪构成,既是区分罪与非罪、此罪与彼罪的法律标准,也是判断行为性质的法律标准。一般来说,不同个案中犯罪行为的客观表现和主观方面完全相同,符合同一个罪的犯罪构成,就可以认为它们在犯罪性质上具有类同性。

作为严重危害社会的行为,犯罪不仅具有质的规定性,还具有量的规定性。因此,不同个案仅仅在犯罪性质上具有类同性,并不能说明它们属于"同案",至多能够说明它们属于同类案件。在"罪性"同一性的基础上,只有"罪量"的比较也获得了等值的评价,才能最终确定它们

① 张明楷:《刑法学》(第4版),法律出版社2011年版,第100页。

属于“同案”。

白建军教授认为,“罪量是关于犯罪严重性程度的综合评价”。[①]笔者同意这一观点并认为,罪量是由可以说明犯罪行为社会危害性大小的各种客观事实及情节所共同决定的,而情节有犯罪情节、犯罪人情节和量刑情节之分,其中,对罪量有直接决定作用的是犯罪情节和量刑情节。犯罪情节是超出犯罪构成要件的事实情况,这些事实情况虽然并不影响定罪,但它们与决定犯罪性质的主客观事实即定罪事实具有密切联系,能够进一步说明犯罪行为的社会危害性程度。正如张明楷教授指出的那样:“认定犯罪性质,只是解决了应当适用的刑法条文,并没有完全选定法定刑,故不等于量刑的结果完全正确。在犯罪性质相同的犯罪中,犯罪情节不尽相同,因此犯罪的社会危害程度也不一样。要使刑罚与罪行轻重以及犯罪人的人身危险程度相适应,就必须使刑罚与犯罪情节相适应。在刑法规定了不同层次的法定刑的犯罪中,分清各该犯罪行为的情节属于哪个层次,对于正确量刑具有特别重要的意义。即使某种犯罪只有一个层次的法定刑,犯罪情节对于如何在该法定刑幅度内选择刑种与刑度,也具有十分重要的意义。”[②]正是因为犯罪情节具有重要意义,而且犯罪情节又可以分为对犯罪人有利的情节(从宽情节)与对犯罪人不利的情节(从严情节),故而需要全面掌握犯罪情节。本书所要考虑的问题是,由于犯罪情节可以反映行为的社会危害性大小,所以,比较犯罪情节也就成为判断性质相同的两个案件是否属于“同案”的必不可少的步骤。

此外,在“同案”的判定过程中,另一个重要的比较因素和评价指标就是犯罪人情节。所谓犯罪人情节,是指与犯罪人的人身危险性密切相关、能够反映其人身危险性程度的属于犯罪人的个人情况。虽然

---

① 白建军:《罪刑均衡实证研究》,法律出版社2004年版,第137页。

② 张明楷:《刑法学》(第4版),法律出版社2011年版,第493～494页。

《刑法》第61条并没有明文规定犯罪人情节，大多数刑法学者通常也只论及犯罪情节而未讨论犯罪人情节，但是，“根据刑法总则的有关规定的精神以及实现刑罚特殊预防目的的需要，量刑时应当考虑犯罪人情节，这也是刑罚个别化原则的要求”。[①] 严格地说，犯罪人情节本身并不直接反映危害行为的“罪量”，但它可以反映行为人的人身危险性程度，因而从特殊预防的目的出发，此类情节也是量刑时需要考虑的因素。在刑法理论和司法实践中，诸如“犯罪人一贯的表现”“前科”等犯罪人情节，被普遍认为应当作为酌定量刑情节。在其他各方面完全相同的两个案件，如果犯罪人的某些个人情况明显反映出不同的人身危险性，那么当然不能进行“同判”，而应认为它们不属于“同案”，宜作出不同的处理结果。

符合同一犯罪的构成要件、犯罪情节相当的两个案件，虽然在规范评价的意义上可以被认定为“同案”，但是，由于同案同判所追求的“同判”显然是指根据法律所作的最终评价结果——刑罚之量的“同”，因此，在判断不同个案是否属于“同案”时，量刑情节也是必须考虑的因素。符合同一犯罪的构成要件、犯罪情节相当的两个案件，尽管在定性方面比较容易得到相同的法律评价，但是在具有构成要件要素意义的定罪事实之外，往往还存在很多可以反映罪行轻重以及行为人的人身危险程度的情况。这些情况虽不具有犯罪构成事实的意义、不能说明犯罪的基本性质，但也是量刑时应当考虑的，因而成为法律规定或认可的量刑情节。量刑情节的基本功能虽然是决定“刑量”的轻重或者是否免除刑罚处罚，但由于刑罚本身就是对犯罪进行法律评价的工具，因而量刑情节实际上也是对“罪量”进行评价的事实因素。基于此，在不同个案是否属于“同案”的判定过程中，量刑情节当然也是重要的比较

---

① 曲新久：《刑法学》（第2版），中国政法大学出版社2009年版，第215页。

因素和评价指标。

以上对“同案”的判定标准及比较因素的讨论，目的并不在于提供一个据以判定“同案”的理论标准和操作方案；恰恰相反，本书的目的是以此为基础，来揭示“同案”判定的复杂性、艰难性。由于与犯罪行为人相关的各种因素、与犯罪行为本身相关的各种因素以及与被害人相关的各种因素都有可能成为影响量刑结果的因素，因此，这些因素的组合形成了数种情形，使两个案件很难被认定为“同案”。在实践中，要想证明两个案件属于“同样案件”或“相同案件”，几乎注定是要失败的。

二、刑事案件“同案”判定的实践难题

有人认为，同案同判的实现有赖于量刑事实与量刑模板的一一契合，因而实现同案同判就可归结为两个步骤：一是量刑事实的发现，即全面查明影响定罪量刑的所有事实；二是量刑模板的发现，即精确定位最为贴切的规范或先例。一旦完成这两个步骤，法官裁判就会水到渠成，“同案”也必然归于“同判”。① 按此说法，“同案”的判定似乎只是依据法律规定所作的一个逻辑判断过程，不存在什么特别的困难。然而，这样的认识并不符合事实，因为他所说的两个前提性条件（全面查明和精确定位）客观上很难达到。实际上，出于复杂的原因，“同案”的判定并不能在精确量化的意义上进行确证，这使影响定罪量刑的事实难以穷尽，即使穷尽也无法在两个以上的案件之间进行比较；而且，所谓“最为贴切的规范或先例”，恐怕至多也仅具有相对意义，很难“贴切”到完全一致的程度。因此，所谓的必然归于“同判”，也就难免令人生疑。

《刑法》第61条明文规定：“对于犯罪分子决定刑罚的时候，应当

---

① 参见兰荣杰：《程序视野中的“同案同判”——以量刑为切入点》，载《当代法学》2013年第4期。

根据犯罪的事实、犯罪的性质、情节和对于社会的危害程度,依照本法的有关规定判处。”据此,量刑活动不仅应当建立在对犯罪事实、犯罪性质准确把握的基础上,而且还要充分考虑各种“情节”以及行为“对于社会的危害程度”。这其实已经表明,量刑活动不仅是一项复杂的认识活动,而且是一项艰难的评价活动,它从根本上无法被简化成一个逻辑推演过程,而只能依赖于裁判者的专业智慧和实践技艺。因为在实践中,各种犯罪评价因素聚焦于同一个案件事实,最后要得出一个确定的处理结果,就必须对这些复杂交织的因素进行澄清、比较、选择和说明,如此才能使判决建立在可靠的基础之上。此一过程不仅受制于刑法的罪责原则,而且受制于定罪、量刑程序,其间既有相当的客观性、制度性的保障使案件处理结果具有确定性,也有某些主观因素使司法面临某些不确定性。

比如,要确定两个看上去相似的刑事案件是否为“同案”,首先需要对两个案件的基本犯罪构成事实进行比较,而比较的前提是事实的认定。所谓事实的认定,不仅意味着要将具有定罪意义的构成要件事实提炼出来,而且还包括将不具有定罪意义但具有量刑意义的其他事实因素提炼出来。那么事实的认定是一个纯客观的、可以精确判定的工作吗?通过下面的具体分析我们会发现,不仅事实的认定很难精确、客观,规范的发现也并非具有绝对的确定性。量刑环节中裁量因素的多样化使得判决结果更加具有浓重的个案色彩——不是说我们无法在两个相似的案件之间保持结果上的一致性,而是说一致性的结果本身未必具有合理性。

(一)案件事实认定中的客观性与主观性

法律推理小前提的建构,即案件事实(定罪事实)的提炼,并不单纯是一个客观现象的发现过程。因为“不少事实构成特征与目的(价值)评价相关”,同时“关于事实的问题(哪个生活事件必须得到评价)

必然与相关法律规范的事实构成相联系”。[1] 所以,即便是事实的认定,也依然包含评价在内。

尽管在刑事审判中,法庭所要认定的事实是客观的,但由于事实认定是人的一种认识活动,而认识活动又具有主观性,因而在诉讼活动中,“我们对案件事实的认识,只是一种相对的真实,而非绝对的真实”。[2] 在抽象、提炼案件事实的过程中,法官个人的价值判断是很难避免的。即使法官对于存在何种事实的判定比较一致,但对于该事实的法律意义的判断仍然可能发生分歧。比如,一个交通肇事后留在现场、对被害人不予救助的行为,实质解释论者倾向于认定为“逃逸”,而形式解释论者则会反对这样的认定。如果是这样两个类似的案件分别交给持有不同立场的法官去评判,那么,他们眼中的案件事实还是相同的事实吗?

而且,刑法通过构成要件所规定的各种具体犯罪行为并不真的具体,它只是一种类型行为。只有当某一个案件的具体犯罪事实被确切无疑地归入某一法定构成要件后,案件事实才被最终定性为犯罪构成事实,构成要件也才成为具体化的构成要件。这一工作是由既理性又感性的法官来完成的。虽然法官作为司法者所具有的理性能力与客观立场不言而喻,但是,那些拥有丰富的司法实践经验的大法官不约而同地为我们揭示了这样一个真相,“法官在做判决时并不是不带一丝感情地把法律条文按照逻辑顺序理性地堆砌在一起就好”;实际上,“判决中的形式逻辑其实都是无可避免地掺杂了大量灵光乍现的直觉判断,以及自由奔放、飘移不定的灵感元素”;判决书所呈现的外观和其

---

① [德]伯恩·魏德士:《法理学》,丁小春、吴越译,法律出版社 2003 年版,第 297 页。

② 锁正杰:《刑事程序的法哲学原理》,中国人民公安大学出版社 2002 年版,第 117、119 页。

真实的思考形成过程之间往往有巨大的落差，最终，法官的各种主观偏好“都将尽可能地包装在专业的法律论述底下”。[①] 所以，某一危害行为能否被涵摄进合适的法定行为类型，往往会因法官个人对事实的评价以及对法律的理解不同而产生相异的结论。这绝非凭空想象。

笔者通过梳理相关司法判决发现，在盗窃机动车牌照后藏匿向车主索要赎金这类案件中，各地法院的判决存在巨大差异，而且不是表现在量刑结果上，而是反映在定罪上，公开的判决至少涉及盗窃罪、敲诈勒索罪、盗窃国家机关证件罪三个罪名。这一现象极其值得深思。对于一种高度类同的行为出现这样迥然不同的认定，显然与不同法官对案件事实的法律性质的认识不同有很大关系。由此可见，即便从类似案件中提炼出来的相同案件事实，在对其进行法律归类（涵摄）的时候，仍然可能被纳入不同的行为类型（构成要件）中。

另外，刑事诉讼的法律事实观也意味着，事实认定还必须遵守刑事程序的要求。但是，这种正当程序原则并不总是有利于发现真相。在认定事实过程中，经常存在各种相互冲突的证据。而某种证据是否应予排除，除法律有明确规定外，一般属于法官自由裁量权的范围，特别是在证据合法与非法的界限难以判明的情况下，更是取决于法官的个人见解。因此，正如有学者指出的那样，在刑事诉讼中，虽然“多数案件能够通过正当程序达到实质真实发现的目标，使刑事诉讼本身接近理想状态；但也有不少案件，正当程序与实质真实发现之间存在矛盾，形成鱼和熊掌不可兼得的局面，这就需要在二者之间进行权衡和选择”。[②] 而在权衡与选择的过程中，法官个人的价值判断必然也要发挥

---

① ［南非］奥比·萨克斯：《断臂上的花朵：人生与法律的奇幻炼金术》，陈毓奇、陈礼工译，广西师范大学出版社2014年版，第45～55页。奥比·萨克斯是南非宪法法院前大法官。实际上，在霍姆斯、卡多佐、波斯纳等人的著作中，我们也不难发现类似的说法。

② 张建伟：《刑事司法：多元价值与制度配置》，人民法院出版社2003年版，第23页。

作用,所以,根据法律认定的事实必然是已经过价值判断的事实。由于事实认定常常是与行为的罪责评价联系在一起的,因此,它也将直接影响刑法实体规范的选择和适用。

刑事审判是将刑法实体规范适用于具体案件的活动,而法律适用的真实状况是,法官并不只通过法律解释活动来判断某个刑法条文是否包含某种行为,而常常是通过对所认定事实的评价活动来判断该行为事实是否属于刑法条文所规定的行为类型。也就是说,在法律适用中,法官有时不是在解释刑法而是在解释事实。在这种情况下,法官对行为事实的认定、评价将决定某一刑法规范是否适用于该行为,可见,事实认定实际上也影响着刑法的适用范围。比如,对于偷盗大街上的窨井盖的行为,是按照《刑法》第 114 条认定为以危险方法危害公共安全罪,还是按照第 264 条认定为盗窃罪(很可能因数额不大而不构成犯罪),很大程度上就取决于法官对行为事实的评价,而不单纯是一个规范选择的问题。因为要证明盗窃窨井盖的行为会威胁到公共安全并非易事,除非该行为已经造成人身伤亡的严重后果;而在并未出现严重后果的情况下,该行为是否存在对于公共安全的威胁就变成一个解释问题,而解释是主观加之于客观的东西,因而由此产生的结论也就不具有“唯一正确答案”意义上的那种确定性。

(二)规范选择中的确定性与不确定性

法律适用的逻辑推理不仅需要一个由案件事实构成的小前提,而且还需要一个由法律规范构成的大前提。法律规范虽然先于待决案件而存在,且法律或许也有其客观的含义和特定的规范目的,但是作为法律适用基础的“规范的发现”——法律推理大前提的寻找,也是一个难以绝对客观化的过程。

认定事实是为了正确地适用法律,而适用法律时,首先需要判断行为的内涵与法律条文描述的内容是否相符。若能认定行为是符合该构成要件的行为,则进一步探索行为的违法性及罪责状态,以作为定罪量刑的依据——这是大陆法系法律适用过程的一般情形。在我国,符合犯罪构成的行为便是具有违法性和有责性的行为,因此,刑法的适用过程就是判断行为是否符合法律规定的某一犯罪的构成要件的过程。将抽象的刑法条文适用于具体案件,常常需要法官首先对法律进行解释,以了解法律的意义。在对法律的概念、语句所作的解释存在两个及两个以上合理的结论时,法官就必须作出选择,这种选择实际上已经是在行使裁量权。由此可见,法官的裁量权决不能只存在于量刑问题上,它同样存在于构成要件的解释与构成要件符合性的判断过程中。① 诚如曾任南非宪法法院大法官的奥比·萨克斯所言,"'判断'本身就默认了价值判断……虽然放在法律天平上的构成要件是客观的,但每个构成要件的个别权重和最后综合出来的衡量结果,会因不同法官而有所不同"。② 只要允许对构成要件进行解释,只要还有法官的判断,即便是对案件具有定性作用的法定构成要件也不具有最终的确定性。

对刑法中的不确定法律概念和弹性规定的适用,突出地反映出法官在"规范的发现"过程中所具有的事实上的裁量权。当不确定法律概念作为构成要件要素时,就属于规范性的构成要件要素,需要法官对该要素作价值判断。也就是说,规范性的构成要件要素是一种规范性的表述,其具体内容需要借助法官个人的评价才能最终明晰和确定。根据张明楷教授的考察,在我国刑法中存在的规范性的构成要件要素有三类:(1)法律的评价要素,即需要根据法律、法规进行评价的要素;

---

① 在传统的观念中,刑事法官的裁量权被认为仅存在于量刑领域。但是,对各种法律解释结论的选择,本质上仍然具有裁量的性质。本书更广义地来理解"裁量"这个概念,将所有具有选择、评价、权衡的要素均纳入这一概念,整体性地说明法律实践中的不确定性。

② [南非]奥比·萨克斯:《断臂上的花朵:人生与法律的奇幻炼金术》,陈毓奇、陈礼工译,广西师范大学出版社2014年版,第129页。

(2)经验法则的评价要素,即需要根据经验法则进行评价的要素;(3)社会的评价要素,即需要根据社会一般人的价值观念进行评价的要素。[①] 对于这些要素的评价虽然并非全无标准,但是,既然是评价,就必然受到作为评价主体的法官个人价值观的影响,因而在对规范性的构成要件要素进行解释时,可能会形成不同的结论,并进而形成不同的判决结果。

不过,大部分刑法学者认为,规范性的构成要件要素与描述性的构成要件要素的区分具有相对性,或者说二者的差异不是质的差异,而是量的差异。规范性的要素也具有"对事实的关联性",[②]而"在描述性特征中包含了规范性的特点",以至于我们可以"把大部分行为构成的特征看成一种规范性和描述性因素的混合,一会是这个要素占了上风,一会是那个要素占了上风"。[③] 于是,"即使是描述性的要素,仍需要法官作某种法律的价值判断。例如,杀人罪之客体,所称之'人'仍有解释上之问题。因而所谓描述性的要素者,实际上均可称为规范的要素"。[④] 实际上,在确定刑法所规定的犯罪构成要件时,根本无法完全排除法官个人评价因素的存在。也就是说,法官在处理具体案件时所选择的规范类型,已经是经过法官个人"想象性重构"的规范,而非全然是立法者提供的那个既存的规范。既然事实的认定和构成要件的确定都无法排除司法者主观因素的浸入,那么在犯罪构成符合性的判断上,也就不可能是绝对客观的。这意味着,相同的案件事实即使在定性问题上,可能都会存在不同的判断。

---

① 参见张明楷:《刑法学》(第4版),法律出版社2011年版,第124页。

② 参见[德]汉斯·海因里希·耶赛克、[德]托马斯·魏根特:《德国刑法教科书(总论)》,徐久生译,中国法制出版社2001年版,第330页。

③ [德]克劳斯·罗克辛:《德国刑法学总论》(第1卷),王世洲译,法律出版社2005年版,第201页。

④ 陈弘毅:《刑法总论》,台北,汉林出版社1983年版,第87页。

按照大陆法系犯罪成立理论模型,犯罪的成立除了需要符合犯罪构成之外,还需要具有违法性和有责性,而违法性和有责性的判断,同样蕴含程度不同的裁量空间。因为违法性和有责性的判断往往与判断者的社会经验、价值观念具有密切关系,存在相当的弹性,因而必然伴随司法人员的裁量活动。[①] 在构成要件符合性判断的基础上,违法性的判断实际上就变成了对案件中是否存在违法阻却事由的判断。我们知道,违法阻却事由除了法定的违法阻却事由之外,还存在某些"超法规的违法阻却事由"。"超法规的违法阻却事由"是否为法秩序所认可,显然需要法官根据社会一般观念作出判断。至于什么是"社会一般观念",就是一个见仁见智的问题了。而且在同一问题上,还可能存在多样化的"社会一般观念"。

此外,法官还应当对符合该当犯罪构成的行为的可罚性加以判断,根据"可罚的违法性"理论,只有当符合该当犯罪构成的行为的违法性达到应当以刑罚加以制裁的程度时,才可能成立犯罪。而且,法官不但应当判断"可罚的违法性"的有无,还应当判断其程度的强弱,因为该强弱在表示违法性程度的同时,也反映责任的量甚至应判处的刑罚的量。而责任的判断,是在构成要件符合性和违法性判断的基础上,进一步就符合构成要件的违法行为是否能够或值得谴责的一种价值判断。当然,责任的判断不仅包括对责任有无的判断,也包括对责任程度的判断。而且,由于责任具有大小、轻重程度之分,即便是在法律有明文规定的场合,关于什么程度的责任是可罚的责任的实质考虑也有必要进行。[②] 由此可见,无论是违法性判断,还是有责性判断,都不可能将法官的价值判断和裁量活动排除出去。

---

① 参见周长军:《刑事裁量权论》,中国人民公安大学出版社2006年版,第74页。

② 参见[日]大谷实:《刑法总论》,黎宏译,法律出版社2003年版,第183~186、237~239页。

（三）刑罚裁量中的复杂性与选择性

如果提炼定罪事实、发现规范（寻找相符的法定构成要件）这些具有相当客观基础的工作都无法确保其客观性，那么量刑事实的认定更是充满裁量因素所决定的诸多不确定性。各种量刑因素能否被发现、能否被认可、在多大程度上和在何种性质上被认可，均会直接影响最终的量刑结果；而且，各种量刑事实在与法定量刑情节相对接的过程中也充满了判断。于是，裁判结果的差异性必然通过审判过程中的各种复杂因素共同促生出来。

刑事司法的目标是解决犯罪人的刑事责任问题，确定与罪责程度相适应的刑罚。因此，事实的认定和规范的发现最终都是为量刑服务的。根据《刑法》第61条的规定，量刑必须“以事实为根据”。作为量刑根据的“事实”指的是广义的犯罪事实，包括（狭义的）犯罪事实、犯罪的性质、犯罪的情节（包括犯罪情节、犯罪人情节、量刑情节）及对社会的危害程度等内容。虽然犯罪事实的查证和犯罪性质的认定本身并不困难（尽管存在如前文所述的主观性因素介入的问题），但是法官对各种犯罪情节的把握以及对犯罪行为社会危害程度的评估毫无疑问会对案件判决结果的生成产生影响。这是因为量刑所要参酌的事实因素极为繁多，它“不仅包括那些容易被感知的事实情况，如犯罪手段的残暴与否、犯罪后果的轻重等，同时还包括那些难以为人所感知的主观性量刑情节，如犯罪的动机、目的、犯罪后的态度等”。① 而且，在具体案件中，能够说明犯罪手段、后果、动机、目的以及犯罪后态度的具体事实因素又都是极为繁多的。因此，虽然法律将很多事实因素规定为法定量刑情节，但鉴于酌定量刑情节有其存在的合理性，故而对量刑可能产生影响的“具体事实因素”实际上是难以穷尽的。因为所谓“酌定”，就

① 周光权：《刑法总论》，中国人民大学出版社2007年版，第406页。

是根据案件的具体事实情况，个别性地加以考虑的情形，因而可以说，犯罪事态的复杂性决定了酌定量刑情节不在少数。

真正复杂和微妙的地方在于对量刑可能产生影响的具体事实因素不仅繁多，而且每一种因素又都包含着法官裁量权。“由于法定刑有一定幅度，并且可以在一定条件下突破法定刑，这便使审判人员具有一定的自由裁量权，而审判人员行使自由裁量权的事实根据，就是量刑情节。”[①]即便是法定量刑情节，法官也享有不同程度的裁量权，因为据以体现法定量刑情节的量刑事实也是需要法官进行具体评价的。至于酌定量刑情节对量刑的作用，更是完全取决于法官的判断。虽然其适用需要受刑法精神的指导，但毕竟属于法官自由裁量权的范围。因此，对于酌定量刑情节而言，不仅那些能够表明行为的社会危害性和行为人的人身危险性的具体事实因素需要留待法官在案件的处理过程中进行情境化的判定，而且，这些事实因素对量刑是否发挥作用、发挥多大的作用也都属于法官裁量权的范围。

如前文所述，不同个案必须求得定性分析和定量分析上的一致性，才能判定为同案同判命题下的“同案”。这就意味着，符合同一犯罪的构成要件、犯罪情节相当的两个案件，如果在影响量刑的因素上存在差异，也不能认为是“同案”。

量刑情节是对案件进行定量分析的最主要的指标，而由于与量刑情节相关联的量刑事实类型众多，每一种量刑事实又不可避免地需要评价和裁量，所以对案件进行定量分析时需要考虑的因素其实是非常多的。相应地，在判定两个案件是否属于“同案”时，需要进行比较的因素也就同样极为广泛。或许正是因为这个原因，对具体犯罪行为进行罪量评价要比对行为进行定性更为困难和复杂。正如白建军教授所

---

① 张明楷：《刑法学》（第4版），法律出版社2011年版，第503页。

揭示的那样，对“罪量”的认定是在一定的评价关系中完成的，评价结果不仅取决于评价标准，而且与评价主体有关。当我们说某某犯罪有多重时，其实是在说，某某评价主体认为该犯罪有多重。所以，同一种行为，有人认为是很严重的犯罪，有人则可能认为只是轻微的犯罪。并且，当同一种犯罪行为成为不同评价标准的度量对象时，该种犯罪行为所显现出来的危害性的严重程度也会有所不同。[①] 且不说某些性质不同的比较因素之间缺乏进行比较的基础，在变量很多的情况下，比较实际上已经变得极困难。两个案件骨架性的基本情状是否具有类同性比较容易判定，但是那些似乎是细枝末节而又并非没有实际意义的情节之间的比较则是非常复杂和困难的。因为越是细枝末节越可能呈现不同的面貌，最终的结果很可能是所有试图用于证明“同案”存在的比较因素最后都成为否定案件类同性的因素，以至于几乎所有的案件都更容易被判定为“异案”。因为两个案件即使有再多的相同点，只要出现一个具有法律意义的相异点，就足以否定“同案”的存在。[②]

由上文可知，无论是在理论上，还是在实践中，要判定一个案件与另一个案件属于“同案”是相当困难的。即使我们通过某种方法判定两个案件是“同案”，由于据以判定的比较因素众多，再加上各种不确定因素的影响和主观因素的混入，这种判断也是建立在不完全比较的基础之上的，可能极不可靠。正是因为如此，即使我们采用高度严谨的实证方法证明的“同案”，也只不过是相对意义上的同类案件或相似案件，而严格地说，同类案件或相似案件仍然属于“异案”。因此，笔者认为，对于司法实践来说，真正具有意义的问题或许并非“同案同判”，而是合理性的差异化判决。

---

① 参见白建军：《罪刑均衡实证研究》，法律出版社2004年版，第143～144页。

② 参见周少华：《同案同判：一个虚构的法治神话》，载《法学》2015年第11期。

三、正本清源：从同案同判到类似案件类似判决

前文揭示同案同判作为司法准则所面临的实践难题，并非在否定它所蕴含的平等这一重要的法律价值，而是想说明这样一个事实：既然“同案”的判定和“同判”的过程充满了不确定性的风险，那么同案同判的实践功能就值得怀疑了，即同案同判如何能够成为一项具有可操作性的司法准则？同案同判实践中的难题是一种客观事实状态，应当是这种客观事实状态决定我们的理论选择，而不是相反。所以，值得反思的可能是我们的观念与方法，而不是客观事实状态。基于这种认识，笔者认为，有必要厘清问题产生的真正原因，以便解释以下疑问：“同案同判”作为一项世所公认的正义性原则，被作为司法准则来指导实践时为何会变得可疑？

同案同判是建立在法律的平等适用原则基础上的一种司法观念，但是，考察“平等”的观念史就会发现，法律的平等适用原则所强调的是法律对公民无差别地对待。从亚里士多德开始，平等就是公正的主要内容之一。在较为普遍的观念中，“正义和公正并非不同的价值，而是通往一致的法律价值的不同途径”。① 因此，我们可以认为，平等对待本身就是法律正义的基本要求。但是，正如英国法学家彼得·斯坦和约翰·香德在其著作中所阐述的那样：平等并不是说对每个人都一样。如果实现了公平，平等的人也就会受到相同的对待，不平等的人就会根据其具体情况得到不同对待。个人之间的区别只能在有关基础上进行。从这个意义上说，公平要求做到不偏不倚。这种不偏不倚的要求，只是针对那些发挥权威性或指导性作用的人而言。法官在争议中不得由于一方富有或贫穷、有德或无德就采取偏向一方的态度。他唯一应当考虑的不同，就是法律规定他应当了解的并确实在作出判决时

---

① ［德］G. 拉德布鲁赫：《法哲学》，王朴译，法律出版社 2005 年版，第 34 页。

考虑的那些不同。从这个意义上，公平要求他在法律面前平等地对待争议各方。[①] 德国法学家考夫曼亦曾指出：作为一项纯粹的形式原则，平等原则仅是说，平等即相同与不同的应予以有差异的且符合其本质的对待与处理。但其并未说明什么是平等或不平等（此问题对于法律构成要件之形成具有重要意义）以及如何相同或不同地对待处理（此问题首先涉及法律效果之采取）。[②] 由此可见，法律上的平等对待原则，其程序意义大于实体意义。它旨在保证对待的条件、标准无差别，反对法律上的歧视，而不是要求结果上的一致性。仅仅结果上的一致性，并不能说明得到了公平的对待；同时，结果上的不一致，也不能说明没有得到公平对待。

反观同案同判的理论诉求，“同判”主张所追求的恰恰是“同案”在结果上的一致性。也就是说，同案同判不仅要求平等对待，而且要求实质内容上的平等判决。在刑事司法中，同案同判命题的核心内容是，对于犯罪性质相同、罪责程度相当的案件，就应该作出相同的判决。值得深思的是，这种在实质结果上要求平等的观念，又恰恰是一种高度形式化的思维方式。因为在从“同案”到“同判”的过程中，仅仅具有一种逻辑的力量，而排斥了对虽为“同案”但仍然相互独立的两个个案的具体审查，可能忽略案件中的特殊性，不利于个案公正的实现。具体到我国的司法实践，由于我国并没有将先例作为一种法律渊源，即便是指导性案例也只是要求“各级人民法院审判类似案件时应当参照”，这种参照显然不意味着必须如法律一样得到严格遵守。更为重要的问题是，我国最高司法机关发布的指导性案例的数量极为有限，还远达不到全面

---

① ［英］彼得·斯坦、［英］约翰·香德：《西方社会的法律价值》，王献平译，中国法制出版社2004年版，第3页。

② 参见［德］阿图尔·考夫曼：《法律哲学》，刘幸义等译，法律出版社2004年版，第232～233页。

“指导”所有案件的程度，部分指导性案例的代表性也并不显著，指导目标不具有类案指导（对同类案件一体指导）的价值。所以，法院在审理具体案件时，能够参照的权威性案例是极为有限的。因此，我国现行法律制度中并不存在制度性的约束，能够确保法官在判案时必须要与先前的某个类似案件进行比较，从而做到同案同判。实践中，每一个案件都是“以事实为根据，以法律为准绳”单独进行审查的。从这一点来说，笔者认为同案同判并不具有指导实践的方法论意义。

在拥有判例法传统的普通法系国家，先例被认为具有提高效率及确保法律可预见性的价值，它要求同样情况同样对待。然而，在法律现实主义者看来，有太多因素影响着法官对案件的表决行为，同样情况同样对待并不容易做到。比如，法律现实主义的学术先驱卢埃林就曾指出：“要求所有的人在同样的情况下得到相同的合理对待，这一点很奇怪，却几乎是一个普遍的正义理念。社会系统是多变的，因此当我们要去界定何谓‘同样’的人、‘同样’的情况或者‘同样’的对待时会遇到无限的变化，不过我们仍然被要求接受这一时空观念。”①以卢埃林的观念看，我们所说的同案同判多半是一种不切实际的梦想。同案同判只能做到同样案件在处理结果上的一致性，但是它并不能证明结果自身的正当性。如果离开了对案件事实的具体考察和对案件特殊因素的考量，仅以“同案”为由就简单化地进行“同判”，至多仅能说明形式公正得到了实现，而不能说明实质公正同样得到了实现。比如，对于犯罪性质相同、犯罪情节和量刑情节相当的案件，通过定性分析和定量比较，我们固然可以得出是否属于“同案”的结论。但是，我们面对的毕竟是两个独立的个案，无论我们对两个案件的犯罪情节和量刑情节进行

① K. N. Llewellyn, *Case Law*, 3 Encyclopedia of the Social Sciences 249 (1930). 转引自［美］李·爱泼斯坦、［美］威廉·M. 兰德斯、［美］理查德·A. 波斯纳：《法官如何行为：理性选择的理论和经验研究》，黄韬译，法律出版社2017年版，第91页。

“项的比较”,还是进行“量的比较”,都很难判定为“相同”而只能判定为“相似”——既然是“相似”,自然不排除差异化判决的可能。但是,建立在形式平等基础上的“同判”主张消弭了对案件进行个别化处理的思考空间,并可能造成实质上的不平等。

同案同判的主张是从适用法律人人平等的宪法原则导出的,其正当性毋庸置疑;但是,其成立的前提是必须有“同案”。本书前面的讨论已经表明,真正的“同案”很少存在,即使存在,也是很难判定的。法律判断是一种道德判断,因而法律方法并非一种纯科学化的方法。正如美国学者夏皮罗指出的那样:“寻找法律涉及的不仅仅是在法典中查看法条并读出答案。法律推理和法律研究不一样。它也并不遵循非个人的、技术性的、科学的程序。为了知道法律是什么,我们必须运用较高程度的判断,这种判断是一种不受特别详细化、可计量的规则和程序掌控的治理能力。”①由于“同案”判定的标准和过程无法保证自身的精确性、客观性,因此,我们所宣称的“同案”也只是在比较意义上而言的。而且,即使两个案件可以被判定为“同案”,在各种因素的作用下,导向“同判”的可能性也极低。只要每个案件都是单独进行审判的,那么即便是所谓的“同案”,也没有一个必然的理由和法律程序一定能够确保“同判”。所以,一切宣称两个案件是“同案”的论断都是十分可疑的。如果同案同判命题中的“同案”所指称的是同类案件或相似案件,我们就不得不说,这样的“同案”仍然是需要进行个别化思考的。因为既然是类似,当然不必求“同”,两个具有某些差异性的案件也可以是类似案件。相应地,类似判决当中,也就包含了差异化处理的可能性。

与“同案”之说相比,同类案件或相似案件只需将案件的基本事实作为判断标准,而不需要通过案件全部事实因素的比较去求“同”。如

① [美]斯科特·夏皮罗:《合法性》,郑玉双、刘叶深译,中国法制出版社2016年版,第306页。

此,不仅“类案”存在的证明更为简单易行,而且对案件“类似性”的判断也更容易获得说服力。至此,我们可以较为肯定地说,真正让同案同判命题陷入理论困境的,不是上文所阐述的所谓实践难题,而是我们对同案同判命题的绝对化。

“同案”必然归于“同判”,即使能够被实践,它也是以这样两个前提性的假设为基础的:其一,法律本身完美无缺,可以将自身的普遍正义毫无损耗地输入个案中;其二,法官是高度理性的案件加工者,能够完全客观地理解并适用法律,且能保持始终如一。而这两个假设是不存在的。不仅法律本身不可能完美无缺,法官在案件的裁决过程中也不可能仅仅是一个毫无道德判断的机械司法者。“当法官需要行使自由裁量权去裁判案件的时候,也就意味着他没有办法在所有案件中仅仅机械地将法律规则适用于案件事实从而获得最终的裁判结果,他有时候会不得不求助于自身对于政策的直觉,而这种直觉又通常产生于法官的意识形态。”①而且,不仅法律规则无法机械地适用,法官对案件事实的提炼也常常不是通过机械的方式而绝对客观地完成。尤其是在刑事案件中,对犯罪事实的认定和评价虽然通过犯罪的构成要件来把握,但充满了道德判断的可能性。对刑罚的决定,更是一个需要发挥法官个人判断的领域,正如刑法学家林山田所言:“刑罚必须经由法官的裁量,始得施行,刑罚系具有目的性的法律制裁手段,刑罚裁量系决定刑罚的运用方式与刑罚的轻重程度,故在决定过程中必须顾及刑罚的目的观。”②刑罚不仅具有目的性,而且刑罚还有多种目的,多种目的交织组合的情形在不同案件中也是不可能一样的。因而,“同案同判”本身并不意味着平等原则得到体现,何况在平等原则的基础上,司法还必

---

① [美]李·爱波斯坦、[美]威廉·M. 兰德斯、[美]理查德·A. 波斯纳:《法官如何行为:理性选择的理论和经验研究》,黄韬译,法律出版社2017年版,第91页。

② 林山田:《刑法通论》(下册),北京大学出版社2012年版,第348页。

须实现其他目标。所谓个案公正,乃是对各种正义目标加以平衡的状态。正因为如此,一旦我们将同案同判变成一项纯粹形式化的司法准则,其在实践中的价值就被消解了。

因此,我们必须从同案同判的绝对主义,回归到相对主义的类似案件类似判决。回归的主要理由包括以下几方面:(1)同案同判的原始命题本来就是类似案件类似判决,当我们将其表达为中国化的同案同判时,语言的客观含义所呈现出来的就是一种绝对主义的观念,并进而反映在某些理论主张中。(2)绝对主义的同案同判所带来的是高度形式化的法律思维,而司法实践是以问题为导向的,需要在兼顾形式要求的同时,最大限度实现个案中的实质正义。于是,为了澄清同案同判形式化思维带来的不合理性,我们不得不对"同案"与"同判"不断地进行重新界定,这本身也说明同案同判的说法极不严谨。(3)由于形式化的绝对主义同案同判观念的存在,人们对同案不同判现象的认识也呈现出绝对化,不加分析地一概将其视为司法公正的敌人,从而也否定了合理的差异化判决。

当我们将同案同判回归到其原始命题类似案件类似判决时,不仅同案同判的实践难题可以得到相当程度的化解,而且也会让我们对同案不同判现象的认识变得更加客观理性。更为重要的是,类似案件类似判决对差异化判决的容纳,对于实现个案公正无疑具有重要的价值,也更具实践理性。

四、如何理性看待刑事案件的同案不同判

命题回归之后,让我们再来讨论这样一个问题:在相对主义的类似案件类似判决命题下,我们该如何理性地看待刑事案件的同案不同判现象?

近年来,在追求司法公正的大背景下,同案同判俨然成为判断司法是否公正的一个标准,[①]被认为是司法实践的当然要求,而同案不同判则被认为是司法不公正的表现,受到广泛而深入的批判。但是,在形式化的同案同判观念下,人们对同案不同判现象的认知或许并不准确。从绝对理念上讲,同等情况不同等对待当然是违背基本的正义要求的;但是,具体到现实的同案不同判现象,我们要慎下不公正的断言。因为当我们面对同案不同判现象时,这里的"同案"和"不同判"都只是问题的表象,在评判之前,我们首先必须追问:第一,我们所讨论的是真正的"同案"吗?第二,"不同判"的事实是否能够确定无疑地说明同样情况未受到同等对待?

刑事案件的同案不同判,是指犯罪行为性质相同、犯罪情节相当的两个案件,在判决结果上呈现较大差异的现象。所谓判决结果,涉及定罪和量刑两个方面。性质相同的犯罪行为被判不同罪名,属于最为明显的同案不同判。但实际上,实践中很少出现这样的同案不同判,因为在行为的性质得到准确界定的情况下,罪名选择就只不过是按图索骥。尽管法典化制度下的司法是对每一个案件进行单独的法律审查,而不是参照先例,但是,由于同类案件所适用的法律规范相同,因而仍然可以在构成要件内保持法律适用标准的统一。那么,为什么社会公众有时还会有同罪不同判或异罪同判的观感呢?这里面涉及的情形比较复杂,简单地说,除了个别案件可能确实因为定性错误而导致同罪不同判或异罪同判之外,在大多数情况下,我们所看到的所谓同罪不同判、异罪同判其实只是表面现象。因为两个案件所涉行为的犯罪性质是否相同,不能仅根据行为的客观外在表现来判定,还必须考察行为人的主观心态。只有当两个案件的主客观方面的全部事实要素均符合同一犯罪的构成要件时,我们才能认为这两个案件在法律性质上属于"同案"。

---

① 参见张卫平:《〈中华人民共和国民事诉讼法〉修改之我见》,载《法商研究》2006年第6期。

比如河南平顶山“9·8”矿难案,很多人直观地判断是构成了“重大责任事故罪”或“强令冒险违章作业罪”,但是法院最终是按照“以危险方法危害公共安全罪”来定罪处罚的,并且这一判决得到了很多刑法学者的支持。因为从案件的全部事实看,可以证明被告人对于危害后果的发生至少具有间接故意。① 尽管此案与其他很多发生矿难的过失犯罪案件具有表面的相似性,但是由于行为人在行为时的主观罪过形式不同,它们实际上不属于“同案”。因此,即便同样是发生矿难造成重大人员伤亡的案件,分别被认定为“重大责任事故罪”、“强令冒险违章作业罪”或者“以危险方法危害公共安全罪”,并不能说明就属于同案不同判。“同案”判定需要一种理性的、专业化的判断标准,而很多对同罪不同判的批评意见是根据经验性的表象事实来指认“同案”的,对此我们必须有清醒的认识。否则,就可能不自觉地夸大同案不同判现象的严重性,从而给司法的公正性不适当地贴上负面标签。

江必新曾指出,“在人民群众认为处理不公的案件中,真正枉法裁判的并不多见,主要是自由裁量权的把握问题”;②同样的,真正同罪不同判式的同案不同判现象也很少见,大多数情况下,所谓同案不同判都表现为同类案件之间的量刑失衡。在这一点上,陈瑞华教授关于“中国刑事审判的核心问题是量刑问题,而不是定罪问题”③的判断可谓非常中肯。一般社会公众主要是通过案件的量刑结果来感受刑事司法公正的。因此,平等适用、刑罚均衡,始终都应是刑事司法追求的目标。当然,对于以量刑失衡为表现形式的“同案不同判”现象,也需要作具

---

① 参见赵秉志:《略谈平顶山9·8矿难案的定罪量刑》,载《人民法院报》2010年12月2日,第3版;黎宏:《平顶山9·8矿难案判决的法理分析》,载《人民法院报》2010年12月2日,第3版。

② 江必新:《论司法自由裁量权》,载《法律适用》2006年第11期。

③ 陈瑞华:《论量刑程序的独立性——一种以量刑控制为中心的程序理论》,载《中国法学》2009年第1期。

体分析，而不能简单地将其等同于司法不公。量刑本身是一项非常复杂的工作，这不仅是因为影响量刑的因素非常多，而且因为各种量刑因素客观上很难被精确评估。同时，哪怕是两个极为相似的案件，刑罚裁量过程中的目的性考量也会带来量刑结果的不同。所以，要在不同的个案之间保持刑罚均衡绝非易事。更何况，如前文所述，“同案”判定本身也面临诸多实践难题，它和量刑的复杂因素叠加在一起，就更容易产生差异化的判决，而不是更容易实现同案同判。并且，这种差异化的判决通常是从刑事司法程序和案件的各种复杂因素共同导出的合理结果，不能被认为是同案不同判的表现。

尽管法律可以为法律问题提供一个较为确定的判断标准，但是，司法活动本质上仍然是一个法官行使判断力的过程，其间不仅存在主观的价值衡量，而且处理结果往往也不具有唯一性。比如，同样是故意伤害致一人重伤的案件，根据 2021 年《量刑指导意见》的规定，可以“在三年至五年有期徒刑幅度内确定量刑起点”，即实际的量刑结果既可以是 3 年半、4 年，也可以是 4 年半、5 年。只要是在此范围内，我们就很难评判哪一个结果更加合理。正如林东茂教授所指出的那样，刑法问题显然是不能经济分析的，“刑法知识则须谨守方法论上的本质论(methodological essentialism)或唯实论，需要层层深挖合理性的基础。化约的公式或数的观念，可以说明自然现象，却不能套用在人的世界”。[①] 法律的适用离不开法官的判断这一中介行为，而判断这个人类心智活动，最重要的一点就是预设了没有绝对必然的结果。据此，前南非宪法法院大法官奥比·萨克斯就曾提道：“身为法官，我不认为我们的功能就是提供唯一正解。事实上，我们每位法官的意见有那么大的不同，怎么可能每个都是对的呢？在我看来，法官在每个案件中的任务

① 林东茂：《一个知识论上的刑法学思考》，中国人民大学出版社 2009 年版，第 13 页。

就是竭尽所能地作出正确判断。”[①]所谓正确判断，不是依靠理性强迫人们接受的唯一正确答案，而是通过强有力的说服力来论证的具有合理性的判断。因此，实践中即便是出现了同案不同判的情况，我们也只能在具体的判决理由中，根据具体妥当性的标准来评判个案判决的合理性，而不能只是因为“不同判”就断言其对法制的统一性构成威胁。

尽管量刑均衡是刑事司法公正的基本要求，但是，如何理解均衡，仍然是一个需要讨论的问题。如果量刑均衡是指“对待相同的犯罪事实，不同的法官消除时空差异达致一致性的判决结果的理想化司法状态”，[②]那么这种状态是很难达到的。张明楷教授甚至认为，量刑上的一致性观念或者平衡观念尽管冠之以公正、公平之名，但其实都是不合适的。因为法定刑已经考虑了相对的均衡，在具体量刑过程中，考虑的重点应该是不同案件的差异性。即便是两个看上去相似的案件，往往也只是在某些方面相同，在其他方面则不同。量刑需要考虑方方面面的事实，不可能仅凭一个方面的事实或者部分事实，就使罪刑统一、量刑均衡。实际上，不仅量刑很难真正均衡，即便是在定罪上，对所谓相同案件也不可能做到相同定罪。因此，张明楷教授认为，与其期待对所谓相同案件作出相同的处理，不如重视个案处理的妥当性。[③] 对此笔者深以为然。从平等观念出发，同案同判的确是非常重要的司法要求，但是正如有学者指出的那样，它并未达到法律义务的程度，只是可被凌驾的道德要求。[④] 因此，从实践理性的角度，我们应当在相对意义上理

---

①　[南非]奥比·萨克斯：《断臂上的花朵：人生与法律的奇幻炼金术》，陈毓奇、陈礼工译，广西师范大学出版社2014年版，第130页。

②　陈兴良主编：《宽严相济刑事政策研究》，中国人民大学出版社2007年版，第200页。

③　参见张明楷：《责任刑与预防刑》，北京大学出版社2015年版，第334～336页。

④　参见陈景辉：《同案同判：法律义务还是道德要求》，载《中国法学》2013年第3期。

解刑罚均衡,而不是在一致性这一绝对意义上来期待。这样,量刑结果上的同案不同判就不意味着不合理的量刑失衡,而可能只是合理的差异化判决的表现。

当我们将绝对的同案同判还原为相对的类似案件类似判决之后,一定程度的差异化判决就完全能够在类似案件类似判决这一命题下得到合理的解释。因为"类似"并非"相同","类似"实际上包含有限的"不同"。更何况,在判决的法律效果与社会效果相统一已经成为司法实践共识的情况下,更不宜用结果上的一致性来评判司法公正。由于判决的社会效果可以有多个维度的衡量标准,而且必须根据具体案件的具体情形来考虑最佳的社会效果,因此,即便是同样案件,由于被告人个人特征(如人格、人身危险性、一贯表现等),案件发生的时间、地域、社会环境等不同,其所要求的社会效果也都可能有所不同。进言之,简单化的"同判"显然难以彰显判决的社会效果。这正如有学者指出的那样,理性存在的同案不同判,不仅不是量刑不均,而且还是量刑实质公正以及量刑法律效果和社会效果相统一的现实表现。① 倘若我们把判决的社会效果也作为衡量案件具体妥当性的一个指标,那么以个案公正为旨归的刑事司法也就必须承认差异化判决的合理性。

由于绝对的同案同判观念不承认合理的差异化判决,所以对同案不同判现象也存在极大的误解。具体而言,一方面,该观念把很多类似案件当成了"同案";另一方面,它又给很多具有合理性的差异化判决贴上了同案不同判的标签,从而放大了同案不同判现象的严重性,高估了司法统一、法制统一所面临的危险。② 对此,张明楷教授就曾指出,各地量刑存在重大偏差的说法是很值得怀疑的,不足为信。③ 因此,我

① 参见石经海:《量刑个别化的基本原理》,法律出版社2010年版,第8页。
② 参见周少华:《同案同判:一个虚构的法治神话》,载《法学》2015年第11期。
③ 参见张明楷:《责任刑与预防刑》,北京大学出版社2015年版,第334页。

们批判同案不同判现象时,首先要考虑这样几个问题。

第一,我们对案件的信息是否全部掌握?如果仅仅根据有限的、不完整的案件信息就得出同案不同判的结论,那么显然是一种草率的做法。

第二,不同判的案件是否为真正的“同案”?如前文所述,只有在对案件各种因素进行充分比较的情况下,才能作出案件是否具有类同性的判断。我们不能只是根据表面上的相似性,就认为两个案件属于“同案”,进而将差异化的判决斥为同案不同判。

第三,“不同判”的程度是否已经超出了合理的范围?合理的类似判决存在于一定的幅度,而不是存在于一个点。因此,我们不能以绝对的一致性来衡量类似案件的量刑是否均衡,而应以相应犯罪行为的法定刑为基本判断标准,并根据案件的全部事实来判断量刑是否合理。

总之,无论是同案同判,还是类似案件类似判决,其核心实际上都在于法律上的平等对待,而不是结果上的一致性。案件的判决结果不仅取决于法律,更取决于案件当中一系列复杂的因素,因此,每一个案件都具有一个独一无二的具体妥当性。正因为如此,平等对待并不能保证结果上的一致性;那么,我们就不能再反过来以结果的不一致,去判定案件没有得到平等对待。

第三章　作为个案公正载体的差异化刑事判决

笔者在第二章已经论证了形式化的同案同判并不能说明司法公正的全部内涵,本章将要说明的是,在个案公正的意义上,我们或许更应该关注刑事案件的差异化判决及其合理性问题,而不是同案同判。因为同案同判背后所体现的正义理念虽然无可辩驳,但是作为一项司法原则,其方法论上的意义极为有限(容后论述);与此相反,合理范围内的差异化判决则更有利于实现个案公正,更符合司法本质的要求。

一、个案公正的表达:一致性还是差异化

个案公正是司法公正最直接的反映,离开具体案件谈司法公正是没有太多实际意义的。个案公正之所以重要,是因为个案判决是具体化的"法律"(因为判决具有如同法律规范一样的强制性效力),个案公正是法律抽象的普遍正义的现实化。

就此来说,习近平总书记作出的“努力让人民群众在每一个司法案件中感受到公平正义”[①]重要指示,无疑表达了司法公正的最高境界,同时也深刻地揭示了司法公正的本质在于个案公正。

刑事个案公正可以从两个方面进行界定:一是实质意义上的“罚当其罪”(《刑法》第5条“罪责刑相适应”原则),二是形式意义上的“平等适用”(《刑法》第4条“适用刑法人人平等”原则)。这两个方面所解决的问题实际上都是刑的均衡问题:前者要求刑罚与行为的罪责程度相适应,体现的是公正的实质内涵;后者要求在不同主体之间要坚持同样的刑罚适用标准,体现的是公正的形式要求(平等)。这两个方面的要求互为依存,缺一不可。自从公正与效率成为司法工作的时代主题以来,我国法学界对于司法公正问题进行了非常深入的讨论。一部分论者一再重申同案同判之于法治的重要意义,对同案不同判进行批判。比如,有论者指出,同案同判是自然正义和宪法原则的要求,是司法不断追求的永恒目标。[②] 也有论者认为,同案同判已经成为人们判断司法是否公正的一个标准。[③] 毫无疑问,这些论断都是正确的。但我们需要进一步追问的是,同案同判如何才能体现司法公正?同案同判是否可以表达司法公正的全部内容?针对这两个问题,具体到刑事司法领域,就是同案同判与平等、罪责刑相适应两个原则之间的关系问题。如果这两个问题得不到明晰的阐释,那么同案同判就会成为一项空洞的主张。

关于同案同判与平等原则之间的关系,所有论者几乎一致认为,同

---

① 《高举中国特色社会主义伟大旗帜　为全面建设社会主义现代化国家而团结奋斗——在中国共产党第二十次全国代表大会上的报告(2022年10月16日)》,载《人民日报》2022年10月26日,第1版。

② 参见刘树德:《刑事司法语境下的“同案同判”》,载《中国法学》2011年第1期。

③ 参见张卫平:《〈中华人民共和国民事诉讼法〉修改之我见》,载《法商研究》2006年第6期。

案同判是平等原则的体现,而平等原则是一项宪法性的原则,因此,同案同判的实践价值也就不言自明。正如白建军教授所述,适用法律人人平等是唯一在宪法和刑法中都有明确规定的基本原则,因而在宪法与刑法两个领域之间形成一条天然纽带。这或许可以说明,在刑事司法领域,法律的平等适用具有更加特殊而重要的意义。其根本的原因大概在于犯罪行为通常具有严重的道德侵犯性,而刑罚在本质上也是一种惩罚,因此,在刑事司法领域,常常面临着尖锐的道德冲突。倘若要以刑罚这种恶的手段实现法律上的正义,那么,这种手段的使用就必须得到合理的说明。显然,罪刑均衡是一种说明,平等对待也是一种说明。

应当说,同案同判的确表达了法律的平等原则,但是,它对平等原则的表达是不完整、不充分的。因为平等原则所要求的是法律对公民无差别地平等对待,它所揭示的“平等”是一种机会的平等而不是结果的平等。但同案同判所追求的则是相同情况下的结果平等。既然如此,“同案”归于“同判”与平等原则的平等对待并不具有完全等值的含义,因为平等对待并不必然导出结果的平等。实际上,平等原则可以从形式与实质两个层面来理解。

在形式意义上,平等原则与同案同判含义相同,要求相同情况相同对待,且这个相同对待不仅是程序意义上的,也是实体意义上的(要求结果的相同)。在同案同判的意义上,结果的相同正当化着程序意义上的相同对待。

在实质意义上,平等原则仅仅限于程序意义上的平等对待,而并不保证这种平等对待会导出相同的结果。因为平等对待的命题之下,很自然地包含“相同情况相同处理”和“不同情况不同处理”两项内容,所以,法律上的平等对待就仅具有程序意义,即便是表面上的“同案”,仍然需要进行个别审查,以确定它们属于“相同情况”还是“不同情况”。

由于被我们断定为“同案”的案件之间或多或少会存在某些差异，所以，平等对待就不必然会对相同情况得出完全相同的处理结论；相反，很多情况下差异化处理反而显得更加平等，更有利于法律公正的实现。比如，对于两个行为方式、严重程度完全相同的伤害行为，在被害人有过错的情况下，行为人的责任得以减轻，其应该受到更轻的处罚，这完全合乎正义要求。但是，被害人是否有过错，并不影响两个伤害行为的相同性，区别对待的因素是外在于行为人的行为的。也就是说，这并不是对不同情况的区别对待，而是对相同情况的区别对待。

显然，“同案同判”无法体现平等原则的实质内涵，即同案同判其实并不意味着罪责刑相适应原则所要求的刑罚均衡的价值追求也得到了实现。在个案的意义上，刑罚均衡是指判处的刑罚应当与行为的罪责程度相适应，能够反映危害行为应得的法律报偿；而在“同案”比较的意义上，刑罚均衡指的则是两个罪责程度相当的相同犯罪，其判处的刑罚也应当一致。可以说，同案同判在一定程度上也能够体现比较意义上的刑罚均衡。但是，比较意义上的刑罚均衡与个案意义上的刑罚均衡是会发生矛盾的，这是因为“同案”的判定只能根据“已然之罪”的危害行为本身所具有的各种事实因素来确定，而刑罚的判处不但要考虑“已然之罪”，还要考虑“未然之罪”的再犯可能性、人身危险性等案后因素。这样，据以判定“同案”的事实因素和据以判处刑罚的事实因素其实并不一致，所以，即便是“同案”，由于案后因素存在差异，也会导致量刑上的不同，同案同判与个案的刑罚均衡之间往往就很难兼顾。可见，形式化的同案同判，既无法达到“同案”比较意义上的刑罚均衡，也难以保证个案意义上的刑罚均衡。

“同案”必须“同判”，是一种高度形式化的思维方式，它虽然也表达了平等原则的要求，但也仅仅是在形式意义上表达了该原则。正如博登海默所论述的那样，在形式意义上，“平等待遇原则本身并不能自动排除对社会中不得势的群体采取压制性的待遇”，因为法律规定本身就有可能是“依照某一特定时期在社会中占支配地位的社会哲学决定的”，如果这种社会哲学本身存在偏见，那么法律的平等对待恰恰有可能导致歧视。① 实际上，平等原则并不是要通过法律的一致性要求消除人与人之间的差异性，它只是要求法律的平等对待；而平等对待其实已经暗含着对不同特征进行区分的要求。所以，哈特曾经正确地指出，在“同样情况同样对待”之外，还需要补上“不同情况不同对待”。而且，因为任何一群人都在某些方面相似而在其他方面相异，确定哪些相似之处和相异之处是有意义的就显得非常重要。② 司法的任务就是找出那些“有意义的”相同之处和相异之处，以便作出“同样对待”或“不同对待”的选择。

但是，由于案件事实的判断难以避免法官个人主观因素的影响，加上对案件定性与定量具有意义的因素极为复杂，一旦我们对两个看似相同的案件进行比较时，总是会发现它们之间或多或少还是存在某些差异。因此，在司法实践中，大量存在的其实是“同类案件”或“相似案件”，而不是严格意义上的“同案”。绝对意义上的“同案”并不存在，任何关于“同案”的判断都是在不完全比较下进行的，因而判断结论不具有绝对的可靠性。所以，尽管“同案同判”背后的正义观念毋庸置疑，但它很难成为一项有效的司法准则而被实践。③

学界之所以普遍将同案同判作为司法公正的代名词，之所以认为

---

① 博登海默假定的一个例子是“一项规定左撇子不具有担任公职之资格的法律”。参见[美]E. 博登海默：《法理学：法律哲学与法律方法》，邓正来译，中国政法大学出版社1999年版，第286页。

② 参见[英]哈特：《法律的概念》，张文显等译，中国大百科全书出版社1996年版，第157页。

③ 关于“同案”判定的实践难题，参见周少华：《同案同判：一个虚构的法治神话》，载《法学》2015年第11期。

案例指导制度、量刑规范化改革的最大意义在于实现同案同判，其实是暗含着这样一个前提性的预设：司法实践中不仅有大量的“同案”存在，而且“同案”的判定是容易的。但是，这个预设客观上是难以成立的。对此，夏皮罗在讨论哈特关于判例“指引的局限性”问题时便指出：“判例方法的明显缺陷是，尽管范例能被确定下来，但是相似性标准不能被确定下来。对于两个独立的事件来说，存在着无数个可能的相似性标准，有些标准把这两个事件看作是相似的，其他标准则认为它们是不相似的。尽管常识能够认定一些相似性标准是不适当的，将其排除出去，但是仍然存在着大量的冲突的标准，它们看上去或多或少都是合理的。”①于是，即使我们提出了“同案”判定的标准，在实践中如何适用这些标准，也是一个非常棘手的难题。

出于复杂的原因，我们所宣称的“同案”往往只是根据案件基本事实加以确认的，而不是对案件全部事实因素进行比较之后形成的认识结果。但是，一个不容否认的事实是，案件处理结果固然主要取决于案件的基本事实，但非基本事实的各种因素对案件的处理结果也经常具有不容忽视的意义。所以，即便是“同案”，法院在审理过程中依然少不了进行个别化的考量。有人认为，支持同案同判的最重要的理由，就是作为法律实践内在价值的平等和安定性。② 的确，相同情况相同处理的合理性，正是在于追求“同案”处理结果的一致性。但是，这种划一性的观念仅具有形式性，体现形式公正，而与实质公平无关，不关涉法的实质内容的实现。但是，法治并非仅体现为一系列形式性的要求，与“相同情况相同处理”这一形式相比，更重要的是对案件实体内容的

---

① ［美］斯科特·夏皮罗：《合法性》，郑玉双、刘叶深译，中国法制出版社2016年版，第321页。

② 参见张超：《论“同案同判”的证立及其限度》，载《法律科学（西北政法大学学报）》2015年第1期。

处理是否公正。也就是说,案件的处理结论本身是否符合常理,能否为社会公众所认同,才是更加重要的。从这一点来说,同案同判的司法准则实际上不具有可操作性,其实践价值是颇值得怀疑的。

每一个案件的发生都有其具体的情境,因而可以说,个案的差异性才是司法真正面临的问题。也就是说,司法实践面对的不是大量的“同案”,而是千差万别的无数个案;司法最重要的任务也不在于判定“同案”,而在于对案件作出区分。与简单化的同案同判相比,基于个别化考量的差异化判决,或许更能实现个案中的正义,也更符合司法活动的真相。据此观之,我们与其设定一个无法达到的同案同判的理想化的目标,不如探讨一种承认差异化判决的合理性的司法观念,并通过控制差异化的程度和范围达至司法公平,进而实现个案公正的最大化。

二、刑事案件差异化判决的制度基础

在法典化制度下,法院对每一个案件的处理都是根据法律规定单独进行审查的,法官法律思维的两端是案件事实和法律规范,而不是眼前案件与一个先例。笔者认为,这种司法审判方式更容易导致差异化判决,而不是同案同判所期待的一致性判决。

在判例作为主要法律渊源的普通法系国家,遵循先例原则要求法官在审理案件时,不仅要考虑到上级法院或本级法院法官就相同或类似问题在已决案件的判决中所包含的原则或规则,而且要受到已有判决中的原则和规则的约束。遵循先例原则确实有利于实现同案同判,但我们必须看到的是,普通法系法律的稳定性、统一性,并不是一个遵循先例原则在单独发挥作用。首先,在普通法系国家的法律传统中,积累的巨量的、可资比较的先例所确立的法律原则和规则已经具有系统性和完整性,这是贯彻遵循先例原则的前提;其次,围绕遵循先例原则,普通法系国家形成了成熟的对先例进行比较、分析、解释、选择的一系列的司法原则、规则和技术,可以避免法官在是否遵循先例上的随意性。显然,如果没有这样的制度基础存在,遵循先例原则也是无法被实践的。

与判例法传统不同,在以法典化的制定法为基础的大陆法系司法制度中,每一个案件都是根据法律规定单独审查而进行判决的,法律推理的大前提是成文的法律规范,而不是先例,其间并不存在一个需要与以往类似案件进行比较、权衡以与先前判决保持一致的判断过程。即使像某些学者所说的那样,"大陆法国家的法院,在很大程度上也会遵从上级法院作出的先例",①那也不是出于某种固有的司法原则,而仅仅是为了增强自己所作判决的说服力。此时,先例不过是一种具有权威性的论证材料。这正如梅利曼所指出的,"(大陆法系)法官之所以援引和服从判例,是因为判例与他自己对法律解释和适用的见解相一致的缘故。可是无论如何,法官因循判例的做法与现行的法律活动模式是完全相悖的"。② 可以说,在大陆法系的司法传统中,同案同判只停留在理念层面,还缺乏一种确保同案同判实现的制度性机制。我国也是如此。在司法实践中,案件事实一经确定,法官首先考虑的是该事实符合哪一个罪名的法定构成要件,而不是它与哪一个已经作出生效判决的案件相同。这是因为没有制度性的约束要求法官必须将眼前案件与先前判例相比照,因此,法官只需要"以事实为根据,以法律为准绳"就足矣。

虽然《最高人民法院关于案例指导工作的规定》要求,对于最高人民法院发布的指导性案例,各级人民法院在审判类似案件时"应当参

---

① [比]R. C. 范·卡内冈:《法官、立法者与法学教授——欧洲法律史篇》,薛张敏敏译,北京大学出版社2006年版,第41页。

② [美]约翰·亨利·梅利曼:《大陆法系》,顾培东、禄正平译,法律出版社2004年版,第88页。

照”,但由于指导性案例不具有法律渊源的性质,因此,这里的“参照”显然并不意味着必须遵守。而且一旦把同案同判的责任附加给法官,法官就不仅具有了对眼前案件的裁判义务,还负有将眼前待决案件与以往同类案件进行比较的义务。但是,最高司法机关发布的指导性案例还很有限。因此,对于大多数无指导性案例可“参照”的案件来说,要实现“同案同判”,一个最为现实的问题就是,用以“参照”的“同案”是上级法院对相同案件的先前判决,还是各级法院自己对相同案件的先前判决,抑或仅仅是最高人民法院对相同案件的先前判决?这个问题并不明确。

但无论是哪种情况,都无法彻底消除同类案件的差异化判决,无法实现全国法律的统一适用。因为,如果用以参照的“同案”指的是上级法院的先前判决,对于基层法院来说,它可能有好几个上级法院,或者不同地方的基层法院有不同的上级法院。那么,不同地区的法院之间,如何才能做到“同案同判”呢?如果用以参照的“同案”指的是各级法院自己的先前判决,它与其他地区的法院又如何保持同案同判呢?而如果用以参照的“同案”只能是最高人民法院先前的判决,此时虽不存在前述问题,但由于级别管辖,最高人民法院与各下级法院所处理的案件类型存在很大差异,基层法院所审理的大量的普通刑事案件,基本上不可能在最高人民法院找到判例,又如何进行参照呢?“参照”规则不明确,再加上地域差异导致的对相同犯罪行为的社会危害性程度判断标准的不一致,①使差异化判决恰恰具有某种合理性,而全法域内的“同案同判”则反而不切实际。

从表面上看,以法典为基础的法律适用似乎具有高度的形式化特征,可以确保法律的一体适用,有利于实现同案同判,但实际上,在法律

---

① 最明显的例证是,各省级人民法院制定的《常见犯罪量刑指导意见》实施细则对同一犯罪的量刑情节认定标准的规定存在较大差异。

适用过程中,无论是作为法律推理小前提的案件事实的归纳,还是作为法律推理大前提的法律规范的寻找,都是法官个人行使判断力的一种活动,而不可能是一个纯粹的技术活动。事实行为是否符合法定构成要件,往往是在对行为进行解释、评价的基础上进行的实质性判断。那种把法官想象成绝对客观、中立的司法机器的观念,早已被证明是幼稚和虚妄的。同案同判之所以困难,是因为法官通常并不是在正确与错误之间作出判断和选择,而是在几个均具有相当合理性的解决方案之中选择其一,因此,同案同判所追求的预期即使落空,也无法否定判决的正当性。法律问题并非科学问题,法律问题追求的是一种合理性,而非真理性。所以,很多案件在法律上并非只存在一个唯一正确答案。既然正确答案并非唯一,那么差异化判决就是可以接受的。

除了司法制度不具有我们想象的那种机械性特征外,法典本身也会为差异化判决提供契机。由于人类理性能力的有限,人类制定的法律不可能尽善尽美;加上用以表达法律的语言本身固有的局限性,法律当中不可避免地存在模糊之处。而且,基于权力划分的需要,①赋予法律一定的灵活性也极为常见。这些原因使作为人造之物的法律根本上无法以其稳定的结构和一致的运作方式满足不断发展的社会生活的需要。在法律的一般性与社会生活的具体性之间永远存在一道鸿沟,法律的确定性要求与个案结果的具体妥当性要求之间不可避免地会发生冲突。因此,在司法活动中,始终都会存在法律的适应性问题。也就是说,在运用既定规范处理纷繁复杂的社会生活事实时,司法者必须在法律的确定性与灵活性之间寻求合理的平衡。② 因此,在每一个案件的

---

① 法律中弹性条款、不确定概念的存在,可以被看作立法者有意将某些事项的决定权授予司法者。

② 参见周少华:《刑法之适应性:刑事法治的实践逻辑》,法律出版社2012年版,第18页。

处理过程中,都会存在法官的裁量因素。司法活动固然必须维护法律的确定性、统一性,但是,司法更要在此前提下追求案件的具体妥当性。

刑法典之所以普遍采用相对确定法定刑,并且大多数罪名的法定刑还设有多个幅度,实际上就是为了将量刑这一复杂的判断交给法官。加之各种法定量刑情节、酌定量刑情节的判断和适用,更是提供了罪量与刑量精确匹配的无限可能。也正因为如此,法官才有可能在面对形形色色的案件时,充分考虑责任与刑罚之间的复杂关系,追求个案中的具体正义,实现刑罚的多元目的。当然,刑法的相对确定法定刑模式也存在一个无法避免的局限性,即当行为的罪责程度超过能够选择的法定刑上限时,罪责原则的功能也就达到了极限,无法再从处理结果上区分更加严重的犯罪。因为此时另一个更严重的犯罪也只能在这个上限内判处刑罚,这实际上只能"异案同判"。法定刑模式的这个局限性,也恰恰成为导致差异化判决的一个制度性原因。

另外,缓刑制度的存在,在一定程度上也说明了同样问题。因为在是否适用缓刑的考量因素中,既有反映罪责程度的因素"犯罪情节较轻",也有反映人身危险性程度的因素"有悔罪表现"和"没有再犯罪的危险",还有反映预防必要性程度的因素"对所居住社区没有重大不良影响"。这些因素是否具备,以及它们是否能够成为判处缓刑的充足理由,都是由法官根据案件的具体情况来判断的。

三、刑事案件差异化判决的学理基础

自从现代刑法的学科体系建立以来,它始终就是一门实践性的学科。无论刑法理论体系多么抽象,它面对的都是现实的问题,即为司法实践提供一套认定犯罪、合理地惩罚犯罪的有效方法。更不用说,我国刑法学界还有人提出"面向司法者的刑法学"的主张,以强调刑法学"辅助"实践的作用。其实,这是不言自明的。因为刑法理论体系本身就是以刑法典为基础构筑起来的，尽管它的概念体系或许自成一统，这套概念体系却是为理解、适用作为实定法的刑法典而服务的。毫无疑问，这也正是刑法理论体系被称为"刑法教义学"的主要原因。按照车浩教授的说法：作为一种立场，"法教义学首先代表一种尊重现行法的态度"。也就是说，"教义学必须受到法律规定的约束"；作为一种方法，法教义学与实定法之间形成共生关系，因而具有了适用并指导司法实践的正当性和权威性。① 尽管在司法实践中，法官并不一定按照刑法教义学的方法处理案件，但是，教义学的各种概念、原则、观念至少经常会被作为解释刑法的论据、作为司法判决的论证工具，并以此来强化判决的合理性与合法性。那么，对于"同案同判"来说，刑法教义学能够做什么呢？

作为一项高度形式化的法律理念，同案同判以"法律规则体系完美无缺"为前提，并假定该规则体系是由机械主义的司法来运作的。"形式主义认为，每一个法律问题都有一个独一无二的正确法律答案，法官的角色就是找到并适用它。法官通过锁定相关法律材料中一系列原则来找到法律，然后适用这些规范，推导出具体的答案来回答法律问题。根据这种观点，法律推理仅仅是语言能力、概念分析和逻辑推导的演练。"②贝林、李斯特等人建构的古典犯罪论体系，实际上就反映了这种形式主义的法律观念，它完全排斥价值判断混入犯罪的构成体系，从而防范法官在定罪过程中的任意性。尽管后来的犯罪论体系不断得到发展，但刑法教义学的精致化最终都是为了确保法的安全性，它从来都没有放弃为犯罪问题提供一个唯一正确答案的努力。但是，正如美国学者夏皮罗批评的那样，"形式主义是一个令人困惑的、有害的理论。

---

① 参见车浩：《理解当代中国刑法教义学》，载《中外法学》2017 年第 6 期。

② ［美］斯科特·夏皮罗：《合法性》，郑玉双、刘叶深译，中国法制出版社 2016 年版，第 309 页。

这一理论否认法庭有权利在裁判中依赖道德考量，该理论不仅与美国以及其他成熟法律制度中现存的实践不一致，而且在迫切需要法庭投入到道德推理以解决疑难案件的情况下不可能是正确的”。[①]事实上，刑法教义学的体系性思考所面临的最大障碍恰恰来自法律本身：刑法典不可能完美无缺。面对有漏洞、不明确、不合理的法律规定，刑法教义学无法以自身的精确性提供解决现实法律问题的准确答案。

今天，作为“最精确的科学”的刑法教义学，被认为具有“减少审查案件的难度”，“保证法律得到平等和理性适用”以及“简化法律适用使之具有更好的操作性”等诸多优点，[②]这种强大的实践功能足以令刑法学者感到骄傲。但是，德国著名刑法学家罗克辛教授提出了“教义学中这种体系化的精工细作是否会导致深奥的学理研究与实际收益之间产生脱节”的疑问，并指出：“若刑事政策的课题不能够或不允许进入教义学的方法中，那么从体系中得出的正确结论虽然是明确和稳定的，但是却无法保证合乎事实的结果。”[③]此外，刑法教义学的体系性思考在其优点之外，还存在“忽略具体案件中的正义性”“减少解决问题的可能性”等缺陷。[④] 于是，罗克辛教授一改李斯特以来的“刑法是刑事政策不可逾越的鸿沟”的观念，主张刑法和刑事政策并不是相互对立的，认为一个有益的体系除了需要满足“概念性的秩序及明确性”“与现实相联系”的要求，还应当“以刑事政策上的目标设定作为指导”。

---

① ［美］斯科特·夏皮罗：《合法性》，郑玉双、刘叶深译，中国法制出版社2016年版，第309页。

② 参见［德］克劳斯·罗克辛：《德国刑法学总论》（第1卷），王世洲译，法律出版社2005年版，第126～128页。

③ ［德］克劳斯·罗克辛：《刑事政策与刑法体系》（第2版），蔡桂生译，中国人民大学出版社2011年版，第6～7页。

④ ［德］克劳斯·罗克辛：《德国刑法学总论》（第1卷），王世洲译，法律出版社2005年版，第128～131页。

为此,我们必须从刑事政策上主动放弃那些过于僵硬的规则,在犯罪论体系中容纳刑事政策上的目的性考量。① 罗克辛教授的这一理论被认为贯通了所谓"李斯特鸿沟",将刑法教义学与刑事政策相分离的状态变为将刑事政策引入犯罪论体系,使构成要件实质化、违法性价值化、罪责目的化,进而形成了其目的理性的犯罪论体系。因此,陈兴良教授认为:"尽管中国目前还没有建立起刑法教义学,但我们没有必要回到李斯特,也没有必要重新跨越李斯特鸿沟,而是可以直接享受罗克辛贯通的成果。在中国目前的刑法教义学研究中,既要以刑事政策作为刑法教义学的引导,更要注重通过刑法教义学对刑事政策的边界加以控制。"②言下之意就是,中国刑法学所要构筑的理论体系不应当是一个封闭的体系,而应当给刑事政策的目的性指导留有空间,以增强其实践功能。

那么,在目的理性的犯罪论体系中,构成要件实质化、违法性价值化、罪责目的化都意味着什么呢?它们意味着,无论是在构成要件符合性的判断中,还是在违法性、有责性的判断中,都不可能仅仅根据一种纯粹形式化的标准来进行,而必须进行一种实质判断、价值判断。正如罗克辛教授所讲的,"不法的构造不应该再从存在论的原理中推导出来,而应该从刑法的目的中推导出来";至于罪责范畴,也是"要从对个人施加处罚的目标之中推导出来的","处罚不仅仅取决于罪责,而且同样取决于预防的需要"。③ 亦如耶赛克、魏根特教授所言,刑法教义学不仅需要形式上的法学逻辑,还需要一个从被保护的法益角度提出

---

① 参见[德]克劳斯·罗克辛:《刑事政策与刑法体系》(第2版),蔡桂生译,中国人民大学出版社2011年版,第6~7页。

② 陈兴良:《刑法教义学与刑事政策的关系:从李斯特鸿沟到罗克辛贯通 中国语境下的展开》,载《中外法学》2013年第5期。

③ [德]克劳斯·罗克辛:《刑事政策与刑法体系》(第2版),蔡桂生译,中国人民大学出版社2011年版,第74、76页。

论证的实体上的逻辑。这个实体逻辑包含了从价值体系中引导出来的实体裁决理由,此等裁决从司法公正的角度和刑事政策的目的性方面看,内容是正确的,或者至少是可以证明是正确的。① 如此,符合犯罪构成的行为必须侵害了法益,达到值得科以刑罚的程度,即具有实质的违法性,而责任的确定则不仅以罪责为基础,并且需要考虑预防必要性。

在目的论下,刑事政策的目的性指导作为一种价值判断,不可避免地会导致多种合理结论并存的现象,同案同判对司法的那种结果上的齐一性期待就会落空。然而,我们不能就此认为,目的性考量本身是法治的敌人,恰恰相反,几乎每一个司法判决都是目的论的产物。尤其是对于刑事案件的判决来说,有时是报应的目的成为支撑判决的理由,有时是预防的目的占据上风,有时则是多种目的共同作为判决合理性的阐释理由。既然各种论点都在刑罚的目的范围之内,那么即便因此出现了差异化的判决,亦属正常现象。② 因此,如果说古典犯罪论体系旨在追求定罪问题上的绝对确定,那么目的理性的犯罪论体系在追求确定性的同时,已经具有了一定的灵活性的余地,在一种体系性思考中,充分重视个案中的具体正义,即便是对于类似案件,依然有可能进行差异化处理。

实际上,刑法教义学发展到今天这样一种精细化程度,绝不只是抽象的观念的演进,而是不断回应法律现实的结果。由于法律本身无法做到绝对体系严密、表达精准、无所遗漏,因此,以刑法典为基础所构筑的刑法教义学体系当然不可能是一个完全封闭的体系,否则,它是无法满足复杂的法律实践需要的。一个完全封闭的教义学体系或许可以保

---

① 参见[德]汉斯·海因里希·耶赛克、[德]托马斯·魏根特:《德国刑法教科书(总论)》,徐久生译,中国法制出版社 2001 年版,第 54 页。

② 参见周少华:《同案同判:一个虚构的法治神话》,载《法学》2015 年第 11 期。

证法律得到统一适用,但是,很多情况下无法顾及案件的特殊性而不利于个案公正的实现。因此,也就可以理解张明楷教授为何认为“刑法教义学就是刑法解释学”,并反对“在刑法解释学之外再建立一门刑法教义学”。其实,张明楷教授真正反对的不是刑法教义学,而是反对“借用刑法教义学之名,为个别存在缺陷的刑法条文辩护”,从而把“教义”变成一种必须遵从的“教条”。张明楷教授认为,解释学永远是刑法学的本体,“在刑法条文的表述存在缺陷的情况下,通过解释弥补其缺陷,是刑法教义学的重要内容或任务之一。事实上,将批判寓于解释之中,是刑法教义学的常态”。他指出,“即使在德国,刑法教义学一词,恐怕也不意味着无条件地将刑法的所有法条当作基本确信与信仰规则”。①

在真实的法律实践中,法官不可能根据一套僵硬的法律方法去处理所有案件。面对复杂和多样的具体个案争议,法官必须创造性地作出决断。法律必须永远将“其于个案当中应该如何被理解、适用与决定”这个任务和权力交到法官的手中,法官在裁判时必然带有其个人的意志判断因素。因此,法秩序并非单由法律,而毋宁是由法律与法官共同创造。② 法官经常需要在“法律拘束”与“个案正义”之间追求平衡,平衡的结果,就是摆脱那种机械主义的司法方式,在法律之下实现个案公正,而不是不假思索地“同案同判”。对个案公正的追求,必然带来同类案件的差异化判决。刑法教义学虽然强调对实在法的尊重,但是,也有人认为“从刑法注释学向刑法教义学的转变,在方法论层面上,意味着超越法条注释,创造法理概念,从而丰富法之形态,拓展法之

① 张明楷:《也论刑法教义学的立场　与冯军教授商榷》,载《中外法学》2014 年第 2 期。

② 参见黄舒芃:《变迁社会中的法学方法》,台北,元照出版有限公司 2009 年版,第 11 页。

范围”。[1] 这实际上是说，教义学概念体系赋予了司法者创造性司法的可能，而不是提供了一系列僵化的教条。

当然，确保司法者正确地适用法律、维护刑法的安全价值，依然是刑法教义学最重要的目标。但是，如果“刑法教义学就是刑法解释学”，或者教义学既然不排斥对刑法的解释，那么，对个案正义的探求就始终是可期的。我们有理由相信，刑法教义学不仅为“同案同判”所追求的法的安定性价值提供支持，也为差异化判决所追求的法的公平性价值提供支持。

四、从司法的本质看刑事案件的差异化判决

司法的本质目的在于实现个案公正，而同案同判所追求的主要是形式意义上的平等，因而，作为一项正义原则，同案同判并不能构成对差异化判决的否定。

如前文所述，一切被宣称为“同案”的案件，其实都不是建立在对案件全部事实因素进行比较、确认的基础上的。要同案同判，其前提是必须先对案件事实进行归类，也就是在提炼案件事实的基础上，确定它与先前的哪一个案件属于“同案”。一个案件与另一个案件是否属于“同案”，无法通过逻辑的方式加以判定，那些被宣称为“同案”的案件并不具有确定无疑的可靠性。我们可以根据法律的标准对案件进行分类，但这种分类充其量是一种大归类。它或许可以说明数个案件属于类似案件或同类案件，却不能解决它们是否属于“同案”的问题。也就是说，这种分类不是同案同判意义上的“同案”判定。“同案”的判定只能通过对案件的各种事实因素的比较来确定，而诸多方面的原因使这种比较永远都是不充分、不完全的，总有一些事实因素无法被考虑到。如果是否属于真正的“同案”都很可疑，那么“一致性”的处理结果或许

---

① 车浩：《刑法教义的本土形塑》，法律出版社2017年版，第8页。

就既不能说明法律的确定性得到了维护,也不能证明法律的平等原则得到了落实。

如前文所述,我国不实行判例制度,指导性案例尚达不到全面指导的程度,让法官在判决每一个案件之前先考虑先前的同类判决,在实践中也是不切实际的。即使有大量可供比较的先例存在,在“案多人少”的矛盾普遍而突出的现实下,法官是否还有动力去对个案的公正性加以详细探究,不能不说是一个问题。毕竟如波斯纳等人所揭示的那样,法官也是劳动力市场的参与者,也有自己的理性考量。① 有的法官出于减缓工作压力的考虑,或许更愿意采取简单化的、省时省力的同案同判,而不是费力地去探查个案公正。若如此,相似案件中的个案正义可能被忽略,同案同判反而成为实现案件具体妥当性的观念障碍。

虽然对于法典化的法律制度而言,符合逻辑地适用法律无疑是一种正确的法律理念,但是,如果对案件特殊性的考虑是司法的一种正当理由,那么为了达到个案公正,法官必须在符合逻辑适用之外加入别的考量因素和思考程序。在大类上被归为“同案”的案件,仍然可能被作不同处理。法律适用的小前提仅仅是经过提炼的案件的核心事实而非全部事实,它虽然足以界定犯罪行为的行为类型(完成构成要件符合性判断),并据此类型找到可以适用的大前提(法律规范)。但是,这一过程仅能解决同类案件的定罪问题,即类型意义上(或定性意义上)的同案同判,至多它还能解决行为应得的法定刑幅度的选择问题。然而,具体的判决结果并不仅仅取决于案件的核心事实,还取决于案件中的各种事实因素(量刑事实)。这些事实因素在现实中极为复杂,一个案件与另一个案件几乎不可能完全相同,因此,“同案同判”在理念上固

---

① 参见[美]李·爱波斯坦、[美]威廉·M. 兰德斯、[美]理查德·A. 波斯纳:《法官如何行为:理性选择的理论和经验研究》,黄韬译,法律出版社2017年版,第22页。

然彰显了平等这一正义价值,在实践中却缺少方法论的意义。

从追求个案正义的角度,类似案件也仍然有进行个别化考量的必要性,一概大而化之地"同案同判",很容易忽略案件当中的细微差异,而这些细微差异有时并不都是无关紧要的。从这一点来说,恰恰是差异化判决更能精确地达到个案公正,而"同案同判"则是一种粗线条的思维方式,无法充分地实现个案公正。

在刑事案件中,具体妥当性主要体现在量刑结果上。法官的量刑活动不仅包括刑种的选择和刑量的确定,也包括法律上的减轻、从轻、是否缓刑、是否并科附加刑及其轻重等内容。在这方面,法院享有广泛的自由裁量权。这些权力同检察机关在不起诉决定中的裁量权相并列,被称为法律上的处遇个别化。量刑,是将刑事司法的各种机能进行概括的体现,在刑事政策上具有极为重要的意义,因此,基于什么原理进行量刑便成为问题。① 因此,我们才说,"同案"必然归于"同判"的主张是虚妄的。正如陈瑞华教授批评的那样,"仅仅根据犯罪事实来确定刑罚,其实蕴含着有罪必罚、有多大罪判处多大刑罚的国家主义理念,极端地坚持这一理念很容易使刑罚变成国家对犯罪人赤裸裸的报复,甚至最终回归与原始的同态复仇殊途同归的报复主义之路,以至于与正义的要求南辕北辙。为避免误入歧途,国家在强调刑罚的报应功能的同时,还必须兼顾其一般预防和特殊预防功能,并使量刑过程体现这种刑罚功能的实现"。② 由于"定罪与量刑所依据的事实信息是不一致的",量刑所要考虑的事实因素比定罪的事实因素要多得多,因此,对于仅根据犯罪事实所判定的"同案",在量刑时仍然需要基于刑罚目的及刑事政策的考量进行区别对待,而不能简单地"同判"了事。

---

① 参见[日]大谷实:《刑事政策学》,黎宏译,法律出版社2000年版,第176页。

② 陈瑞华:《量刑程序中的理论问题》,北京大学出版社2011年版,第53页。

刑事案件的判决通常会考虑多重刑罚目的，而不只是追求某种单一目的。在刑罚量定过程中，通过确定法定的构成要件以及与先前案件核心事实的比较，法官可以比较准确地确定裁量基准，却无法确定最终的裁判结果。因为在基准刑的基础上，最终的裁判结果还取决于其他许多因素。这正如阿尔布莱希特所指出的那样，量刑中涉及了一个交会点，即刑事政策上的、刑法学上的与犯罪学上的数个核心问题在此交会。在刑罚决定中以及在其规范基础上，对刑罚经济性考虑的需求与对正义的需求相遇，对理性与效率的需求与对实践可行性的需求相遇。正因为量刑是这样一种复杂的活动，刑罚的具体化才被认为是一种“艺术”。并且，刑罚的均衡性与由此产生的对犯罪人的平等对待终究处于量刑问题场域的前线。[①] 因此，刑事政策的目的考量应当在刑事案件的处理过程中起到“补充性的控制作用”。[②] 就此而言，刑罚个别化不仅意指基于目的性考量，相似案件的判决结果可以存在刑罚之量的差异，而且可以存在刑罚之有无的差异。

根据罪、责、刑相当的责任原则，一般将行为具有规范责任作为刑罚发动的条件，但是有规范责任的行为未必都须经过刑的宣告。从刑罚机能限制的观点来看，在一定的场合，纵使产生了责任，也可免除刑的科处，即可以科处低于责任程度的刑罚。刑罚如此运用，是以“相对报应刑论”为基础的，这在“绝对报应刑论”那里是绝对不可能的。换言之，“绝对报应刑论”采取的是有责任则必有刑罚的积极责任主义，“相对报应刑论”采取的乃是无责任则无刑罚的消极责任主义。在消极责任主义的立场上，即使责任被确定，纵使刑罚不可超过行为责任的

---

① 参见[德]汉斯－约格·阿尔布莱希特：《重罪量刑：关于刑量确立与刑量阐释的比较性理论与实证研究》，熊琦等译校，法律出版社2017年版，第9～11页。

② [德]克劳斯·罗克辛：《刑事政策与刑法体系》（第2版），蔡桂生译，中国人民大学出版社2011年版，第6～8页。

范围,唯刑罚亦不一定要求相当于行为责任的报应刑不可。从预防的观点来看,刑罚可以比行为责任更轻,即若无一般预防或特殊预防之必要时,纵使有行为责任,也没有必要处以实际的刑罚。[①] 可见,即使在犯罪成立的情况下,法官仍然可以基于刑法自身的目的而决定不科处实际的刑罚。这显然与"同案同判"命题的理论想象相去甚远。

实际上,刑事案件差异化判决的合理性并不只是一种理论图解的产物,它同样被刑事司法的实践所支持。尽管我国是一个法制统一的国家,但由于各地区发展不平衡,不同地区之间的经济社会状况存在差异,司法实践也常常采取一些"因地制宜"的标准。比如,2013 年最高人民法院、最高人民检察院《关于办理盗窃刑事案件适用法律若干问题的解释》第 1 条第 1 款虽然对《刑法》第 264 条盗窃罪中的"数额较大""数额巨大""数额特别巨大"的标准作了规定,但是,这个标准仍然是相对确定的标准,均存在一定幅度,有灵活判断的余地。同时,该条第 2 款还授权各省、自治区、直辖市高级人民法院、人民检察院"可以根据本地区经济发展状况,并考虑社会治安状况,在前款规定的数额幅度内,确定本地区执行的具体数额标准"。自 2008 年以来,最高人民法院发布的多个版本的量刑指导意见,将规范指导的犯罪种类由最初的 5 种逐步增加到了 15 种;到"两高"共同发布的 2021 年《量刑指导意见》,规范指导的犯罪种类已经达到 23 种。而且,不同时期发布的量刑指导意见中,要求各地"应当结合当地实际",制定相应的实施细则。从各地出台的"量刑指导意见实施细则"来看,很多犯罪情节的认定标准都存在差异,而且这种差异的决定因素是"当地实际"而非案件事实。这其实就意味着即便是完全相同的案件,在不同地区,特定事实作为量刑情节所发挥的作用也是不一样的。这分明就是对差

① 参见许福生:《刑事政策学》,中国民主法制出版社 2006 年版,第 312 页。

异化判决的正式认可。

另外,量刑指导意见从一开始就确立了贯穿始终的量刑指导原则,尽管它们在不同版本的量刑指导意见中表述稍有不同,基本内容和精神却是一致的。2021年《量刑指导意见》对量刑的指导原则的规定是:(1)量刑应当以事实为根据,以法律为准绳,根据犯罪的事实、性质、情节和对于社会的危害程度,决定判处的刑罚。(2)量刑既要考虑被告人所犯罪行的轻重,又要考虑被告人应负刑事责任的大小,做到罪责刑相适应,实现惩罚和预防犯罪的目的。(3)量刑应当贯彻宽严相济的刑事政策,做到该宽则宽,当严则严,宽严相济,罚当其罪,确保裁判政治效果、法律效果和社会效果的统一。(4)量刑要客观、全面把握不同时期不同地区的经济社会发展和治安形势的变化,确保刑法任务的实现;对于同一地区同一时期、案情相似的案件,所判处的刑罚应当基本均衡。同时,2021年《量刑指导意见》还强调,"量刑时应当充分考虑各种法定和酌定量刑情节,根据案件的全部犯罪事实以及量刑情节的不同情形,依法确定量刑情节的适用及其调节比例"。从这些量刑的指导原则来看,刑事案件的判决结果始终需要在考虑各种复杂因素的基础上,针对个案作具体分析和判断,我们并不能得出量刑指导意见的主要目的在于实现同案同判。从"对于同一地区同一时期案情相似的案件,所判处的刑罚应当基本均衡"这一要求来看,量刑指导意见所追求的只是相似案件在量刑上的基本均衡,而且,强调的是"同一地区同一时期"相似案件在量刑结果上基本均衡,即不同地区、不同时期,相似案件的差异化判决不能被认为是量刑的不均衡。

在刑事案件中,量刑结果虽然主要是根据罪责原则来确定的,主要取决于行为的客观危害与主观罪过,但是,出于更好地实现刑罚目的的需要,刑事诉讼程序上的一些制度设计也会对具体案件的处理结果具有意义。比如,2012年3月14日《全国人民代表大会关于修改〈中华人民共和国刑事诉讼法〉的决定》将刑事案件的和解程序纳入法治化轨道,2018 年 10 月 26 日《全国人民代表大会常务委员会关于修改〈中华人民共和国刑事诉讼法〉的决定》又确立了认罪认罚从宽制度。这些制度的改革,为刑事案件的差异化处理提供了更大的制度空间。根据《中华人民共和国刑事诉讼法》(以下简称《刑事诉讼法》)第 15 条的规定,“犯罪嫌疑人、被告人自愿如实供述自己的罪行,承认指控的犯罪事实,愿意接受处罚的,可以依法从宽处理”;根据该法第 290 条的规定,对于达成和解的案件,人民法院可以依法对被告人从宽处罚。这就意味着,即便是“同案”,也因为和解因素、认罪认罚因素的加入使差异化判决变得比“同判”更具有合法性与合理性。

五、刑事案件差异化判决的合理边界

本书采用差异化判决这一说法,就是要刻意将合理的差异化判决与不具有均衡性的同案不同判作出区分。所以,在对刑事案件的差异化判决的合理性进行充分说明之后,我们必须对另外一个问题作出回答,即什么样的差异化判决才是合理的?或者说,刑事案件判决“差异化”合理的“度”应该如何把握?

需要郑重声明的是,本书自始至终都没有否定同案同判所包含的平等观念的价值,本书质疑的仅仅是那种绝对形式化的同案同判在司法实践中的可操作性。那么,当我们试图表明差异化判决的合理性时,它和同案同判司法准则之间的关系究竟是什么?其实这个问题不难回答。笔者认为,只要我们放弃绝对主义的思考,将同案同判命题回归到相对主义的类似案件类似判决上,问题自然就会迎刃而解。事实上,同案同判的原始命题正是类似案件类似判决。当我们将命题回归到该内容上时,由于“类似”并非“相同”,“类似”也可能意味着差异性较小的“不同”,因此,类似案件类似判决完全能够包容差异化判决的存在。我们所认可的差异化判决,绝不是对平等原则的放弃,它与类似案件类似判决的准则并无抵牾之处。只有当我们把该准则僵化为绝对性的同案同判而完全排斥合理的差异化判决时,种种不合理的问题才会出现。所以,本书讨论的所谓差异化判决的对象从一开始就是类似案件,而不是绝对意义上的“同案”。

笔者之所以认同类似案件类似判决而质疑同案同判,不仅因为同案同判这一表达很容易引起人们的误解,这是语言本身的缺憾,而且,理论界也确实有一种将同案同判进行严格理解的观点,而这种观点的存在导致人们不能接受差异化的判决,并对实践中的同案不同判现象不加分析地一律加以批判。

如果我们深入分析,则会发现所谓的同案不同判现象并不能被简单地归为对法治的违反和对平等原则的破坏。即便是在刑事司法领域,犯罪的法定构成要件对犯罪认定具有定性作用,同样行为被不同定罪的情况较少发生,但在刑罚决定方面,形式化的同案同判所反对的“不同判”可能极为普遍。这其中就可能包含具有合理性的差异化判决。因此,我们必须区分不合理的同案不同判与合理的差异化判决,不能为了追求司法的一致性,无视个案中的正义需求,将差异化等同于刑罚的不均衡、不平等。

就刑事案件来看,我们所说的合理的差异化判决,基本上可以从两个方面来把握。

其一,案件定性评价,即罪的确定。这只能以法定构成要件为判断标准,不能突破法定构成要件所描述的范围来寻求刑罚处罚。构成要件的解释应当坚持客观解释的立场,也就是根据法律条文客观外在的含义理解并适用法律,不能加入解释者的主观目的或者以解释者认为的立法者的目的为解释根据。但是,这并不意味着对构成要件不能作目的论解释,刑法条文客观的规范目的仍然是重要的解释根据。

在刑法解释问题上,尽管存在形式解释论与实质解释论之争,但是,这两种刑法解释论立场其实都能够容纳目的论解释,只是在目的论解释应当何时进行、何种场合进行这一问题上,双方存在争议。至少可以肯定的是,形式解释论并不排斥实质判断,只不过主张必须形式判断先行,并以形式判断限制实质判断;而实质解释论也坚称自己不违反罪刑法定,至于形式优先还是实质优先,需要根据不同的解释情形而定。无论是将实质判断作为一种出罪事由而将欠缺处罚必要性的行为排除在刑罚处罚之外,还是将它作为扩大刑罚处罚范围的理据,其实都说明了一个问题:不管坚持哪一种刑法解释论,都会承认刑法规范的形式要件并非实施刑罚处罚的绝对标准,都会肯定目的论解释的必要性。

所以,无论实质判断如何发挥实践作用,都会导致对刑事案件差异化判决的支持。因为目的论解释的"目的",毫无疑问就是为了达到个案公正,实现刑罚处罚的公正性与合理性。至于作为刑法规定的"形式"究竟如何判断,那是另外一个问题。基本的界限是:入罪方向的实质判断,必须不能超出刑法条文文义可能的范围;出罪方向的实质判断,不以刑法条文外在的文义为限,但必须考虑刑法的规范保护目的。在这一点上,笔者赞成张明楷教授的观点:在遇到法律疑问时,不能将有利于被告人作为解释原则。① 也就是说,并非所有情况下的法律不明确,都要朝着有利于被告的方向解释,必须考虑刑法的规范保护目的,因为没有理由为了被告人的利益而牺牲刑法规范的其他保护目的。只要在此界限之内,类似案件的差异化判决就应认为具有合理性。

其二,案件的定量评价,即刑的量定。在一般情况下,刑的量定必须在相应罪责程度的法定刑幅度内选择(《刑法》第62条);而在个别情况下,尤其在加重处罚的情况下,在法定刑幅度之外选择刑罚时,必须拥有法律上的根据。比如,"许霆案"的重审判决,实际上是在法定

---

① 参见张明楷:《实质解释论的再提倡》,载《中国法学》2010年第4期。

刑以下判处5年有期徒刑,其法律上的根据是《刑法》第63条第2款。至于加重处罚的情节,法律均作了明确规定,不存在其他认定标准。

对于类似案件,出于某种目的性考量,只要是在法定刑幅度内选择的量刑结果,都是具有合法性的。在类似案件之间,“如果刑罚之间的差异符合法律规定,而且根据法律规定的标准,对这种差异能够进行正当说明的话,那么这种刑罚自然是正当的刑罚。与此相反,如果刑罚上的不均衡只是那些没有理据的差异,那么这种刑罚自然就不是正当的刑罚”。[①] 法律适用中不可缺少逻辑,但逻辑不是法律适用的全部。在实践理性之下,逻辑所导出的一致性,还必须得到目的性考量的修正。所以,差异化判决的哲学基础就在于这种实践理性。

波斯纳认为,就法律的客观性来说,要在自然主义和法律虚无主义之间就法律问题找到一个中间立场,那么就只能将“客观”界定为合乎情理(reasonableness)。“而所谓合乎情理,就是不任性、不个人化和不(狭义的)政治化,就是既非完全的不确定,也不要求本体论意义上的或科学意义上的确定,而是只要有有说服力的、尽管不必然是令人信服的解释,并总是伴随有这种解释,就可以修改答案。”[②]当然,尽管在法定刑幅度内的不同裁量结果可能都是符合法律规定的,但是,具体的裁判结果只有在进行充分论证的基础上,才能证明其是否是合乎情理的判决。换言之,离开具体化的论证,个案公正是不能得到说明的。由于裁量因素的广泛存在,刑事案件合理的量刑结果必然具有浓厚的个案色彩,在不同的类似案件之间,刑罚的均衡性并不外在地表现为量刑结果的一致性。

---

① [德]汉斯-约格·阿尔布莱希特:《重罪量刑:关于刑量确立与刑量阐释的比较性理论与实证研究》,熊琦等译校,法律出版社2017年版,第17页。

② [美]理查德·A.波斯纳:《法理学问题》,苏力译,中国政法大学出版社2002年版,第9页。

差异化判决并不构成对法律稳定性的破坏，因为它是在法律自身所提供的灵活性机制内进行的。法定构成要件的定型性、法定刑幅度的相对确定性，足以确保差异化判决的合法性与可靠性。同样案件的差异化判决仅在于实现案件中的个别正义，而不在于创新性地突破现行法律。在法律提供的“基准正义”的基础上稍微偏左或偏右，都仍是在法律规则的规制范围内，在这个意义上，差异化判决在法律上仍具有一致性，只不过它并非同案同判所追求的绝对的一致性——这种绝对的一致性不能说无法达到，即使达到，也不能说明判决本身就具有实质的合理性。

司法的本质是行使判断力，而判断必然是涉价值的。刑事个案公正的公正性，最终必须通过判决理由的说明来证立。同案同判虽然省去了法官对眼前案件的论证，貌似一种符合司法经济性要求的做法，但是，这种站在司法者而不是社会、当事人角度的功利主义考量存在以下问题：第一，法官虽然省去了对眼前案件进行论证的负担，却增加了另一种负担，那就是将眼前案件与海量的同类案件进行比较，以确定眼前案件与某个先前案件是否属于“同案”，而这个负担丝毫不比论证眼前案件来得容易；第二，当法官省去了对眼前案件的论证后，所生成的判决的合法性与合理性都是建立在参照先前判决的基础之上的，由于两个案件的“同”与“不同”的判断本身就充满了不确定性的风险，因此，“同判”的根基也是极不牢靠的。所以说，逻辑不能单独说明判决的正当性，只有判决的具体论证过程才能说明判决的正当性。因此，差异化判决反而会强化法官对个案判决的论证责任，使刑事案件的判决建立在制度、方法、观念、目的所综合建构的理性基础之上。

笔者主张刑事案件的差异化判决，并不是要摒弃同案同判命题背后的正义观念，而是要对其加以修正。所以，本书对差异化判决的支持，依然是在类似案件类似处理的命题之下所作的理论确证。这意味着,那些在事实、情节、社会危害性等都大致相同的案件之间出现的量刑上的重大差异,其实已经失去了合理性,它们绝不是本书所认可的差异化判决。

第四章　作为个案公正方法手段的刑法解释

法律解释是法律适用的前提。从追求司法公正的意义而言，法律适用就是将法律的一般公正进行对象化、具体化，体现为个案公正的过程。要正确地适用法律，首先必须准确地理解法律，而理解其实就是解释，法律适用的过程必然会伴随着对法律的解释。

司法者解释法律的能力直接决定着司法水平的高低。目前，我国的法学教育主要以法律理念和法律规范为内容，注重的是抽象的理解，而非通过具体案例的分析来进行法律方法的训练；法官、检察官在办案的时候，通常容易凭经验、直觉和法律教义学常识来理解法律条文，没有形成法律解释上的理论自觉。可以说，这也是制约我国司法水平的一个重要原因。

严格来说，法律解释是法律方法问题，是司法技术问题,即准确、合理地理解法律条文,并将其适用于具体案件的一种观念、方法和技巧。从方法论的意义上说,刑法解释也是实现刑事个案公正的一种不可或缺的司法技术。站在刑事司法的角度,我们可以认为刑事法庭上控、辩、审三方的工作在很大程度上就是在争夺刑法的解释权。虽然法庭上很多情况下是关于案件事实的争论,但也常常包括对于法律理解的争论,而且,有些事实问题背后涉及的也可能是法律问题。所以,谁能更好地解释法律并说服他人,谁就能够占据主动。这种对法律解释权的争夺,对于实现个案公正具有非常重要的制度意义。

一、法官的适用解释应成为法律解释的常态

法律虽然是用文字表达的,但它不同于文学作品。法律存在的目的是规范社会生活,法律解释的目的是完成法的适用。为了适用法律,我们也就需要解释法律。因为法律条文基本上是用大多数人能看得懂的日常语言来表述的,所以仅是为了阅读条文而不是为了具体适用,可能是不需要解释的。之所以需要解释,是因为具体案件的情况是否能够被涵摄进某个法律规范的意义之内尚不能确定。就此而言,只有适用法律的法官才是解释法律的真正主体,这里所说的“法律解释”,指的就是法官的“适用解释”。

(一)中国现行法律解释体制的弊端

我国现有的法律解释体制下,法官个人的法律解释权并没有制度上的生存空间,解释法律的权力是由最高立法机关和最高司法机关享有的。所以长期以来,我国法学界所说的“法律解释”,客观上具有两个层面的含义:一是最高立法机关所作的“立法解释”;二是最高司法机关所作的“司法解释”。也就是说,当我们谈及“司法解释”时,并不包括法官在办理案件过程中对法律进行的解释。但事实上,法官的“适用解释”才是“司法解释”最生动、最真实的存在,而这一事实被我们有意无意地忽略了。由此产生的后果就是,这种更具有实践意义的

"适用解释"在制度上既没有得到合理的承认,在理论上也很少受到关注并缺乏规范指引,从而导致其重要的司法功能没有得到应有的发挥。

立法解释一般是抽象性、类型性的解释,并不针对具体案件。而且,由于它是由立法机关作出的,所以,立法解释虽然名为解释,但实际上具有立法的性质,它彰显的是法律的一般公正,而非聚焦于个案公正的实现。同样,最高司法机关以"解释""规定""批复"等形式发布的各种司法解释,大多也是抽象的、一般性的和规范性的解释,因为它们也并不是就具体案件中的法律适用问题所作出的解释。这种抽象的、一般性的解释如同立法一样,也是一种"类型化"的工作,很多司法解释具有准立法的性质。正如张志铭教授所作的评价那样:说司法解释具有立法的性质,意味着不能把它简单地归结为法律解释,因为这样的"解释"并不是法律在具体个案中的适用;同时,也不能把它归结为立法,因为它毕竟是由司法机关所作出的。① 此外,有观点认为,既然司法解释不针对个案,又不能创设规范,其存在的必要性似乎不大。还有观点认为,这种准立法化的司法解释侵越了立法权,故而建议取消司法解释。不可否认,司法解释确实可以让法律的抽象规定在一定程度上变得更具体、更明确,对司法实践有一定的指导意义,有利于维护法律的统一性,但其也存在以下问题。

首先,抽象的司法解释对下级司法机关所提供的指导在很大程度上是不必要的。因为从司法本质来说,法官的职责就是将抽象的法律规定适用于具体案件,在这一过程中,法官必须不断拉近规范与事实之间的距离,而这就离不开对法律的解释。只要想适用法律,就必须对法律规范的意义加以澄清和具体化。最高司法机关发布的抽象性的司法解释并不能替代法官对法律所做的解释。因为无论法律如何明确,都

---

① 参见张志铭:《法律解释操作分析》,中国政法大学出版社1998年版,第22页。

总是需要解释的，抽象性的司法解释永远无法解决法律条文与具体案件事实的无缝对接的问题。现实生活的复杂性就在于真实发生的案件总是个别化的，每个案件都与其他案件不同。法律解释的需求存在于每一个案件的处理过程中，而最高司法机关不可能为每一个案件中的疑难问题发布一个司法解释，因此，绝大多数案件的法律解释问题最终只能由法官去解决。因为司法实践中所谓的“疑难案件”，一般都是案件中的特殊情况使某个法律条文是否能够适用产生了疑问，对该疑问的解答一般也是一次性的。大多数案件中的疑难问题，都不需要借助抽象的、一般性的司法解释来“决疑”。也就是说，抽象性的司法解释并不能一次性地将个罪的适用问题解决掉，下级司法机关在面临具体案件时，仍然需要进行适用解释，即司法解释对个案公正的实现作用有限，而且无法替代法官的适用解释。

其次，法律解释的目的是要通过解释行为将法律较为抽象、模糊的规定具体化、明确化，以满足个案法律适用的具体需要。但是，在使法律的规范内容具体化、明确化方面，抽象的、一般性的司法解释所能发挥的作用似乎比较有限。而且，大量司法解释的发布反而起到了抑制法律自我成长的作用。因为法律并不是越具体、越明确越好，在很多情况下，立法者恰恰就是想通过立法上的模糊性概念和弹性规定，有意将法律规则内容具体化的权力赋予司法者，以便增强法律的灵活性和适应性。正如有学者指出的那样，“立法本身就是一种艺术，有时立法恰恰是通过一种弹性的规定而为法律的灵活性发展奠定了成长的基础……而在这种情况下，最高人民法院横插一杠子（发布大量的司法解释），反而将问题模式化、格式化、固定化，其结果必然是不利于法律的发展”。[①] 的确，通过发布大量的司法解释，司法权实际上就会被高

---

① 武建敏：《司法理论与司法模式》，华夏出版社2006年版，第42页。

度集中在司法机构的顶端,这也意味着,立法者为司法者有意设置的灵活性机制被司法解释给凝固住了,下级法院和法官对法律发展的积极功能也被消解了。

再次,现行司法解释体制在很大程度上强化了我国法院体制原本就具有的行政化色彩,使下级法院与上级法院之间形成了类似于行政机关那样的科层制结构。这一现象所引起的直接后果就是,下级法院的法官在办理案件时会高度依赖上级司法机关,尤其是依赖最高司法机关的司法解释。当他们遇到疑难案件后,如果找不到相关的司法解释,就不知道该如何处理。在行政化思维的支配下,有的法官遇到法律适用上难以解决的问题时,首先想到的往往就是请示领导或者上级法院,直至上报最高人民法院,希望得到一个明确的"答复"或"批复"。虽然我国的刑事判决书不得援引司法解释作为判案的依据,但实际上,司法解释对审判活动起着重要甚至决定性的作用。也正是由于有的下级司法机关以及法官对司法解释的严重依赖,司法解释已然成为法律以外的另一种权威性知识,具有了补充法源的性质。可以说,在司法解释这一权威性知识的庇护下,法官逐渐淡忘或有意回避了自己解释法律的责任。①

最后,抽象性司法解释受到学界批评还有一个原因是它常常不是在解释法律,而是在创设规范,使司法权与立法权之间的界限变得模糊,甚至有侵越立法权的嫌疑。正如梁根林教授所指出的那样,我国刑事司法解释的很多内容,确实具有"二级立法化"或者"准立法化"的问题;在司法实践中,更是普遍出现了越权性刑事司法解释在事实上优先于刑法文本而适用的反法治现象。② 刑事司法解释一旦突破了刑法的

---

① 参见周少华:《刑法解释的观念和方法》,载《东方法学》2009 年第 2 期。

② 参见梁根林:《罪刑法定视域中的刑法解释论》,载梁根林主编:《刑法方法论》,北京大学出版社 2006 年版。

明文规定,就相当于是创设了新的罪刑规范,这在实践中就会带来扩大刑法适用范围的实际效果,对刑法的确定性和罪刑法定原则而言是一种威胁。

基于上述原因,我国法学界有观点认为,无论是从维护法治的角度,还是从实践作用的角度,抽象性、规范性的司法解释似乎都没有存在的必要。但是笔者认为,这种彻底否定司法解释的观点并不可取。司法解释作为一种关于法律意义的一般性看法,对司法实践仍然具有一定的积极意义。只要它还是在司法权的范围内作成,没有突破法律条文的界限,我们就没必要将其"一棍子打死"。对此,真正需要强调的一个问题是,即使司法解释的制度性作用继续得到维护,我们也不能忽视法官的适用解释。因为法律解释就是要消除规范与事实之间的隔阂,解决法律的适用问题,所以,任何法律解释其实都是针对具体问题在具体案件的法律适用过程中而发生的。可以说,"只有在场的法官才真正地具有法律解释权,其所作出的解释也才真正地具有解释的合理性价值"。[①] 因此,本书所称"刑法解释",除了指传统的"司法解释",更主要的是指法官在具体案件中适用法律时对法律所作的理解,即"适用解释"。

(二)重新发现司法解释:适用解释

无论是英美法系还是大陆法系,法官都当然地享有解释法律的权力,法官在适用法律过程中对具体案件涉及的法律所作出的理解与阐释,均被看作法律解释的一种常态。甚至法官不能以法律规定不明确为由拒绝对案件作出判决,即使法律规定不明确,法官也有义务进行审判,案件所面临的任何法律上的疑难问题都应当由法官自己来解决。因此,排斥法官解释法律的权力就是不可能的。在刑法规定不甚明确

① 武建敏:《司法理论与司法模式》,华夏出版社2006年版,第45页。

的情况下,或者当刑法规定可能作多种解释时,法官就应当努力深入理解法律规定的真正意义,并按此意义适用这些规定。①

如前所述,尽管在我国现行法律解释体制下,法官似乎并不享有解释法律的权力,但这并不意味着在适用法律的实践活动中,法官真的不会对法律进行事实上的解释。恰恰相反,适用法律的过程总是伴随着对法律的解释。对此,我国就有学者通过实证调查发现了这样一个事实:“面对僵死的法条文字,法官们,无论是出于正义的目的还是出于私利,往往会通过裁剪事实来‘制作’案子,使之表面上看来符合法律……作为理性的个人,法官会根据自己所受的约束条件来选择自己的行为方式。他们不仅能够选择一定的解释规则下的解释方案,而且能对解释规则本身做出选择;即使无法选择更改解释规则,也能选择规避这些规则。”②显然,从此可以看出,法官的适用解释在实践中发挥着非常重要的作用,只不过这种作用是以润物细无声的方式发挥出来的。

当法官遇到疑难案件时,只要其必须作出判决,那么他就总是有办法在案件事实与法律规范之间找到一条合适的出路,并且把判决理由阐释得无可挑剔。而帮助法官完成这一任务的,只能是对法律进行必要的解释。可见,法律没有赋予法官以解释法律的权力,只是意味着法官对法律所作的解释不具有普遍的效力,而并不意味着法律能够绝对禁止法官在个案中对法律进行事实上的解释活动。无论我们承认与否,在刑事司法领域,法官的适用解释是不可避免地客观存在的,即只要有适用刑法的活动,就一定有对刑法的解释活动。就像有学者指出的那样,“在司法行为中,法律解释不仅仅是一种让文本得以展现的方

---

① 参见[法]卡斯东·斯特法尼等:《法国刑法总论精义》,罗结珍译,中国政法大学出版社1998年版,第139页。

② 郑戈:《法律解释的社会构造》,载梁治平编:《法律解释问题》,法律出版社1998年版。

式,而且也是一种论证的力量。法官正是通过对法律的解释在重新构造着法律……这种构造不仅满足了法律文本的目的性追求,而且满足了生活在现实社会中的普遍的人们的行动理性的要求”。① 因此,从刑事司法自身的规律出发,即使在刑法有“明文规定”,甚至这种规定很具体、很明确的情况下,也仍然需要解释。罪刑法定原则所要求的法律的明确性,并不能成为反对对刑法进行解释的理由。因为对“明文规定”进行解释,只要遵循“文义可能的范围”这一基本要求,就不会超出公众对法律规定的预测可能,就是被罪刑法定原则所允许的。既然如此,在适用法律的过程中,法官始终可以根据刑事政策的基本精神和一直以来的刑法知识传统,对刑法的“明文规定”进行必要阐释,以满足个案判决说理的需要,这是司法活动的规律使然。

然而,由于我国法官解释法律的权力并未在制度上得到确认,因此,法官往往只会认为他们是在适用法律,而不会公开承认他们解释了法律。尤其是在我国法院裁判文书质量总体上仍然不高、判决理由的阐释相对简单的情况下,法官在适用法律的过程中对法律所作的事实上的解释,确实也都是以一种不易察觉的、隐蔽的方式进行的。这种状况既使法官的适用解释得不到公开的监督,又导致了适用解释的不确定性。在刑事司法实践中,对于同样的案件,不同地区的法院和不同的法官所作的判决有时差异很大,这主要可能是法官对法律的理解不同所导致的。正因如此,对于法官的适用解释,既需要我们在法学理论上进行认真研究,为其提供系统的方法论上的指引,也需要在制度上对其加以承认和进行必要的规范约束,以维护法律适用的准确性、统一性和稳定性。

在刑事司法领域,法官的适用解释的实质,就是法官对广义的自由

---

① 武建敏:《司法理论与司法模式》,华夏出版社2006年版,第39页。

裁量权的一种行使,是在不违背罪刑法定原则的前提下对刑法的明文规定所作的理解。诚如著名刑法学家储槐植教授所言:适用解释以刑事立法为依据,适用解释也推动立法;刑事立法通过适用解释才能实现其价值。① 既然适用解释是发生在法律适用过程中的,那么它外在的表现就应当反映在刑事判决的阐述理由中。判决书说理的时候,实际上是在表达法官对法律的理解。因而,判决书的说理,尤其是刑事判决书的说理,就显得尤为重要,它标志着刑事司法的法治化水平。在我国,最高人民法院早在1999年的《人民法院五年改革纲要》中就已经开始倡导"增强判决的说理性",提出要"公开判决理由";②近些年的司法改革也一直把增强判决书的说理性、强化法官对案件的责任作为一项重要的目标。这意味着,法官必须通过对法律的合理解释对其所作出的判决的正当性进行充分的论证。对此,2018年《最高人民法院关于加强和规范裁判文书释法说理的指导意见》第1条便进一步阐述了裁判文书说理的意义,即"裁判文书释法说理的目的是通过阐明裁判结论的形成过程和正当性理由,提高裁判的可接受性,实现法律效果和社会效果的有机统一;其主要价值体现在增强裁判行为公正度、透明度,规范审判权行使,提升司法公信力和司法权威,发挥裁判的定分止争和价值引领作用,弘扬社会主义核心价值观,努力让人民群众在每一个司法案件中感受到公平正义,切实维护诉讼当事人合法权益,促进社会和谐稳定"。

显然《最高人民法院关于加强和规范裁判文书释法说理的指导意见》所提出的"增强裁判行为公开度、透明度"必然要求司法判决要接

---

① 参见储槐植:《刑法存活关系中——关系刑法论纲》,载《法制与社会发展》1996年第2期。

② 参见《最高人民法院关于印发〈人民法院五年改革纲要〉的通知》,载《最高人民法院公报》1999年第6期。

受社会的监督，这实际上是对法官解释水平的考验。因此，随着法治水平的不断提高，判决书的裁判结论必须给出充分的理由，其中，当然会包括对法律的阐释，尤其是在疑难案件中更应如此。虽然法官的适用解释随着判决公开可能会引来很大的争议与批评，但它客观上也会促进司法水平的提高；更何况只要进行了充分的说理，就不怕争议和批评。要保障审判独立，当然首先应该承认并保障法官解释法律的权力。

二、刑法解释的必要性在于将一般公正具体化

在法官的工作中，法律的适用和法律的解释是合二为一、不可分割的，因为有解释才有适用，有适用必有解释，这是司法过程的真实状况。如同其他法律一样，明确性程度要求更高的刑法也必然经由解释而适用，因为立法无论如何详尽，也不可能通过一事一条文的方式来处理社会生活事实。为求法律简短，刑法所规定的犯罪行为都是类型化的行为，而实际发生的犯罪行为总呈现出一定程度的不典型性，因此，若要将抽象的刑法规范适用于具体案件，就必须通过解释对法律所规定的事项予以具体化。那种认为规定得很明确的刑法条文就不需要解释，是一种误解。

严格地说，允许法官对刑法进行解释，赋予法官刑事裁量权，都可能对罪刑法定原则产生威胁。正如学者王玉成所言：因为刑法解释使犯罪认定之界限发生无可避免之伸缩，而刑罚裁量则使犯罪之刑责保留“合法”之弹性，二者均系刑事立法上所无从补救之空缺，为严格罪刑法定留下先天之漏洞。① 所以，早期刑事古典学派坚决反对法官解释法律。但从 20 世纪开始，人们已经认识到制定法不可能做到完美无缺，法官对法律的解释不仅无可避免，而且是适用法律所必需的

---

① 参见王玉成：《社会变迁中之罪刑法定原则》，台北，大伟书局 1988 年版，第 300 页。

过程。

虽然过度宽松、自由的刑法解释可能会对罪刑法定原则构成威胁，但为了实现实质公平与个别正义，又必须赋予司法机关乃至法官以一定的自由裁量权和刑法解释权。由于社会生活丰富多变，如果不允许对法律进行解释，那么法律将无法适用。因此，无论刑事司法多么强调罪刑法定原则的形式性特征，都既不可能彻底取消法官的刑事裁量权，也不可能消除法官的适用解释。因为只有对法律所规定的事项予以具体化，我们才能判断某一行为是否属于某一刑法条文所规定的犯罪。在这一意义上，构成要件符合性判断就是一个解释过程。

比如，《刑法》第 267 条第 2 款规定，“携带凶器抢夺的”，依照第 263 条的规定定罪处罚，即要按照抢劫罪定罪处罚。这里的“凶器”并不难理解。一般来说，一把管制刀具肯定是凶器，但是一把螺丝刀（它本来是劳动工具），通常没有人会认为它是“凶器”。如果行为人携带螺丝刀去抢劫，则他携带螺丝刀的目的与携带匕首的目的相同，都是增加对被害人的威胁性，此时，我们就很难否认螺丝刀不是“凶器”。用螺丝刀捅人所造成的伤害可能一点也不比用匕首捅人造成的伤害轻。如果一把螺丝刀比较容易被解释为“凶器”，那么一根木棍、一块砖头是不是凶器？或者说，“凶器”这个概念能否包含“木棍”“砖头”这些东西？这都是需要解释的。所谓“凶器”，是指能够给人的生命、身体安全带来直接威胁的器具。一个普通的器具，当它被用来威胁他人的人身安全，并足以对人的生命、身体安全构成威胁时，这种器具就可以被理解为是“凶器”。如果这样理解，在具体案件中行为人是携带“螺丝刀”“木棍”“砖头”抢夺的，就应该属于“携带凶器抢夺”的情形。但是，这样的理解可能会引发争议。因为倘若这样解释，解释者就需阐述这样解释的理由，而且，解释结论还必须结合具体的案件情况。比如，如果一根胳膊粗的木棍可以被解释为“凶器”，那么一根拇指粗的木棍是否也可以被解释为“凶器”，这就很值得讨论了。[①]

在法官的工作中，法律的适用和法律的解释是合二为一的，有解释才有适用，有适用必有解释。因此，刑法需要解释并不是因为刑法的规定不够明确，而是法律适用的特点所要求的。换言之，即便是具有明确性的刑法规定，也仍然需要解释。简言之，法律解释之所以必要，主要是因为法律较为抽象地规定了其必须被具体化、对象化为个案中的可适用规则，因此，在各种实践的场合，这些抽象规则就必须通过解释来完成具象化，否则，法律所蕴含的一般正义就无法转化为具体案件中的个案正义。

在以往的法学理论中，法律的解释问题似乎被看成“是成文法的局限性的反映和要求，在所有以成文法为法的主要表现形式的国家，这个问题都是普遍存在的”。[②] 据此，法律解释好像就是为了弥补成文法的不足。但笔者认为，这种观点是一种“立法中心主义”的思路，它构成了我们理解法官适用解释的一个主要障碍。之所以说它是“立法中心主义”，是因为它只把法律解释的作用看成为了弥补制定法的缺陷，这种思路显然没能真正揭示出法律解释的实践意义。笔者认为，既然法律解释是一种司法活动，我们就应当站在司法的角度来理解法律解释的意义。

法官适用解释存在必要性与合理性，不仅是因为法律本身具有抽象性、一般性、不完整性等特征，而且取决于司法活动的本质。司法行为的本质在于解决具体问题，也就是将法律的一般性规定适用于具体生动的案件，这就需要法官拥有实践智慧。具体而言，就是要求法官能够根据司法实践的需要灵活地驾驭法律规则和处理具体问题，以便作

① 对此，笔者的看法是，由于拇指粗的木棍不具有足够的威胁性，将其解释为“凶器”并不合理。

② 张文显主编：《法理学》（第4版），高等教育出版社2011年版，第237页。

出合理的司法判决。而法律解释技术，就是这种实践智慧不可或缺的部分。法官必须对法律的普遍规则进行解释，真正的原因并不在于法律规则是抽象的、普遍的，而在于其必须用法律规范来解决具体案件。可以说，所有的案件都有解释法律的需求存在，只有将法律规范与具体的案件实现有效的对接，才能使案件的处理结果既符合法律的要求，又满足一般正义观念的期待。可以说，个案公正即案件的具体妥当性，既是法官解释法律的出发点，也是其解释法律的归宿。这正如日本法学家川岛武宜所指出的那样："不得拒绝裁判"和必须"依法裁判"的原则，使法官即使在法律并不明确的时候也要履行其职责，并不断表明自己的裁判是依据法律作出的，而法律解释就是用来证明某一概念含有一定的意义，从而使该判决具备正当性的技术。① 就像我们前面所说的，只有当你很合理地将行为人携带的"螺丝刀""木棍""砖头"解释为"凶器"时，把行为人实施的抢夺行为按照抢劫罪定罪处罚的判决才具有正当性；如果不能作出这样的解释，就只能按照抢夺罪定罪处罚。可以说，只要适用法律，就必然产生法律解释问题，如果不是为了法律的适用，我们就既没有必要谈论法律自身的局限性，也没有必要对法律进行解释。所以，要真正理解法律解释的实践意义，就应当跳出"立法中心主义"的狭隘立场，而辅之以"司法中心主义"的视角，并在立法和司法的双重视野中思考这一问题。

既然法律的适用过程必然伴随对法律的解释，那么，每一个法律条文都必然需要进行解释，因为它们最终都要被适用。之所以"表达清楚的条文"也需要解释，主要是因为法律条文所具有的法学意义可能

---

① 参见[日]川岛武宜：《现代化与法》，申政武等译，中国政法大学出版社1994年版，第289页。

与通常的理解有所不同。[①] 没有学过法律的一般社会公众在遇到法律问题的时候也会按照自己的理解去解释法律，但是，法律在大多数情况下是具有专业性的。法律之所以能成为一门专业，是因为法律思维与一般生活思维存在较大差异。法律规范通常应该按照其法学的意义被适用，而不能按照日常的理解被适用。既然如此，我们在适用法律的时候，当然首先需要搞清楚法律条文的法学意义究竟是怎样的，在探明法律真义的基础上，才能准确适用之。

由于人类的语言往往具有多义性，因此，用文字表述的法律也不可能只具有唯一确定的含义，尤其是刑法条文中还存在一些规范性的概念。比如，《刑法》第 152 条中的"淫秽物品"、第 246 条中的"侮辱"等，其意义边界并不是特别清晰，它们都是需要借助特定社会的基本思想观念才能准确理解的概念。一本人体画册，究竟是"淫秽物品"还是艺术作品，这不仅与画册的内容有关，还与特定社会的文化观念有关。所以，法律解释通常也需要进行价值判断，解释结论的妥当与否不仅取决于解释主体的个人观念，还取决于一定社会历史条件下人们的普遍价值观。

另外，同样是一个日常生活中的词语，当其作为法律概念而被用于不同的法律条文中时，它们的含义可能并不完全相同。比如，《刑法》第 237 条强制猥亵、侮辱罪，第 246 条侮辱罪，第 250 条出版歧视、侮辱少数民族作品罪，第 299 条侮辱国旗、国徽、国歌罪，第 302 条盗窃、侮辱、故意毁坏尸体罪等条款中都有"侮辱"一词，但它在每一个条款中的意义不尽相同。因为在这些不同的罪名中，"侮辱"的犯罪对象、行为表现方式均有所不同，各条所保护的法益也有所不同，因此，即使它们都使用了"侮辱"一词，但其具体内涵仍需结合各自的规范目的进行理解。

---

① 参见[德]汉斯·海因里希·耶赛克、[德]托马斯·魏根特：《德国刑法教科书(总论)》，徐久生译，中国法制出版社 2001 年版，第 190 页。

如前文所述，由于刑法所规定的犯罪行为都是类型化的行为，而“类型化”意味着要尽可能提炼出一类行为的共性特征，舍弃具体行为的个性特征。如果将现实生活中发生的犯罪行为与刑法条文中的行为类型相对照就会发现，具体案件中的犯罪行为或多或少都有些“不典型性”，而所谓刑法条文的抽象性、不明确性，正是相对于具体犯罪行为的不典型性而言的。如果不将具体犯罪行为与犯罪的构成要件进行对照，没有人会认为法律条文规定得太抽象或不明确。但是，一旦需要将某个法律条文适用于具体案件，我们就会发现，无论刑法条文规定得如何清楚、完整、精确，它都达不到无须解释的程度。“事实上，一个刑法条文规定的含义，总是首先通过法官的解释，才会在确定无疑的意义上‘被确定’。”①何况犯罪是人类社会非常复杂的一种现象，对于某些犯罪行为的特征，立法者很难进行精确的描述，因而也就不可能作出完美无缺的规定；而且，法律中还必须使用一些抽象的概念，从而造成规范性的构成要件要素大量存在。凡此种种，都使刑法必须通过解释，才能被适用于具体案件之中，刑法解释因而成为刑法适用的必要前提。这正如季卫东教授所言，“法律只有通过解释来发现、补充和修正，才会获得运用自如、融通无碍的弹性”。② 就此来说，刑法解释的基本功能就是使刑法相对僵硬的文本表达得到软化，以便适应社会生活的复杂性、丰富性。这也意味着，在法律解释的过程中，法官必须把他应该判决的、个别的、具体的案件与抽象的法律规范联系起来，这就是一个寻求个案公正的过程。

那么，法官是如何将案件与规范连接起来的呢？或者说，法律究竟是如何被适用到具体案件当中的呢？下面我们来考察一下“法律适

---

① ［德］克劳斯·罗克辛：《德国刑法学总论》（第1卷），王世洲译，法律出版社2005年版，第85页。

② 季卫东：《法治秩序的建构》，中国政法大学出版社1999年版，第88页。

用"的逻辑过程。

三、重述"法律适用"的真相

作为法律方法,"法律解释"问题始终是被作为一个与"法律适用"相关联的问题加以讨论的。在刑事司法中,法律的适用意味着依据通过抽象描述的犯罪行为(犯罪构成要件)并以刑罚为后果的法律,对某一行为科处刑罚。对具体案件适用法律,意味着将抽象的大前提(犯罪构成要件)与源于实际生活的小前提(案件事实)发生关系,而发生关系后的结果是法官的判决。这一过程,是以解释为基础的。① 在适用法律之前,法官必须先搞清楚罪刑规范的意思,因为"法定的规范必须经过澄清、精确化之后才能适用,此点正是法官所应提供的贡献"。② 可见,所谓法律适用就是这样一种活动:将法律规范适用于具体案件,并将规范在法律上的效果施于该案件。借由法律适用,法律的一般公正就在个案中被落实、被彰显,同时,法律被解释、案件被裁量的过程,又是在一般公正指导下,个案公正被最终确定的过程。

德国的法学家认为:"法律适用就是发现体现在一般抽象性的'法律规范'中并由法律渊源学说来定义的有效的法,并将其符合事实地适用于当时的纠纷。"③从这个定义可以看出,法律适用所操作的对象包括法律规范与案件事实两个方面。即使抛开这种理论上的界定,仅通过对司法实践中法律适用活动的经验性观察我们也不难发现,在适用法律的过程中,法官必须既要处理法律(规范)问题,又要处理事实问题,对"规范"和"事实"进行连接,并赋予"事实"一定的法律效果,这就是法律适用活动的基本特征。没有"规范",则无所谓法律适用;没

---

① 参见[德]汉斯·海因里希·耶赛克、[德]托马斯·魏根特:《德国刑法教科书(总论)》,徐久生译,中国法制出版社 2001 年版,第 188 页。

② [德]卡尔·拉伦茨:《法学方法论》,陈爱娥译,商务印书馆 2003 年版,第 14 页。

③ [德]伯恩·魏德士:《法理学》,丁小春、吴越译,法律出版社 2003 年版,第 295 页。

有“事实”，法律则无可适用，也没有适用的必要。

那么，在法律适用活动中，“法律”和“事实”究竟是如何被加工处理的呢？或者说，法律实际上是如何被适用的呢？

对具体案件进行法律评价，大致是这样一个过程。

首先，需要查明案件事实。所谓“查明”，不仅是指通过各种证据对案件事实加以证明，更重要的是指通过语言手段将案件事实进行提炼、描述，以适于被法律评价。也就是说，适用法律时被进行法律评价的“事实”并非案件的全部客观事实，而是被提炼出来的具有法律意义的事实。

其次，寻找法律规范。根据所确定的案件事实寻找可以用于评价该案件的法律规范。

再次，反复比较案件事实和法律规范，以检验案件事实是否符合法律规范所确定的构成要件。

最后，如果案件事实符合相关法律规范所描述的情况，并且不违背整个法律秩序的其他规范，则将所找到的法律规范的效果赋予该案件。

上述四个步骤，就是法律适用活动的一般特征。①

我们可以看到，在法律适用过程中，“认定事实”是适用法律的前提，也是寻找法律规范的意义所在。在事实未被认定之前，法律是无法被适用的，脱离开事实，规范的寻找就是没有意义的，“涵摄”（适用）也无从谈起。这是大家都知道的法律适用的真相。而关于法律适用，还没有被揭示出来的真相是：这里的“认定事实”该如何来理解，其本质究竟是一种怎样的活动？

对于“认定事实”，我们可以从以下两个方面来理解。

首先，在程序法的意义上，“认定事实”指的是按照法定程序，查明

---

① 参见［德］伯恩·魏德士：《法理学》，丁小春、吴越译，法律出版社2003年版，第296页。

案件的事实真相。由此获得的案件事实虽然是由各种证据支持的事实,但它实际上仍然是尚未经过法律评价的事实,这里强调的只是“查明”和“确定”,而不追问所获得“事实”的法律意义。也就是说,此时所获知的事实还不是具有法律评价意义的构成要件事实(法律事实),而只是案件的客观事实。如果说这一层面上的“认定事实”也存在对事实的选择的话,那么它对事实进行的筛选只依据证据规则,而不依据其在实体法上的意义。所以,按照程序法规则所认定的事实,并非都具有实体法上的评价意义。

其次,在实体法的意义上,“认定事实”则是指在法庭按照法定程序所认定的案件客观事实的基础上,进一步确定和选择具有法律评价意义的事实部分,以便能够适用具体的实体法律规范。依此认定的事实是对依据程序所认定的事实进行“提纯”或者说“二次加工”而获得的事实,该事实与前述依照程序规则认定的事实并非同一个事实。以往的法律学者在讨论“法律事实”与“客观事实”这一问题时,似乎并未注意到这一现象。但笔者认为,这种区分是非常有意义的。

笔者认为,相对于实体法意义上认定的“法律事实”来说,程序法意义上认定的“法律事实”仍然是一种“客观事实”。因为这种事实只是“供”实体法律评价的事实材料,而并不是实际上“被”实体法律评价的法律事实。那些在实体法上没有评价意义的事实要素,即使已经在程序上得到认定而成为一种“法律事实”,也不会走进实体法的评价视野。比如,张三故意杀人,只有他故意非法剥夺他人生命这个事实,在实体法上才具有评价意义;至于他是用刀杀人、用毒药杀人,还是用水把人淹死,无论采用何种犯罪方法,都不会影响对他故意杀人罪的认定。在程序法的意义上,张三杀人的方法也是需要进行认定的事实;虽然这些方法对量刑也有意义,但对定罪、对选择实体法规范是没有意义的。

因此，对于将事实认定仅仅归结为“是程序法上的问题”这一看法，①笔者是持有异议的。当然，在法律适用过程中，由于上述两个层面上的“认定事实”活动是交织在一起的，因而，我们也可以把它们看成是一个统一事实认定过程的两个阶段（思维意义上的）。在此笔者想要表明的是，与程序法意义上的“认定事实”着力于“查明”和“确定”案件事实不同，实体法意义上的“认定事实”着眼于认定事实的法律意义，并以此来确定对适用法律“有用的”那些事实要素；如果说前者是一种客观地揭示真相的过程，那么，后者则明显包含以法律为标准的评价行为。为了证明这一点，我们还可以从法律适用的逻辑思维过程来进行考察说明。

最简单的法律适用过程通常被表达为三段论式的逻辑归纳过程。这一过程是由一个作为大前提的法律规范、一个作为小前提的法律关系（案件）和一个作为结论的法律后果组成的。比如：

（1）大前提：《刑法》第234条：故意伤害他人身体的，处三年以下有期徒刑、拘役或者管制。

（2）小前提：张三打断了李四的三根肋骨。

（3）结论（归纳总结）：如果证明张三是出于伤害的故意打断了李四的三根肋骨，则张三的行为就符合大前提的法定构成要件，他的行为应当按照《刑法》第234条的法定刑来处罚。如果最后确定张三是出于过失，那么案情不符合大前提的法定构成要件，《刑法》第234条的法律后果将被否决。当然，张三的行为可能符合《刑法》第235条的法定构成要件，但那需要更换法律推理的大前提，进行一个新的法律推理。

法律适用的这种归纳来自一个大前提和小前提之间的对照。但是，大多数情况下，并非仅通过具体法律关系（案件）的特征与构成要

① 参见［德］伯恩·魏德士：《法理学》，丁小春、吴越译，法律出版社2003年版，第298页。

件之间的简单对照就能完成法律适用的任务,"只有在非常形式化的法律适用中"才会这样。由于实际发生的案件往往不会那么简单,在适用法律的过程中,总是会存在一个"案情和规范的靠拢"过程。在这个"靠拢"的过程中,就必然会产生法律应该如何被理解的问题。同时,为了搞清楚案件事实是否确实符合法定构成要件的特征,对事实也应进行解释。并且,在将案件事实和法律规范进行"靠拢"时,人们总是会根据某些具体情境作出一些价值取向,而这种价值取向既反映在法律解释中,也反映在"事实认定"中。要让规范的抽象构成要件和案件的具体情况实现靠拢,适用法律的法律工作者的视野就必须"在法定构成要件和案件情况之间徘徊,然后才能确定,案件事实是否满足了法定构成要件"。① 也就是说,事实和规范的"靠拢",必须通过对法律的操作——法律解释以及对案情的加工——实体法意义上的"认定事实",才能顺利完成,缺一不可。

我们不难发现,实体法意义上的"认定事实",也就是将具有构成要件意义的事实要素确定下来,以便和法定的构成要件加以对比。由于法律的适用是一种有目的的意志表达活动,因此,在这一过程中,"取自法律的各种价值评判起着决定性的作用。法官不能把案情按照逻辑学的方法纳入各种法律概念当中:他必须探讨,按其社会道德的和实际的目的,法律的规则是否可以应用到案情上"。② 换言之,要判断程序法所认定的各种事实要素是否具有实体法上的评价意义,也是一个涉价值的问题,此活动虽被称为"认定事实",但实际上是一种解释行为——对事实的解释,并且,这种解释是有别于"规范解释"的。"案情和规范的靠拢"需要借助规范解释和事实解释来实现,仅有对规范

---

① [德]N. 霍恩:《法律科学与法哲学导论》,罗莉译,法律出版社 2005 年版,第 124~126 页。

② [德]H. 科殷:《法哲学》,林荣远译,华夏出版社 2003 年版,第 219 页。

的解释或者对事实的解释都无法完成这一过程。

四、规范的解释与事实的解释的不同

通过前面的分析,我们已经得出结论:在法律适用中,规范不仅需要解释,事实也同样需要解释。那么,在刑法的适用中,事实的解释是如何进行的呢?它和规范的解释又有何不同呢?

所谓规范的解释,是指对以文字形式表述的法律规范文本进行的解释。由于法律是用文字进行表述的,而语言本身具有模糊性、多义性、情境性等特点,因此,一个看似明确的法律条文一旦要被适用到具体的案件之中时,其含义通常并不那么清晰。显然,这就需要根据一定的解释方法和解释规则对法律语句的真实含义进行阐明。在法律适用的场合,规范的解释其实就是要明确规范语句所描述的行为类型是否能够包含待决案件中的行为事实。与此相反,事实的解释则是要明确待决案件中的行为事实是否能够被认定是符合法定构成要件的行为,即明确案件材料所表明的生活事实是否是可以进行法律评价的事实。所以,在本质上,事实的解释是一个建构法律判断小前提的过程,也就是发现案件事实的法律意义并将其提炼为法律事实的过程。

那么,当法官面对一个具体案件时,在他所做的工作中,哪些是对规范的解释?哪些又是对事实的解释呢?

以抢夺罪为例。当法官对《刑法》第 267 条第 2 款中的“凶器”进行解释时,这就是在进行规范的解释;但当他在认定某个实施抢夺的行为人所携带的一把螺丝刀、一节钢管是否属于《刑法》第 267 条第 2 款中的“凶器”并作出说明和阐述时,这就是在进行事实的解释。虽然 2000 年 11 月最高人民法院颁行的《关于审理抢劫案件具体应用法律若干问题的解释》第 6 条已经明确将《刑法》第 267 条第 2 款中的“凶器”解释为“枪支、爆炸物、管制刀具等国家禁止携带的器械”或者“为了实施犯罪而携带的其他器械”,但是,由于这里的“其他器械”具有广阔的解释空间，因此，在抢夺案件中，行为人为了实施犯罪而携带的形形色色的器具其实都有可能需要进行事实的解释。如果一节很有杀伤力的钢管可以被解释为“凶器”，那么，一节木棒能不能也被解释为“凶器”呢？对此，我们不仅需要具体考察行为人所携带的木棒的长短、粗细、硬度等，还需要探究他携带木棒的目的，并以此判断这个木棒是否能够被认定为“凶器”。显然，这就是事实的解释。

举这个例子是想说明，在几乎所有的案件当中，事实的解释其实都是无法回避的，只有当我们对案件的事实作出恰如其分的解释时，法律判断的小前提才能被建构起来，法律适用的工作才能顺利完成。

但法学界绝大多数学者在讲到“法律解释”时，实际上指的都是“规范的解释”，而并没有包括“事实的解释”。将法律解释仅仅理解为规范的解释，可能与法律适用的真相并不相符，也很难构筑起一套能够真正满足司法实践需要的解释论体系。“法律（规范）解释的任务在探求法律意旨”，①即通过对法律中语词含义的阐明确定法律规范的适用范围；事实解释的任务则在于明确业已认定的案件事实在实体法上所具有的意义。只有当这两个方面的解释工作都完成之后，才能进行犯罪构成的符合性判断与违法性判断。

正是在这个意义上，我们才说，规则和案件是司法者思维的两大界限。法律适用是这样一种思维过程：法官的思考从案件到规则，又从规则到案件，不断地对二者进行比较、分析、权衡，直到消除所有的疑问，并最终将规则所确定的结果具体化地适用到案件之中。从案件到规则，是为了判断眼前的案件是否能够用某一个法律规范来处理；从规则到案件，则是为了判断所选择的法律规范是否能够包含眼前的案件的情况。案件通过现存的规则加以分析，以判断案件是否可以归类；反

---

①　黄茂荣：《法学方法与现代民法》，中国政法大学出版社2001年版，第250页。

之，规则则是通过某些特定的个案或者案件类型进行解释，以判断规则是否能够包含该案件。就此而言，法学的思维就是判断，法官的工作就是行使判断力。

为了能够在规则与案件之间建立起必然的联系，必须首先清楚、准确地了解规则的真正含义。规则是为了发挥适用的效力才被制定出来的，要使它在各种案件中发挥适用效力，正确地理解规则是非常重要的。因此，在法学的思维里，赋予法律解释以一种很重要的作用，从“法律须经解释而适用”这一点来说，法学理应属于解释性的科学。① 虽然适用法律的目的是解决社会纠纷，但从方法论层面来说，法律适用处理的是法律规范与社会生活事实之间的关系问题，是要在法律规范的理想类型与社会生活的真实状况之间进行价值沟通，以建立和维持社会生活秩序。这个过程既是将法律的一般公正引流到具体案件中的过程，也是将事实与规则相衔接，把一般公正中不适用于本案的部分予以限缩、修正，使个案处理结果更加符合实质正义，最终将个案正义显现出来。这就是法律解释的实践意义所在。

五、刑法解释论：形式解释还是实质解释

刑法解释论是关于刑法解释的基本立场、原则、方法的学说，也就是关于刑法解释问题的基础性的看法。

在最近10多年，我国刑法学界存在“形式刑法观”与“实质刑法观”的学术争论，而且，这被看作中国刑法学开始出现学派之争的一种标志。② 笔者认为，这两种刑法观的争论虽然在某种意义上可以被看成一种“学派之争”，但无论是“形式刑法观”还是“实质刑法观”其实都不是中国刑法学界内部原生原发的“学派”。在关于法治的讨论

---

① 参见[德]H.科殷：《法哲学》，林荣远译，华夏出版社2003年版，第197页。

② 参见陈兴良：《走向学派之争的刑法学》，载《法学研究》2010年第1期。

中,早就存在“形式化的法律观”与“实质化的法律观”之间的对立。①“形式刑法观”与“实质刑法观”的学术争论只不过是中国刑法学者对由来已久的两种法治观在刑法学领域的一番具体演绎而已。②

这场学术争论涉及刑法的基本立场,包括对犯罪论的不同认识与对刑法解释的不同立场。所以,在刑法解释的问题上,也存在“形式解释论”和“实质解释论”的分歧。《中国法学》2010 年第 4 期同时发表了张明楷、陈兴良两位教授的关于刑法解释论的文章,前者名为“实质解释论的再提倡”,后者题曰“形式解释论的再宣示”。可以说,这两篇文章彻底而全面地展示了刑法解释论两种分立的观点。

在这场争论中,双方各有理据,论证都很有力。但笔者认为,“形式解释论”和“实质解释论”的一个共同的问题是:双方所谓“解释论”的适用对象究竟是什么,似乎并不是那么明确。而“适用对象”的确定,是解释论得以自我证立的一个基本前提,如果这个前提不清楚,则无论是“形式解释论”,还是“实质解释论”,都必然潜伏着各自的理论危机。

前文我们已经论及,在法律适用的过程中,并非只有“法律(规范)”才需要解释,与法律相关的、案件中的事实同样需要解释。也就是说,真实的法律解释或者说与法律适用相关联的法律解释,实际上包含了“规范的解释”和“事实的解释”两个方面的活动。无论是欠缺了对规范文本的解释,还是欠缺了对案件事实的解释,法律的适用都是无法完成的。对规范的解释,也就是对构成要件的解释,其目的主要在于阐明规范语句的真实意思和可适用的范围;对事实的解释,也就是对现

---

① 关于“形式法律观”与“实质法律观”主要分歧的详细讨论,参见[美]P. S. 阿蒂亚、[美]R. S. 萨默斯:《英美法中的形式与实质——法律推理、法律理论和法律制度的比较研究》,金敏、陈林林、王笑红译,中国政法大学出版社 2005 年版,第 346~348 页。

② 参见周少华:《刑法思维的理论分野及其思想资源》,载《环球法律评论》2012 年第 4 期。

实发生的案件事实的解释,其目的主要在于找出案件事实在刑法上具有评价意义的部分。

这就涉及一个问题:我们所主张的"解释论"究竟是用来指导"规范的解释",还是用来指导"事实的解释"呢?笔者之所以提出这个问题,是基于这样一个认识:对规范的解释和对事实的解释并不能适用同一个"解释论",因此,刑法解释的真实状况可能就不是简单的"形式解释"或者"实质解释"。此问题关系重大,而且尚未被其他学者论及,很有讨论的价值。

既然法律解释这一活动的内容包括"规范的解释"和"事实的解释",那么,刑法解释论究竟是用来指导规范解释的,还是用来指导事实解释的呢?

在《实质解释论的再提倡》一文中,张明楷教授明确表态,他所"提倡的实质解释论,主要是针对构成要件的解释而言(包括构成要件符合性的判断以及与构成要件相关的未遂犯等问题的解释)"。[①] 对此,如果按照我们前面的分析,针对构成要件的解释在性质上就应当属于"规范的解释"。在《形式解释论的再宣示》一文中,陈兴良教授对于其所坚持的"形式解释论"究竟针对什么,并没有明确表态,[②]所以,他所说的刑法解释究竟是不是针对构成要件的解释,我们不得而知。但是,双方所举的解释范例中很多属于对规范的解释问题,也有很多属于对事实的解释问题。

比如,我国《刑法》第263条将冒充军警人员抢劫规定为抢劫罪的加重处罚事由。在讨论"真正的军警人员显示其军警人员身份进行抢劫的行为应如何处理"时,尽管形式解释论者和实质解释论者的观点完全不同,但在解释这一问题时,他们其实都是在讨论应当如何对《刑

---

① 张明楷:《实质解释论的再提倡》,载《中国法学》2010年第4期。

② 参见陈兴良:《形式解释论的再宣示》,载《中国法学》2010年第4期。

法》第263条中的“冒充”这个法律概念进行理解，即他们其实都是在进行规范的解释。但是，在讨论到诸如“把财物隐藏在所有者难以发现的处所”“将他人的金银首饰丢弃到湖海之中”“在他人字画上涂墨水污物”“将他人鱼塘的闸门打开让鱼流失”“把别人的鸟笼打开让笼中的小鸟飞走”等行为是否属于“毁坏财物”的行为时，他们所作的解释就既涉及对规范的解释，也涉及对事实的解释。具体而言，在对“毁坏”这一法律概念进行解释的时候，就是规范的解释；而在对那些具体行为是否可以被理解为“毁坏行为”的时候，其实就是在进行事实的解释。

刑法解释论是为了解决刑法的适用问题，而任何法律的适用其实都是在处理规范与事实之间的关系。因此，解释论既需要处理法律问题，也需要处理事实问题。质言之，解释论之“解释”，应当包含对规范操作而形成的“规范的解释”和对事实操作而形成的“事实的解释”两个方面的内容；而一种解释论，当然也应当能够同时指导规范的解释和事实的解释，否则，它就无法圆满地自我证立。

笔者之所以认为形式解释论和实质解释论都存在自身的理论危机，主要是因为无论是形式解释论还是实质解释论，都不能同时适用于规范的解释和事实的解释。就规范的解释而言，无论是基于罪刑法定原则，还是基于表达规范的语言本身的特点，都应当坚持形式的解释标准。一方面，法律语言的含义具有一定的客观性，存在获得一致理解的可能性；另一方面，如果对规范的解释采取实质的解释标准，刑罚的处罚范围就可能在解释的“外衣”下被人为地扩大，刑法的确定性就会丧失。与之相反，对事实的解释需要采取实质的解释标准，因为“事实的解释”涉及的是对行为评价的问题，行为是否实质性地侵犯了法益，就是要看行为事实能否被合理地解释为构成要件事实。

张明楷教授有一段论述，即“犯罪的实体是违法与责任。所以，对违法构成要件的解释,必须使行为的违法性达到值得科处刑罚的程度;对责任构成要件的解释,必须使行为的有责性达到值得科处刑罚的程度。易言之,必须将字面上符合构成要件、实质上不具有可罚性的行为排除于构成要件之外”。[①] 他的这个论述针对的是构成要件的解释,也就是规范的解释,但笔者认为,这个论述更加适合于说明事实的解释。因为行为的违法性是否达到值得科处刑罚的程度,往往并不是在进行规范解释的时候考虑的,而通常是在进行事实解释的时候考虑的。有责性的判断同样也是通过事实解释来完成的,只要是讨论有责性,就都是针对具体案件中的具体行为来说的,“故意、过失是责任构成要件要素”,目的、动机也是有责性的要素,而这些都是需要积极判断的要素,[②]它们都需要从案件事实当中去寻找,而不是从法律的抽象规定中去寻找。因为无论是违法性的判断,还是有责性的判断,都是针对具体案件而展开的,是将案件事实纳入规范评价时才会发生的。由于违法性、有责性的判断都是一种评价活动,而且都是针对案件事实进行的评价活动,因此,对事实的解释就不可能是形式解释,而只能是实质解释。

在刑事司法实践中,解释论意义上的“解释”,其任务既非单纯地阐明规范的意义(规范的解释),亦非单纯地仅认定事实(事实的解释),而是要在规范与事实的双向互动解释中完成构成要件符合性、违法性、有责性的判断。构成要件符合性的判断可能既依赖于规范的解释,又依赖于事实的解释;但是,违法性与有责性的判断,则主要依赖于事实的解释。从这一点上来说,一元化的解释论或许并不符合法律适用的真实状况,其也很难完全消除实践中的解释困境。在笔者看来,形式解释论与实质解释论之间的分歧之所以难以消弭,正是因为双方均看到以法律适用为目标的刑法解释的这一真相,却未看到规范的解释

---

① 张明楷:《实质解释论的再提倡》,载《中国法学》2010年第4期。

② 参见张明楷:《刑法原理》,商务印书馆2011年版,第223~224页。

和事实的解释之间的不同。

基于此,笔者希望能够开辟刑法解释论的第三条道路。所谓刑法解释论的第三条道路,这里姑且将其称为二元复合解释论,它的核心观点就是:刑法解释论应该将规范的解释与事实的解释纳入统一的考虑之中,不能简单地提倡形式解释或者实质解释,而是要根据解释的对象、目标、任务,采取不同的解释原则,即规范的解释应采取形式解释的立场,而事实的解释则可采取实质解释的立场。唯有如此,才能在规范与事实的循环往复这一法律适用过程中,将解释的方法论意义变成可以操作的实践工具,进而为实现个案公正提供保障。

六、刑法解释的原则与限度

既然可以将刑法解释看成是司法者将法律一般性的规定加以具体化、将一般公正向个案公正进行转化的方法性的技术手段,那么同样是为了达到确保个案公正的目的,刑法解释也应遵循一定的原则、规则,并在一定的限度内进行。

(一)刑法解释的原则

1. 刑法的严格解释原则

在法律思想史上,关于法律解释的立场存在严格解释与自由解释两种对立的观念。

在19世纪的欧洲,受当时概念法学的影响,法律适用一般采严格规则主义,留给司法者的解释余地极为有限,法律解释在理论上也因此盛行严格解释论。严格解释论者认为,刑法对于人民之生命、自由与财产关系重大,严格解释乃是为了确保人权所必需;尤其在分权的理论下,司法对法律的自由解释无异于是对立法权的侵犯,所以,人们认为刑法的解释应坚守严格解释原则,以维护国家权力体制。①

① 参见王玉成:《社会变迁中之罪刑法定原则》,台北,大伟书局1988年版,第305页。

20世纪初兴起的自由法学对概念法学进行了强烈的抨击，对那种机械主义的司法方式进行了反叛。它反对成文法规是唯一法源的观点，重视社会现实中"活法"与"自由法"的作用，重视法官的能动作用，主张扩大法官的自由裁量权，允许法官根据正义原则和习惯自由地创制法律规范。① 在自由法学的影响下，20世纪曾一度流行法律的自由解释论。自由解释论有其合理之处，但是极端的自由解释则会导向规则怀疑主义，与法治理念存在极大冲突，所以现在人们虽然已经承认法律解释中的价值判断问题，认为司法者在适用法律的过程中可以加入自己对法律的认识与理解，但并没有人会接受毫无约束的所谓自由解释。后来的自由解释论者也认为，自由解释并不等同于从宽解释（broad construction），它只是在不受解释方式限制的情况下，努力探求法律的真实意义。尤其是在对刑法的解释上，由于自由解释理论所标榜的刑法解释无限性仍然难以为世人所接受，因此，目前通说仍然采取的是严格解释主义的立场。②

所谓严格解释，是一种解释原则，而非解释方法。刑法的严格解释原则，是指法官对刑法的解释无论如何不能超越刑法条文文义可能的范围，尤其是不能通过解释将刑罚处罚扩展到立法者并未明文规定的地方。在严格解释的原则下，刑法解释应当采取客观解释的立场，以刑法条文客观的含义作为解释目标。这也是维护刑法的确定性价值。

刑法严格解释原则不仅为刑法理论所主张，而且被某些国家的刑法典明确规定。比如，1994年生效的法国《刑法典》第111－4条就明文规定："刑法应严格解释之。"法国刑法学者甚至认为，严格解释原则

① 参见张文显：《二十世纪西方法哲学思潮研究》，法律出版社1996年版，第131页。

② 参见王玉成：《社会变迁中之罪刑法定原则》，台北，大伟书局1988年版，第305～306页。

是罪刑法定原则的一个直接的必然结果。① 既然只有法律才有权以刑罚威慑来禁止某些行为、限制个人的自由，那么，法官就不能打着解释法律的旗号在法律之外增加处罚标准，并不断地惩罚立法者并未明文规定为应受处罚的行为。

2. 刑法的禁止类推解释原则

禁止类推适用是罪刑法定原则的一个派生原则，因此，在我国1997年《刑法》确立罪刑法定原则之后，理所应当废除1979年《刑法》中的类推制度。严格地说，类推适用与类推解释不是同一个概念。类推适用，指的是在法律没有明文规定的情况下，按照刑法中最相类似的条款进行定罪处罚的制度；而类推解释，则是指在法律语句不明确的情况下，按照法律中最接近的语句来判定其含义的法律方法。据此而言，类推解释不属于解释方法，而属于法律漏洞补充的方法。一般认为，在民事审判中，法官有填补法律漏洞的权力，类推是民事司法中非常重要的法律技术。但在刑事司法中，罪刑法定观念不可动摇，对于刑法的解释，必须坚持严格的解释原则，因此，在解释方法上一般只能采用狭义的法律解释方法。漏洞补充属于广义的法律解释方法，本质上更接近规范的创制，其与罪刑法定主义存在明显冲突，所以刑法不仅禁止类推适用，也禁止类推解释。

要避免上述情形的发生，就需要明确刑法解释的基本方法和规则，以刑法的根本理念来指导刑法的解释和适用。

3. 刑法的有利于被告原则

有利于被告原则，是指当刑法规定不明确或者存在多种解释可能时，可以作出有利于被告的解释。这个原则是从罪刑法定原则中推导出来的。

---

① 参见[法]卡斯东·斯特法尼等：《法国刑法总论精义》，罗结珍译，中国政法大学出版社1998年版，第139页。

比如,根据《刑法》第307条第2款的规定,“帮助当事人毁灭、伪造证据,情节严重的”,构成“帮助毁灭、伪造证据罪”。显然,按照文义解释,当事人自己毁灭、伪造证据的行为,就无法被包含在其中。也就是说,按照现行法律的规定,当事人自己毁灭、伪造证据的行为无法被治罪。既然如此,当事人与其让别人帮助自己毁灭、伪造证据,还不如亲力亲为。这种结果显然是不合理的,但即便这样,我们也不能为了消除不合理而通过解释方法对当事人自己毁灭、伪造证据的行为进行刑罚处罚。这只能作有利于被告的理解,即认为刑法不处罚当事人自己毁灭、伪造证据的行为。

对于有利于被告的原则,不能作简单化、绝对化的理解。在适用该原则时,必须注意以下几个方面。

第一,刑法并不是在任何情况下都应该作有利于被告的解释。法官首先应该探讨法律本身的客观含义和规范目的,获得合理的解释结论;只有采用合适的解释方法仍然不能得出明确的解释结论的时候,才采用有利于被告的解释。

第二,有利于被告的解释并不意味着应当选择最有利于被告的解释。在多个合理的解释结论中,有些是不利于被告的,有些是较为有利于被告的,有些是最为有利于被告的,究竟是选择较为有利于被告的解释,还是选择最为有利于被告的解释,需要考虑法律本身的规范目的以及解释本身的合理性程度。

第三,多种解释结论的出现可能意味着出现了利益冲突。在利益冲突的情况下,并不是必然要优先保护被告人的利益,而是还要具体看谁和谁的利益发生了冲突。如果是两个个人法益发生了冲突,此时就应当优先保护被害人、无辜第三人的利益,而不能作有利于被告人的解释。

(二)刑法解释的限度

法律解释具有一定的客观性,因此,不能随心所欲。即使在法官享有广泛自由裁量权的判例法系国家，法官所创立的规则也只有与众多组成普通法和衡平法的原则、规则以及标准有效地融为一体时，才能成为具有普遍拘束力的法律。一个规则的确立如果与既有法的整体不相适应，那么就不能成为法官立法的对象。① 否则，即便将法律解释理解为将法律的一般性规定加以具体化、将一般公正落实于具体案件的活动，也很难保证法律适用的客观性，更不用说个案公正的实现。

法律解释的基本规则是，文义解释优先，当文义解释不能获得明确的结论时，再辅之以论理解释方法。所以，法律解释首先要在法律条文可能的文义范围内进行，如果超出了该范围，就不是在解释法律，而是在创造规范。对此，德国刑法学家罗克辛便指出：解释与原文界限的关系绝对不是任意的，而是产生于法治原则的宪法和刑法的基础上；因为立法者只能在文字中表达自己的规定。立法者的文字没有给出的，就是没有规定的和不能“适用”的。超越原文文本的刑法适用，违背了在使用刑罚强制力进行干预时应当具有的国家自我约束，从而也就丧失了民主的合理性基础。因此，刑法领域应当将“可能的词义”作为解释的界限，这个框架内的解释本身，就能够起到保障法律的预防性作用，并且使违反禁止性规定的行为成为应受谴责的行为。② 在刑法中，由于刑法本身具有规范内容上的不完整性，犯罪与刑罚都被限制在法定的范围之内，因此，法定范围之外的法律盲区，尽管也可以说是一种法律漏洞，法官原则上却无权去补充。

总之，刑法解释的结果，最终要受刑法基本原则的制约。在解释问题上，刑法的基本原则和民法的基本原则发挥着完全不同的功能。

---

① 参见刘立宪、谢鹏程主编：《海外司法改革的走向》，中国方正出版社 2000 年版，第 122 页。

② 参见[德]克劳斯·罗克辛：《德国刑法学总论》（第 1 卷），王世洲译，法律出版社 2005 年版，第 86 页。

民法的基本原则具有扩张性，它们拓展着法律适用的空间，赋予民法以极大的灵活性。在民法规范体系中，民法基本原则发挥着极其重要的作用，具有强大的司法功能。作为不确定性规定，民法基本原则授权法官在具体规定提供的幅度和范围内行使自由裁量权；作为衡平性规定，民法基本原则授权法官可以借由这些基本原则，将具体规定加以变通适用。正如徐国栋教授在其早期的著作中所指出的："由于民法基本原则的不确定、衡平等性格，使司法机关在司法活动中处于能动地位，可在司法活动中对法律进行一些局部的调整与补充，以保障法律真正按其目的得到适用。这就使司法机关的功能并不限于机械般地司法，其部分活动介入了立法过程，具有了创制规则的意义。"①因此，民法基本原则不仅使民法规范体系具有很大的弹性空间，而且使法官获得了广泛的自由裁量权，甚至享有填补法律漏洞、修正法律欠缺的权力。

在民事审判中，如果遇到法无明文规定的情形，法官可以根据法律原则、社会公理、公共道德标准甚至风俗、习惯等进行判决。比如，有学者研究发现，在英美国家，"当现实生活中出现某种利益需要保护而法律或判例均无反映时，法官就可依自由心证的原则径行将其认定为权利并予以保护。若这种对权利的认定是合乎衡平原则的，则该种权利类型将以判例的形式被确认下来"。② 此外，也有论者谈道，在大陆法系国家，法官的自由裁量权要比英美法系国家的法官小得多，但在当代民事法律实践中，他们还是可以借助"诚实信用""权利滥用""公平"等原则性条款，通过解释以至创制法律来适应社会和价值观的变化，应对

① 徐国栋：《民法基本原则解释——成文法局限性之克服》，中国政法大学出版社1992年版，第14、20～37页。

② 张驰、韩强：《民事权利类型及其保护》，载《法学》2001年第12期。

不断产生的新生事物。①

刑法的基本原则具有收缩性，它们限制着刑法适用的范围，克制着刑法灵活性的程度。例如，罪刑法定原则要求定罪量刑必须以法律的明文规定为限，不得在法律之外设定处罚根据。罪刑法定原则对立法的要求是，法律对犯罪构成的描述必须明确，概念的表达必须清晰、准确，禁止采取绝对不确定的法定刑；对司法的要求是，刑法的解释应当采取严格解释的原则，禁止类推适用刑法，法官没有权力仅仅为了追究犯罪而填补刑法中存在的漏洞。又如，罪刑均衡原则要求刑罚与犯罪行为的性质和严重程度相适应，这限制了刑罚的方法和幅度，无论是法定刑还是宣告刑，都不能超出行为本身的罪责程度。基于此，我们可以说，刑法的基本原则强化了刑事立法的确定性要求，并对司法权作出了严格的限制，具有强烈的控权色彩。

立法者在制定刑法时，应当充分反映犯罪现象的基本规律与社会利益的保护需求，重视刑法规范体系的明确性、可操作性和完备性，并赋予刑法规范体系一定程度的开放性，从而使刑法能够在提供基本安全的同时，也能应对复杂多变的社会生活的需要。但是，当刑法业已制定并公布后，其稳定性就应当受到尊重和维护。在法律没有将某种具有社会危害性的行为宣布为犯罪的情况下，实施该行为就不具有刑事违法性，司法机关无权对其实施刑罚处罚。也就是说，对于虽然具有合理的处罚必要但欠缺相应的刑罚法规的情况，“不能通过解释而应通过立法加以解决”。②

在刑事司法中，法官的自由裁量权受到严格限制，其行使范围一般限定在对定罪情节的斟酌、对量刑情节的选择与适用，以及对量刑幅度

① 参见［日］谷口安平：《程序的正义与诉讼》，王亚新、刘荣军译，中国政法大学出版社1996年版，第7页。

② ［日］大谷实：《刑法总论》，黎宏译，法律出版社2003年版，第49页。

的裁断等方面。如果说法官对法律中的模糊用语、弹性条款和规范性构成要件要素拥有解释权,那么,这种解释的权力也是很有限的,除了受到刑法条文文字客观含义的限制,还受到刑法条文规范目的和规范语境的限制。至于什么行为是犯罪、对于这种行为应该判处什么样的刑罚,法官没有选择余地,只能依据法定的构成要件和确定的法定刑来确定行为所构成的罪名与应当承受的刑罚。当法律没有规定某种行为是犯罪时,即使这种行为可能确实具有较为严重的社会危害性,法官也应对案件作无罪处理,司法机关哪怕是出于保护社会的目的也不能对之加以刑罚处罚。

第五章　作为个案公正自我约束的刑事判例制度

根据罪刑法定原则，刑法应尽可能规定得明确、具体，并且一经制定就应在一定时期内保持稳定。这也意味着，刑法不得不忍受形式僵硬、相对滞后、漏洞无法及时被填补等体系性缺陷。正是为了弥补刑法这种体系性缺陷，法官刑事裁量权和法律解释权才具有存在的理由。法官刑事裁量权的行使和对法律的解释活动，可以在犯罪论评价体系中引入实质性评价，这有助于使刑法规范体系的封闭性和僵化性得到一定程度的缓解，对刑事个案公正的实现具有重要意义。但是，法官刑事裁量权和法律解释权的行使，也会带来一定的负面影响，那就是不容易保持法律适用标准的统一性，动摇刑法的安定性，并降低刑事司法的可预见性。

因此，在承认法官刑事裁量权和法律解释权的同时，还有必要建立与之相配套的另外一些制度机制,以便能够使刑事司法活动在法治化轨道上最大限度地追求刑事个案公正。实际上,这种制度机制已经被各国的法律实践所形塑,并被证明是切实有效的,它就是判例制度。从实践的经验来看,判例制度作为对司法经验一般化、普遍化的制度机制,为法律自身的发展提供了一种良好的制度性支持,而且能够充分实现司法权力的自我约束。

《中华人民共和国人民法院组织法》(以下简称《人民法院组织法》)确立了指导性案例制度后,我国就开始了案例指导制度的实践。但是,我国的案例指导制度还不够成熟,因此,对法典化制度下的判例应当具有的制度功能进行研究,不仅有利于这一制度实践的不断完善,而且对促进法律适用的统一性也至关重要。对于刑事司法实践而言,建立一种与法典化制度相适应的判例制度,对规范刑事裁量权、确保刑法解释的客观性,都是非常必要的。它可以将刑法的适用解释纳入一种规范化的制度中,从而在追求个案公正的同时,更好地践行刑事法治。

一、刑事判例在法典化制度下的合理定位

众所周知,判例在普通法系国家具有法律渊源的性质,因此,以判例为基础形成的法律规则被称为“判例法”。也就是说,判例法就是以判例形式存在的法律。① 在普通法中,居于判例制度的核心地位的观念是遵循先例原则。普通法的观念认为,“先例”之所以是先例,是因为其中包含着一个原则或者规则,如果在后来的案件中遇到相同或非常相关的法律问题,包含在先例中的这个原则或规则就可以被看成一种规定性或限制性的要求,从而影响法院对眼前这个案件的判决。甚至,根据遵循先例原则,眼前这个案件的判决就是在先例中包含的那个

① 参见[日]我妻荣编:《新版新法律学辞典》,董璠舆等译校,中国政法大学出版社1991年版,第797页。

原则或规则的指导下作出的。[①] 也就是说,在判例法的传统中,并不是先例的全部内容都会对后来的案件发挥限定性作用,真正起作用的只是包含在判例中且具有普遍意义的原则和规则,它们通常隐藏在判例的判决理由中。按照《牛津法律大辞典》的解释,判例法和成文法的区别主要在于:判例法产生于诉讼事件,而成文法可以预先通过,并适用于一般案件,而不仅仅是特定的案件。[②]

在大陆法系国家,判例不能成为法律渊源。虽然大陆法系国家的法律制度并没有形成"遵循先例"的原则,但一个不争的事实是,判例也会对法官的审判活动产生实际的影响。一方面,辩护律师常常会在法庭辩论中大量引用判例来强化自己的法律观点,以赢得法庭的支持;另一方面,法官在对案件进行审理、判决的时候,也常常将判例作为一种权威的司法知识而加以参照。在以成文化的法典为法律形式的大陆法系国家,虽然理论上排斥将判例作为法律渊源,但从司法实践的真实状况来看,判例如同法源一般发挥着规范判决的实效,以被默许的方式约束着法院和法官的行动。比如,德国法学家经过比较研究发现:当法官能够在最高法院的一个或几个判决中找到似乎与他面前的案件有关的一条规则时,他将会遵循该判决中的规则,这在德国、英国和法国都是一样的。[③] 事实上,这一现象在我国的司法实践中也同样存在。最近几年最高人民法院所推行的类案检索制度,其实已经将这一现象制度化。

因此,只有普通法系国家才重视判例的规则功能的刻板印象或许

---

① 参见[英]戴维·M. 沃克:《牛津法律大辞典》,北京社会与科技发展研究所译,光明日报出版社 1989 年版,第 708 页。

② 参见[英]戴维·M. 沃克:《牛津法律大辞典》,北京社会与科技发展研究所译,光明日报出版社 1989 年版,第 140 页。

③ 参见[德]K. 茨威格特、[德]H. 克茨:《比较法总论》,潘汉典等译,法律出版社 2003 年版,第 383 页。

并不真实。实际上，普通法系和大陆法系两种法律传统在当代的实践中的区别并不如想象中巨大，在很大程度上，大陆法系国家的法院对上级法院作出的先例也会遵从。这种遵从甚至可以达到这样的地步，即法院在事实上已经把法典中的某些似乎与现代习惯和理念完全格格不入的条款抛在一边，弃之不用，而不是被动地等候着立法机关对有问题的条款予以正式废除。①

在欧洲，由于一些重要法典在一两百年前取得的巨大成功，一种“法典完美无缺”的教条也长期流行并深刻地影响了大陆法系国家的法律传统和司法观念。但是，在法律实践的复杂性与丰富性的不断影响之下，最终并没能产生绝对排斥判例的效果。实际情况是，大陆法系的法院也不得不经常参考各种判例汇编书籍来填补法律规范的疏漏，或者参考判例对法规之间的明显冲突进行调节。虽然法律的内容相对稳定，但是社会生活是不断变化的。在现实的压力下，法律条文不变的文字在被理解适用的过程中，其含义和适用效果却是经常改变的。②虽然法官声称其用以理解法律的一系列概念、原则和判决结果都是合乎逻辑地从法典中推导出来的，但实际上他可能是通过先前某个判例对于法律的理解来处理他手头的这个案件的。虽然法官并不一定引用这些判例，但其他的法官和律师都知道，他并没有根据法典中的寥寥几个字而重新创设出规则来帮助他审案。根据他宣布和适用原则的方式，其他法官和律师能够揭示他所依据的是哪些主要案件。而且，主要上诉法院判决理由的出版物也能够印证，大陆法系的法官对判例法有或多或少的依赖。

---

① 参见[比]R. C. 范·卡内冈：《法官、立法者与法学教授——欧洲法律史篇》，薛张敏敏译，北京大学出版社2006年版，第41页。

② 参见[美]约翰·亨利·梅利曼：《大陆法系》，顾培东、禄正平译，法律出版社2004年版，第43页。

自20世纪中期以来,德国的法官采用准美国模式来处理案件的倾向日益明显,以至于在德国今天的司法实践中,许多重要判例被公认为是司法裁判的有效法律规则。尽管大陆法系国家并未公开认可遵循先例原则,但大量出版的案例报告极受重视,并发挥着指导法官活动的实际作用。在法国、德国和意大利,律师们也像普通法系国家的律师那样,常常通过援引先例来形成他们的辩护意见,以此来影响法院对案件的判决。① 不过,在不同的司法领域,判例对法院审判活动所发挥的约束作用不尽相同。在民事领域,其影响可能是带来创设规范的效果,而在刑事领域,法院判例不能"创设法律",而只能发挥解释法律的作用。②

在日本,判例研究很受法学界的重视,但在其制度层面不承认有刑事判例法,判例对以后的裁判只具有参考作用,而不是必须遵循的法规范。③ 在法学理论上,一种较为主流的观点认为,承认判例具有一定的约束性,对于贯彻"同等情况相同对待"仍然是必要的,因为其有助于保证判决的公正性。在日本的司法实践中,对于上级审判机构的判决,特别是负有统一判例责任的最高法院的判决,下级审判机构在处理同类事件时,基本上必须要服从,因为根据《日本刑事诉讼法》第405条的规定,"凡认为和最高法院的判例相反的"可成为上诉的理由。④ 只不过日本的最高法院并不轻易变更判决,这也就使上述规定变得可有可无,不能真正成为维护最高法院判决的权威性和应得到遵从的规范力

① 参见[美]马丁·夏皮罗:《法院:比较法上和政治学上的分析》,张生、李彤译,中国政法大学出版社2005年版,第190页以下。

② 参见[法]卡斯东·斯特法尼等:《法国刑法总论精义》,罗结珍译,中国政法大学出版社1998年版,第117页。

③ 参见李洁:《论罪刑法定的实现》,清华大学出版社2006年版,第364页。

④ 参见[日]西原春夫:《日本刑法的变革与特点》,载西原春夫主编:《日本刑事法的形成与特色——日本法学家论日本刑事法》,李海东等译,法律出版社、成文堂1997年版。

量。当然,为了使自己所作的判决不会被最高法院否定,下级审判机构通常会谨慎行事,轻易不会作出与最高法院判决不一致的判决。对于律师或当事人来说,为了不使自己的案件败诉,遵从判例而行无疑也是最合乎理性的选择。这样看来,判例对司法实践的影响力其实是很大的,[①]人们"不得不承认判例在事实上具有拘束力"。[②]

判例在法典化制度下的性质及地位问题,在法学界得到了持续关注。有的观点认为应该承认判例的法源地位,赋予其对日后同类案件的拘束力;而否定给予判例法源地位的人一般也承认,如果判例司法活动的反复检验,证明其对法律的解释具有说服力和有效性,则可以作为习惯法,给予其法源的地位。[③] 不过,无论是哪一种观点都认为,判例只能适用于民事法律领域,而不能适用于刑事司法领域。主要理由是,罪刑法定原则明确排斥习惯法,同时又强调法官无权设立刑罚处罚标准,因此,即便认为刑事判例经过反复可以变成习惯法,也不能得出应当给予其法源地位的结论。或许正因如此,日本著名刑法学家西原春夫教授才指出了这一事实:尽管认为判例是法源的见解在一些地方还是有的,但在日本一般认为,判例本身不是法源,其不过是作为法源的成文法的一种解释。即使在法院内部事实上有约束力,但对外也可以作其他解释,而且就是在法院内部,成文法在执行期间,判例也有可能变化,因而将判例和成文法都解释为法源的做法是不合适的。[④] 对此,我国学者的结论是,在日本,判例性质类似于司法解释,在判例的理由

---

① 参见[日]我妻荣编:《新版新法律学辞典》,董璠舆等译校,中国政法大学出版社1991年版,第797页。

② [日]野村稔:《刑法总论》,全理其、何力译,法律出版社2001年版,第56页。

③ 参见[日]我妻荣编:《新版新法律学辞典》,董璠舆等译校,中国政法大学出版社1991年版,第797页。

④ 参见[日]西原春夫:《日本刑法的变革与特点》,载西原春夫主编:《日本刑事法的形成与特色——日本法学家论日本刑事法》,李海东等译,法律出版社、成文堂1997年版。

部分,这种解释性的特征可以得到充分的反映。正因为判例是关于法律的解释而不是法律本身,所以其结论只对当案具有法律效力,不能约束其他案件的处理。①

在我国刑法学界,主流的意见认为,刑事判例在性质上属于司法解释的一种形式,因此,这其实与德国、日本等主要大陆法系国家的普遍看法是一致的。但也有论者认为,判例是一种"个案性司法解释",②这意味着,它并不能像最高司法机关发布的一般性司法解释那样发挥普遍指导的作用。此外,还有类似的观点认为,刑事判例和刑事司法解释分属于刑法适用解释的两个层面:前者是法官在审理具体案件过程中,就本案事实以及本案与先例的比较所作出的解释,其具有个案针对性;而后者则是针对法律规范的静态的解释,其具有类的普适性。③

关于刑事判例的性质,尽管有上述认识上的差异,但至少在一点上认识是统一的,那就是没有人主张给予刑事判例以法源地位,其在性质上仍属于法律解释的范畴。事实也是如此。不管判例在司法实践中发挥怎样的作用,其实都不存在所谓的"判例法"。如果说,我们的判例也存在具有一般意义的原则或者规则,那也不能被理解为"规范的创造",而只能是法官对既有法律的具体理解、阐明和运用。这一信条根植于法典化法律传统深层的制度结构之中,很难被动摇。

二、法典化制度下刑事判例对个案公正的价值

法典化制度模式天然包含着对法律确定性的追求。法律条文作为法官判案的依据,可以有效防止司法权力的任意性,让法官的审判完全按照成文法预先设定好的规范进行,从而赋予司法活动以较高的可预

---

① 参见李洁:《论罪刑法定的实现》,清华大学出版社2006年版,第364页。

② 李晓明:《论刑事判例在我国司法体系中的定位》,载《法学评论》2000年第3期。

③ 参见赵秉志主编:《刑法基础理论探索》,法律出版社2002年版,第441页。

期性。法典化制度的这一优势，是在科学主义的确定性观念的影响下发展起来的，其所代表的是普遍化的思维方式和行为方式。① 这种制度模式提供了一整套治理社会的规则体系，其优点是具有很高的确定性和可预测性，使权力受到较为严格的限制。但是，其缺点是使司法过程被过度束缚，缺乏应有的灵活性。另外，成文法对法律秩序的建构是建立在类型化、普遍化的思维方式之上的，而这种思维方式虽然具有科学性、经济性、可操作性等诸多优势，却忽视了事物的多样性、丰富性和差异性，导致案件的具体情形常常难以被充分考虑。尤其是，当这套规则体系经过理论上的纯化而变为一种法律教条时，就会本能地对差异化原则进行排斥，而倾向于在一切案件的解决上都追求一致性。也正是由于这个原因，法典化制度不仅对法官裁量权和法律解释权保持高度警惕，而且基本反对将判例作为法律渊源。

其实，在考察判例的制度功能时，“判例是否是法律渊源”或许是一个较为次要的问题，而“判例能否在实践中发挥作用”才是更有价值的问题。这是两个完全不同的问题，很有必要将它们分开来讨论。笔者认为，在法典化法律制度中，不承认判例是法源，并不意味着可以因此否定判例在司法实践中的规范性价值。在刑事司法实践中，能否确立起一种与罪刑法定原则相容的判例制度，很大程度上取决于对判例的法律地位及其性质的看法；当然，这也取决于对罪刑法定原则本身的看法。② 我国法学界有人指出，罪刑法定所称之“法”，除了指刑事实体法中的具体规则外，还应该包括宪法以及虽未被刑事实体法所明示却体现和蕴含刑法基本精神的法律原则和刑事政策。这些原则和政策都极富弹性，因而具有很大的解释和操作空间，可以成为能够解释大量具

---

① 参见武建敏：《司法理论与司法模式》，华夏出版社2006年版，第167、170页。

② 参见周少华：《法典化制度下刑事判例的制度功能》，载《环球法律评论》2010年第6期。

体案件的价值性规范。这些规范在与具体案件遭遇之前,更像是一些口号,但一经与具体案件结合,它们的实际力量和具体解释力便立刻会显现出来,并以法官的判决为载体释放出自己的意义。因而,只有在一种实践的、法律解释学的语境中,判例制度的引入与罪刑法定主义的原则之间才能实现协调。① 笔者赞成这一看法并认为:之所以有人认为判例制度与罪刑法定原则不能相容,是因为他把判例的规范作用看成是"法官造法",但这种认识并不正确。实际上,只要判例所阐明的规则没有超出刑法条文可能的文义,就仍然属于司法权可以触及的范围;在此范围内刑事判例制度不会与罪刑法定原则相违背。在坚持成文法主义的国家,既然无法完全避免法官经常以隐蔽或者公开的方式在判决中发展刑法,那么不如有意识地建立一种以判例为基础的刑法解释制度,或许这才是一种理性的选择。通过这一制度的建立,既确立起法官以判例为载体对刑法进行解释的基本规则,又对判例如何在司法活动中被参照提供一套可操作的指导规则,使判例实践功能的发挥建立在规范化的基础之上。

无论是法典法还是判例法,都在其漫长的历史发展过程中形成了各自不可替代的优点,也各有其局限性。所以,当今世界两大法系的法律呈现出相互学习、相互融合的发展趋势。笔者承认判例所具有的实践价值,并不是单纯地为了追赶这种趋势,而是基于对判例制度的某些制度功能的认识,希望通过对这一制度的借鉴,克服法典制度的某些缺陷。法律要实现其规范目的并具有足以实现法的安全价值的可预测性,就必须被赋予稳定的外在形式,而法典起到了这个作用。它把法律的可预测性要求成了一种有形的制度结构,并获得了很强的稳定性。但是,由于法律不可能毫无遗漏地将一切社会关系纳入其中,当它面对

① 参见吴丙新:《修正的刑法解释理论》,山东人民出版社2007年版,第161~162页。

变动不居的社会生活状况时,难免会捉襟见肘、力有不逮。在此情形下,虽然可以通过大量立法、及时补充修改现行法律、适时地颁布单行法规以及颁布有权司法解释等方式来解决上述矛盾,但实践证明这些办法常常失之烦琐和迟缓,相比之下,判例制度的引入,则可以比较有效地克服成文法固有的局限性,让法律在面对社会生活的复杂性与变动性时能够从容应对。判例在法律实践中的这种优点,完全可以被法典化的法律制度所借鉴。面对成文法律形式化特征所带来的僵硬性和不完美性,判例可以凭借其灵活性、适时性、具体性等特点,发挥良好的调节作用。

聚焦于刑法领域,需要注意的一个重要的事实是,不仅大陆法系国家普遍以成文法典践行罪刑法定主义,而且即便是在普通法系国家,刑法也已不再是由判例法所主宰,而主要是以制定法的形式存在。虽然不可否认普通法系的刑法起源于判例,是从长期的司法判决中逐步发展而来的,但与其他领域法律的形成主要取决于法官的见解不同,刑法的形成主要取决于由立法机关所解释的所谓"社会的一般观点"。特别是在今天的普通法系国家,司法判例已经没有权力规定新的犯罪,且普遍认为"确定以前尚未发现的犯罪行为的职能,现在也应当属于立法机关"。[①] 比如,美国的刑法最早的来源是英格兰普通法,但在美国的法律制度中"一直要求对什么是犯罪要求有一定程度的预见(foreknowledge),并且由此而要求一定程度的预先警告(forewarning)"。[②] 尽管这在普通法的思维框架里几乎难以做到,但这样的观念带来了显著的效果,那就是让美国的刑法也拥有了以制定法为主的传统。当然,

① [英]戴维·M.沃克:《牛津法律大辞典》,北京社会与科技发展研究所译,光明日报出版社1989年版,第228页。

② [美]盖多·卡拉布雷西:《制定法时代的普通法》,周林刚、翟志勇、张世泰译,北京大学出版社2006年版,第142页。

这并不是说判例在普通法系国家的法律实践中已经完全失去了作用。

事实上,在英美法系的刑事司法中,刑事判例仍然有着独特的地位和不容忽视的作用,主要表现在以下几个方面:其一,刑事判例对刑事制定法具有重要的补充作用。比如,英美刑法中关于刑事责任的一般原则仍然主要是由刑事判例进行表述和确立的,绝大多数罪名是由制定法创造出来的,但是"仍然有一些只存在于普通法中的犯罪。这就是说,这些犯罪的定义不能从议会制定的法令中去找,而必须从法官的判决中去找"。① 在英美法系的法律实践中,如果制定法中没有对某种普通法上的犯罪应当判处何种刑罚作出明文规定,那么,决定权就会转移到法官手中,即法官有权根据案件的情况自行决定对被告判处何种刑罚以及多重的刑罚。其二,在适用刑事制定法的时候,常常需要依赖刑事判例中对相关原则和规则所作的解释结论。其三,刑事制定法并非无源之水、无本之木,它会将刑事判例作为立法材料的来源,因而,判例中的法律原则常常会通过制定法而被条文化和规范化。其四,即便刑法以制定法为主,但由于英美法系拥有历史久远的经验主义和司法中心主义的法律传统,法官的司法风格和具体司法行为也深受这一传统的影响,因而法官也非常重视判例在司法实践中的作用。

可以说,英美法系国家制定法与判例"双翼齐飞""两轮并行"的刑事法治模式,对我国以法典为基础的刑事法治实践具有重要的参考意义。因为英美法系的刑事法律制度在经过了制定法的冲刷、塑造之后,与我国的法律制度模式之间具有了更多的共性,更能提供有益的借鉴。笔者认为,以刑法典为基础,构筑一种可以充分发挥刑事判例实践指导功能的刑事司法制度,将是非常有意义的制度创新。它既能为刑法的自我发展提供制度支持,又能维护罪刑法定原则的基本价值。笔者所

---

① [英]鲁珀特·克罗斯、[英]菲利普·A.琼斯:《英国刑法导论》,赵秉志等译,中国人民大学出版社1991年版,第7页。

设想的这一制度当然不同于英美法系那种传统的判例制度,在这一制度中,判例仅具有解释刑法的功能,而不具有创设刑法规范的功能。判例作为一种颇具代表性和合理性的司法解释,对同类案件的裁判具有指引和参考的作用,对法律适用的统一性也极具价值。

三、中国案例指导制度对刑事个案公正的意义

自《人民法院组织法》确立指导性案例制度以来,最高人民法院通过持续发布指导性案例,为司法实践提供了权威性的司法资源。尽管我国案例指导制度的实践还处于探索阶段,但它对司法实践的指导意义毋庸置疑。

对于案例指导制度的价值目标问题,学界有不同认识。有学者认为,同案异判是实行案例指导制度的动因,同案异判破坏了法制统一性。[①] 但也有学者持不同观点,认为这是一种对案例指导制度主要价值目标的异化理解,案例指导制度不是在量刑结果上要求同案同判,而是提供一个统一的量刑标准。[②] 笔者赞同后者的观点。从指导性案例对此后类似案件的指导与制约的作用角度来看,维护法制统一性应该是案例指导制度的首要价值目标,这当无疑义。但是,由于对量刑阶段的"同案同判"命题为笔者所不取,而且,如上文分析,量刑的判断不可像定罪那样一次性完成,尚有分步骤与定量分析的成分,法官裁量刑罚需要考量的因素很多,更多地需要兼顾刑罚目的是否实现,刑罚的效果是否妥当等其他实质合理性问题,因此,在量刑阶段,案例指导制度是为了维护法制统一性。但需要强调的是,这种制度的根本运作价值在于提供一个明确的规范指引供法官参照适用,并非要求裁判结果上的完全一致。换言之,案例指导制度与以个案妥当性为归依的量刑个案

---

① 参见刘作翔:《我国为什么要实行案例指导制度》,载《法律适用》2006 年第 8 期。

② 参见石经海:《量刑个别化的基本原理》,法律出版社 2010 年版,第 380 页。

公正其实并不冲突,其本身也需要结合个案的特殊性才能发挥出指导意义。

从实现刑事个案公正的角度来说,案例指导制度具有以下积极意义。

(一)规则细化

成文法的一个显著特点就是抽象性,即从普遍性、一般性的角度去规范某些调整对象。但是,预先制定的许多规则尚需进行一定的解释乃至价值判断才能够适用于个案之中。比如,量刑指导意见规定的"量刑时,应以定性分析为主,定量分析为辅,依次确定量刑起点、基准刑和宣告刑"。该规定宣示了定性与定量分析在刑罚裁量中的比例问题,而前文已述,确立定性分析超过定量分析的比重,可以更好地给出法官价值判断的空间,从而有利于个案衡平性的考量。但在司法实践中,对于如何理解这一抽象的规则,如何在确立量刑起点、基准刑与宣告刑中贯彻这一规则很容易产生分歧。因此,需要最高人民法院有针对性地发布指导性案例,从而使法官对类似问题有可操作性的参考标准。

(二)漏洞填补

成文法难免存在法律漏洞,有的法律漏洞是囿于当时的立法技术,立法者虽然作出了规定,但由于时过境迁,在现实适用中逐渐显现的疏漏,有的则是立法者不曾预见并在立法时就存在的法律疏漏,这两种均属于真正意义上的法律漏洞。但是,在传统刑法学理论看来,由于刑法实行罪刑法定原则而禁止刑事法官进行漏洞填补。然而,如前文所述,由于刑法中存在量刑条款的抽象性与具体量刑预设规则的阙如等问题,所以在司法实践中,最高司法机关一般会发布规范性的法律文件指引刑罚裁量工作。那么,从完善量刑规范性法律文件的角度出发,最高司法机关发布指导性案例去创设量刑规则或者解释既有的量刑规则,便不失为一种切实可行的措施。比如,在《中华人民共和国刑法修正案(九)》对抢夺罪的构成要件进行了更改,将“多次抢夺”作为构罪门槛的情形下,在相关司法解释对量刑指导意见中的数额标准进行了修改的场合下,在量刑实践中出现了盗窃犯罪部分既遂、部分未遂而亟待确定量刑起点与基准刑的场景下,法官如何合理地进行刑罚裁量,这些问题均属于真正意义上的法律漏洞。此时,通过指导性案例对这些问题进行处理显然更为有效。

(三)制约裁量

刑法奉行罪刑法定原则,所以,自由裁量权一直饱受诟病。然而,通过量刑改革的经验总结,目前已凝练出一种共识:法官在量刑领域中的自由裁量权必不可少,它是缓解刑法僵化性与封闭性进而达至个案公正不可或缺的法律手段。但是,必须正视的问题是,量刑个案公正以法制统一性为前提,以量刑的均衡与稳定为框架。我国的案例指导制度与英美法系的遵循先例制度在运作模式上有异曲同工之处,均以“具体—具体”的认知逻辑为基础,具有直接针对性,能够对此后类似的案件处理起到示范作用,而这无形之中对法官的自由裁量权起到了约束作用。但此处论及的制约裁量并不等同于扼杀裁量,因为案例指导制度所提取的案例本身就是司法能动性的体现,这些案例所衍生出的适用规则是在量刑实践中由法官摸索总结得出的,不同于规范性的量刑指导意见或实施细则,其只对今后类似的案例具有约束力,而对不完全等同的个案并无适用效力。

(四)衡平个案

案例指导制度的前三个价值意义实际上仍然属于法技术运用的层面,重在通过形式公正与基本公正的实现,间接促进个案实质公正。但就实质效果而言,案例指导制度还可以衡平个案。因为案例指导制度下的典型案例均来自具体个案,是主审法官回应现实关切而置身于特定情境下的产物。所以,司法亲历性所带来的经验智慧就标示着对个案问题处理的经验法则,这种经验法则是一种自下而上的产物,从实践中来到实践中去,自始带着问题导向而以衡平个案为目的。这里所说的"衡平",既包括本真意义上的对既往不合理做法的矫正,也包括对已经趋向于成熟而需要提取为司法适用规则的情形。比如,无期徒刑的规范适用问题一直备受关注,如何限缩其适用范围一直是困扰司法实践的难题,"许霆案"更是将这个难题从幕后抛向了前台并引爆了舆论。有学者指出,案例指导制度能够成为限缩无期徒刑适用范围的一剂良方,因为尽管最高人民法院的指导性案例没有纳入"许霆案",但其对于量刑改革已然产生了积极意义,"且不论该案判罚一波三折所反映的博弈关系,如果赋予以下规则与司法解释相同的效力,按数额机械配刑的惯例将随之改变,对顺手牵羊型盗窃不适用无期徒刑,运用可谅解动机连续降等处罚的先例都将有所创设。它虽然不是终结对非暴力性重罪适用无期徒刑的历史,由此起步形成典型案例的系统指南,却可能限缩其适用范围,即该刑种集中适用于故意致人死亡或严重伤残的犯罪"。[①] 由此可见,案例指导制度的运作模式与个案妥当性的追求具有一定的同质性。

此外,仅仅与个案妥当性所隐喻的个案公正具有部分同质性,并不能完全证成案例指导制度的合理性。毕竟为缓和成文法的局限与实现量刑的实质公正,从最高司法机关的层面来讲,刑事司法解释也是一个重要的调节机制。但是,就个案衡平的法技术手段进行比较选择的角度而言,刑事案例指导制度更具优势。因为虽然案例指导制度所依托的典型案例,其内容与结论也带有最高人民法院的痕迹,但不可否认,案例指导制度所带来的司法风险较之于刑事司法解释往往更小。毕竟

---

① 王利荣:《罪刑均衡的实践逻辑》,载石经海主编:《量刑研究》第2卷,法律出版社2015年版。

典型案例所针对的问题具有直观具体性,其适用的范围较为有限。

然而,与案例指导制度不同,刑事司法解释具有准立法的性质,虽说它是对成文刑法的一种细化与阐释,但由于其仍然属于最高司法机关的顶层设计。不仅如此,刑事司法解释所采取的调整模式仍然停留在抽象规范化的层面,稍有不慎就可能会导致司法"僭越"立法。因此,量刑规范化改革应该将衡平个案的机制从规范文本过渡到经验记载,将案例指导制度作为实现个案公正的优选机制。

四、刑事判例的实质:刑法解释的载体

大陆法系在思想方法上倾向于将整个法律领域当成一个充分组织化、条理化的体系,其法律制度也是完全按照这一系统性的思想方法运作的。所以,德国比较法学者指出:在学问的起源上,普通法系是属于法庭的,而大陆法系则是属于学究的。[①] 由于近代以来欧洲部分国家的法典就是在体系性思想的支配下编撰完成的,因此,它们可以被看作"一种学术性的体系建构",对此,学者夏皮罗甚至认为,法典的最终版本在很大程度上也是一部学术性的著作。[②]

近代以来,法典取得的巨大成功对人类法律制度的发展产生了极为深刻的影响,但是,法典的体系性建构在发展了概念性思维、增进了法的确定性价值的同时,也产生了一定的消极后果,即它在一定程度上抑制了司法的创造性,使法律在面对社会生活的复杂性、变动性时反应不够及时、灵敏。因此,大陆法系国家都在思考应当如何克服法典化制度的上述问题,其思路之一就是试图在体系性建构之外构筑各自的判例制度。但是,法律发展也具有历史性,任何国家的法律变革都不可能

① 参见[德]K. 茨威格特、[德]H. 克茨:《比较法总论》,潘汉典等译,法律出版社2003年版,第109页。

② 参见[美]马丁·夏皮罗:《法院:比较法上和政治学上的分析》,张生、李彤译,中国政法大学出版社2005年版,第189页。

放弃其制度传统中的优势因素。在法典化制度下建立判例制度，就是要在保有体系性思考的基础上，开始关注案件的具体妥当性，消除体系性法律方法中那些阻碍个案公正实现的因素的影响。上述思考，同样进入了刑法领域。在当代社会，原来形式主义的法治观念被注入了更多实质内容，因而开始持守实质的罪刑法定，这也为打开刑法封闭体系的制度创新提供了契机，建立起一种与刑法规范体系相容的判例制度，并以此缓解刑法的确定性与刑法体系的开放性、规范的普遍性与个案正义之间的紧张，变得可行和必要。① 对此，很多人都会持支持态度。接下来的问题就是：在法典化的刑法制度下，该如何建构判例制度？

具体的制度样式主要取决于对"判例应当具有的法律地位"这一问题的看法，因为赋予判例怎样的法律地位会直接决定判例的性质，同时必然决定判例在司法审判中发挥作用的方式和大小。比如：给予刑事判例以法源地位，则意味着司法者有可能在其判决中确立犯罪的处罚标准，这毫无疑问是违反罪刑法定原则的；如果认为判例不创设新的规则而只能将法律原本的规则加以应用，那么就不能承认其法源地位，这样，在刑法领域，判例就只能具有法律解释的性质。

在我国法学界，有学者考察后作出判断认为：在大陆法系国家，随着学术界对司法运作过程的考察，司法的真相正在逐步显现其本来面目，而这与我们原来对大陆法系司法状况的刻板印象并不相符。大陆法系正统的刑法理论虽然并不承认法官的判断会受判例影响，但"判例可以作为刑事司法实体法渊源"的主张已经越来越受到重视，并且，在司法实践中也获得了实证法律上的支持。② 笔者认为，这一观察并不完全准确。虽然在德国、日本等国家确实存在判例事实上"约束着

---

① 参见劳东燕：《罪刑法定的明确性困境及其出路》，载梁根林主编：《刑法方法论》，北京大学出版社 2006 年版。

② 参见吴丙新：《修正的刑法解释理论》，山东人民出版社 2007 年版，第 157 页。

法院的判决”的现象，但是即使认为判例有约束力，其作为法源的“约束力”和作为有说服力的判决理由的“约束力”完全是两回事，绝不能等而视之。如果认为判例是作为法源而发挥作用，那么它的“约束力”就意味着必须得到遵守；而如果认为判例只不过是以其判决理由的说服力而被后来的司法者所遵守，那么，其所谓的“约束力”就不具有强制性，而只是法官主动接受的结果。即便是法官主动接受，也应当认为，判例对法官的司法行为产生了实际影响。虽然大陆法系国家确实存在认为判例也是法律渊源的理论上的观点，但是，说这一观点“已经获得了实证法律上的支持”与实际情况并不相符。尤其是在刑法领域，赋予刑事判例以法源地位，难以被罪刑法定原则所接受，也并未被大陆法系国家的法律实践所证实。

大陆法系国家的刑事司法实践仍然固守着罪刑法定的一些基本要求，判例并未表现出如同法律一样的约束力。

在法国的刑事司法中，判断犯罪成立的必备标准仍然是法律所规定的要件。也就是说，一项司法裁判背后必须存在与之相对应的某一法律条文的明文规定。对于法律所规定的某一犯罪，如果其构成要件并未在法律中作出具体表述，那么法院可以根据法律规定作出归纳，提炼出该犯罪的构成要件。在这一过程中，法官通常需要根据习惯去说明某一行为构成犯罪的理由。在极少的特别情形下，法官虽然可以根据习惯排除对刑事法律的适用，但是绝不能创立刑事法律。① 这意味着，法国的法院可以对犯罪的构成要件进行解释，但无论如何不能设立新的构成要件，因而，法院的判例也就只具有法律解释的性质，并非刑法的渊源，其司法功能也仅止于对法官行为的指导，而不是约束。

在德国，当法院判决涉及对刑法的解释时，一直都采取比较严格的

---

① 参见[法]卡斯东·斯特法尼等：《法国刑法总论精义》，罗结珍译，中国政法大学出版社1998年版，第117页。

态度。在很多案件中,法律条文的界限虽然也会被司法判决明示或默示地不予理睬,但那些明显超越法律明文规定的判决,就不会被作为判例,或者不会得到德国联邦法院的后续遵循。特别是从 20 世纪后期开始,一些新的判决重新表现出一种令人欣喜的回归法治原则的思考。在学理上,虽然还有观点主张,法官不应受法律条文字面文义的制约,但这种观点并未被广泛接受,因为它被认为忽视了罪刑法定这一宪法性的规定。①

在日本,很多刑法学者表现出对罪刑法定原则命运的担忧,因为日本的法院常常大胆地在判决中灵活地解释刑法,并通过这种方式发展刑法。虽然日本的刑法无论在制度上还是观念上都受到德国的巨大影响,但同样的问题,在德国可能倾向于用立法来寻求妥当的解决办法,而在日本,法官则企图通过在判决中对法律进行“灵活解释”以寻求妥当的结论。之所以导致这种差异,主要是因为在日本的法意识里追求案件具体妥当性的愿望是非常强烈的,他们认为,个案正义才是真正应当被尊重的法律实现,并且这种倾向也深深地烙印在日本的判例中。比如,日本的法院常常会以处罚必要性为由去灵活地解释法律,而这在传统的大陆法系罪刑法定观念中是不可想象的。其实,日本刑法学者也承认,判例灵活解释法律的思想方法与罪刑法定原则之间确实存在巨大的冲突。② 在日本,不仅存在法院通过判例灵活解释法律的倾向,而且,此判例客观上还具有拘束力,但大多数日本学者还是认为,按照法律原则,判例在日本不能直接作为法源,其只是裁判机关所作的一种有权解释;它的拘束力也是“作为明示的有权解释”的拘束力,而不是

① 参见[德]克劳斯·罗克辛:《德国刑法学总论》(第 1 卷),王世洲译,法律出版社 2005 年版,第 84~89 页。

② 参见[日]坂口一成:《罪刑法定的局限性在日本》,载赵秉志主编:《刑法评论》第 5 卷,法律出版社 2004 年版。

作为法律渊源的拘束力,①或者最多认为“判例在成文法规的范围内具有法律渊源的特征”,②即只有在判例并没有超出法律规范边界的情况下,才承认其具有法源的性质。

由此可见,关于大陆法系判例作为实体法法源“在实践领域已经获得了实证法律上的支持”的说法是不能成立的。

笔者认为,在探讨判例的实践价值时,注意力不应放在判例是否具有法律的拘束力上,判例在司法过程中的功能意义才是更为重要的问题。大陆法系国家普遍否定判例的法源地位,其背后的理念在于防止法官通过判例创立规则,而对判例的法律解释功能则毫无迟疑地予以肯定和支持。所以,在刑法领域,一方面,大陆法系国家继续坚守法律主义,将法律作为刑法的唯一法源;另一方面,对于判例在司法过程中的实际影响,大陆法系国家又保持着宽容的态度。在刑事司法中,法官虽然不失时机地通过判决来发展刑法,但他们不会无视法律的明文规定,判决的创造性总是会被法官控制在可接受的程度内,至少形式上看起来让人觉得他们只是在解释和适用刑法,而不是在制定新的处罚标准。

回到我国的刑事司法实践。承认法官解释法律的权力,制度化地赋予适用解释以合理的地位,对于提升刑法的效能、促进个案公正的实现极富意义。而且,它还可以减轻最高法机关制作司法解释的压力,将司法权向下释放,充分激发各级司法机关的独立性、积极性。我们在借鉴域外判例制度的时候,首先需要明确一个前提,即刑事判例在性质上只是刑法解释的一个载体,它的贡献在于它对法律所作的解释具有合理性和说服力。既然刑事判例不能作为刑事实体法的法源,那么,我们

---

① 参见[日]野村稔:《刑法总论》,全理其、何力译,法律出版社2001年版,第56~57页。

② [日]大谷实:《刑法总论》,黎宏译,法律出版社2003年版,第45页。

就只能从司法解释的体制内去寻求刑事判例制度的理想模式。

五、刑事判例形成的制度机制

有学者认为,建立一种以法官裁量为中心的刑事司法解释体制,需要配套的判例制度,如果没有先例遵循制度或者类似制度,法官裁量权完全没有约束,不同法官的解释结论就可能千奇百怪,刑法面前人人平等将无从谈起,罪刑法定原则也无法实现。① 因此,我国法学界已经有不少学者对判例的制度机制提出了设想。比如,劳东燕教授提出的所谓两级法院判例制度模式:(1)制作判例权由最高人民法院和省级法院享有;(2)最高人民法院所作的判例将对所有地方法院和各专门法院具有约束力;(3)省级法院的判例则仅适用于本省之内的下级法院,对于其他省级法院则只具有说服力。具体而言,最高人民法院和省级法院应对重大案件直接进行审判,并制作相应的判例来约束和指导下级法院的审判实践,而不是通过发布类似行政指令性的司法解释或者内部文件来确定有关刑法规定的具体内容,甚至借由书面调卷或者内部请示制度在暗处操纵下级法院。② 在这个模式中,关于判例的性质究竟是什么,劳东燕教授并没有作出明确的说明。相应地,判例的约束力问题也存在一些疑问,即判例的约束力究竟是它里面所包含的规则的"约束力",还是它对刑法所作的解释的"约束力"?也就是说,判例究竟如何对司法活动产生影响,劳东燕教授并没有作出清楚的回答。

最重要的是,上述模式似乎隐含着一个前提,即最高人民法院和省级法院在适用和解释法律方面更具有权威,这种权威显然是与我国科层制的法院体制相联系的。换言之,它承认上层法院(享有判例制作

---

① 参见林维:《刑法解释的权力分析》,中国人民公安大学出版社 2006 年版,第 463 页。

② 参见劳东燕:《罪刑法定的明确性困境及其出路》,载梁根林主编:《刑法方法论》,北京大学出版社 2006 年版。

权的法院）对下层法院（不享有判例制作权的法院）审判活动的控制，只不过，控制方式由原来的通过抽象性司法解释变成了通过判例。这种控制的合法性是建立在科层制的司法等级序列之上的，司法知识的权威取决于提供这种知识的机构在司法体制中所处的位置，而知识本身的内在权威则未被考虑。另外，在上述模式中，下层法院的司法能动性是不受鼓励的。虽然最高人民法院和省级法院的法官业务素质通常可能更高，其对法律的理解和适用可能更准确，但由于级别管辖，最高人民法院和省级法院所处理的案件类型与中级人民法院和基层法院所处理的案件类型是有差异的。比如，发案率最高的普通盗窃案件很少有机会进入最高人民法院和省级法院的管辖之下，像这样的案件，可能始终不会有相关的判例产生。而且，最高人民法院和省级法院判例所涉及的案件类型，基层法院也同样很难遇到。因此，最高人民法院和省级法院制作的判例与基层法院的审判实践便很难形成对接，最需要判例指导的基层法院恰恰被这样的判例制度模式冷落在一旁。然而，基层法院所遇到的案件的丰富性和特殊性常常更胜于上级法院，由此产生的司法知识被阻断在制度化的流动之外，难以变为一种可以被全体司法者共享的司法知识形态，这不能不说是上述设想的一个不及之处。①

通过对日本立法与判例现状的考察，李洁教授指出，在日本，判例对其他案件不具有法律的拘束力，它们被认为是对法条的解释，只对当案有效。不过，日本最高司法机关的判例对日本司法的实际影响却不容小觑。因为在日本的司法实践中，一个先前的判决完全可能被诸多法官援引而作为裁判其他案件的根据。尽管如此，判例本质上仍然属于法官对某个具体法律条文的解释，法律规定本身仍然需要受到尊重，

① 参见周少华：《法典化制度下刑事判例的制度功能》，载《环球法律评论》2010年第6期。

因而,无论如何判例所作的解释均不能超出法律的明文规定,否则就是违法的。换言之,刑法的解释若以判例的形式作出,那么该判例本身的合法性也是不能回避的。①

在借鉴日本制度实践的基础上,李洁教授重构了我国有权刑法解释的模式,即所谓一元个体判决式的刑法司法解释模式。(1)"一元"指的是解释刑法的权力只能归属于法院,即解释主体是独一的。由于刑法解释的目的是完成对刑法具体规范的适用,让具体案件事实符合法律规定的构成要件,因此,只有法院才有适用法律的权力,解释权当然只能由法院享有。(2)"个体"指的是作出解释行为的主体是法官,法律适用的主体也是法官,即只有法官才有解释法律的权力。(3)"判决式"是指对于法律解释的内容应当以判决理由加以说明。由于法律解释是发生在法律适用过程中针对具体案件的法律应用问题进行的分析说明,因此,这种说明只能体现在判决书中,并以判决理由的形式存在。李洁教授的这个模式是针对我国现行司法解释体制提出的替代性方案。她认为,在这个解释模式下,对法条的解释是每一个法官的自然权力,而解释的方式就是必须进行说理,这种解释以判决的形式出现也是符合解释的要求的。② 可以看出,李洁教授提出的刑法解释模式只是提出了通过判决对刑法进行解释的思路。她认为,司法解释是法官就个案作出的解释,所以只对当案有效,而不具有一体遵循的效力。不过在李洁教授随后的论述中,她也指出:如果法官在判决中对法律解释所阐述的理由有足够的说服力,能够被其他的法官所接受,反复对同类案件的裁判发挥作用,就可以形成司法常例而被参照,这有利于一国之内司法的统一;而且,最高人民法院和高级法院可以选择部分有价值的案例予以公布,形成判例;判例虽然不是必须遵守的准法律,但无疑可

① 参见李洁:《论罪刑法定的实现》,清华大学出版社2006年版,第366页。

② 参见李洁:《论罪刑法定的实现》,清华大学出版社2006年版,第374~376页。

以为法院提供一种参考。[1] 可以看出，李洁教授显然无意就判例制度的具体建构提供个人方案，但在她所提出的有权刑法解释模式的基础上，我们只需要再稍稍往前推进一步，就可以得到一个比较清晰的预想：在我国现行制度背景下，判例制度可能的选择或许只能是多年来一直在施行的案例指导制度。

自 2011 年 12 月最高人民法院发布第一批指导性案例以来，截至 2023 年年底，已经发布了指导性案例 39 批共 224 件。随着法治实践的不断发展，案例得到一定程度的积累之后，它们对司法实践的指导作用必然会变得越来越重要。但笔者认为，至少从目前来看，我国的案例指导制度其实并未真正实现制度化，指导性案例的发布仍呈现零散化的状况，难以形成对司法实践的系统性指导。具体到某一法律领域，更能凸显这一问题。比如，在已发布的指导性案例中，刑事案例只有 39 件，其在司法实践中究竟发挥了多大的作用，实在是一个值得追问的问题。因此，如果从法律发展的远景来看，建立一种正式化的判例制度实有必要，它可以将司法解释尤其是法官的适用解释纳入规范化的制度轨道，以此提升刑事司法的水平，促进刑事个案公正的实现。

明确判例是有权司法解释的一种形式，是建立我国判例指导制度的一个前提。以此为基础，笔者赞成李洁教授的看法，认为法官才是法律解释的主体。同时，笔者认为，无论是由哪一级法院所作出的判决，只要符合了法律解释的合法性与合理性的要求，并具有可仿效性和可参考性，就具有作为判例的资格。当然，有资格作为判例的判决必须通过一定的制度媒介才能成为一种可以共享的司法知识形态，而这就需要建立一个判例的形成机制。关于该机制，笔者认为可以包括以下两项内容：(1)省级法院将本地方各级法院(包括省级法院自己)作出的

---

① 参见李洁：《论罪刑法定的实现》，清华大学出版社 2006 年版，第 377～378 页。

那些具有判例价值的典型案件的判决，进行选择和分类整理，并将其公布为判例。（2）最高人民法院可以将自己制作的判决公布为判例，也可以从省级法院公布的判例中选择具有普遍意义的判例而进行公布。需要说明的是，判例的公布应当采取明示的形式，即以带有“判例”字样的出版物正式公布。①

从最高人民法院已经公布的指导性案例来看，大多数指导性案例似乎还不具备典型的判例特征，至少刑事指导性案例是如此。主要原因在于：其一，已公布的案例很少有判决理由，或者判决理由并没有得到充分的阐释，而这样的案例的指导功能会大打折扣。其二，由于判决理由缺失或不足，指导性案例作为法律解释的载体这一特征也就不足，进而难以确定其究竟依靠什么对司法实践进行指导。其三，指导性案例的作用方式并未得到制度上的明确，即指导性案例的“指导”究竟是要求法官必须与之保持一致，还是仅可作为参照？如果对此不进行公开说明，那么指导性案例也就仅仅具有一种默示的引导作用，其司法功能较为有限。

需要特别说明的是，笔者所说的判例指导制度中的“判例”，可以包括目前的指导性案例，但也不能局限于此。笔者认为，要真正发挥判例对司法实践的指导作用，既需要高度重视判例本身的质量，确立严格的案例遴选标准，也需要对判例的效力问题进行明确。

首先，关于判例的遴选标准。笔者认为，判例的遴选标准应当包括以下几点：其一，合法性标准。所谓合法，不仅指案例作出的程序要合法，而且指案例实体法的理解适用要正确，其对刑法的解释没有超越法律原本的意义范围。其二，合理性标准。案例形式与纳入合法的同时，判决理由和裁判结果还应当符合情理，不违背社会的一般正义观念。

---

① 参见周少华：《法典化制度下刑事判例的制度功能》，载《环球法律评论》2010年第6期。

尤其当法律标准不明确的时候,对案件的处理结果应该兼顾相关利益,符合衡平精神。其三,明确性原则。案例所阐述的判决理由必须清晰,其对法律的解释必须准确、完整,理由论证具有逻辑自洽性和说服力,尤其是对判决要旨要进行精准的归纳和提炼。其四,典型性标准。案例所涉及的应当是带有普遍性的法律适用问题,对类案的处理具有参照意义;案例对法律所作的理解具有客观性与合理性,能够对其他案件提供一般性的指导。

其次,关于判例的效力。笔者认为,应当确立起判例相对的拘束力规则。具体内容是:其一,最高人民法院公布的判例原则上在全国范围内具有拘束力,当遇到同类案件时,如果没有特别的理由,地方各级法院应当遵守判例对法律所作的理解,作出相似的判决。其二,省级法院公布的判例,原则上在全省范围内具有拘束力,当遇到同类案件时,如果没有特别的理由,本省下级法院应当遵守判例对法律所作的理解,作出相似的判决。其三,如果地方各级法院认为自己对法律有理由作出与判例不一致的理解,应当以详细的理由加以阐述,但不需要向公布判例的法院请示。不需要请示旨在保持各级法院相互的独立性和法官个人的独立性,充分尊重各级法院和法官在法律范围内的自由裁量权和法律解释权。当然,对于下级法院与判例不一致的判决,可以通过审级制度加以审查。在审级制度的制约下,下级法院的法官不会毫无理由地冒着被上级法院改判的风险而作出明显与判例不一致的判决,除非其有意这么做。①

笔者认为,承认判例的实践价值并不意味着非要赋予判例以如同法律那样的强拘束力。在现代法治观念下,法官的独立性是被高度尊重的,如果认为法官应该享有法律解释权,那么是否赋予判例强制拘束

---

① 参见周少华:《法典化制度下刑事判例的制度功能》,载《环球法律评论》2010年第6期。

力就是无关紧要的。实际上,在遇到疑难案件的时候,法官也乐于参照上级法院曾经作出的同类判决,其中的原因可能是为了让判决更有说服力,但不管怎么说,只要判例真正具有权威性、典型性和足够的说服力,就会对司法实践产生实际的影响。在此意义上可以说,判例的实际效力不是来自它的拘束力,而是来自它的说服力。笔者认为,确立判例相对的拘束力规则,一方面有利于让法官在司法过程中发挥主观能动性,使其利用各种司法方法尽可能地实现个案公正;另一方面也可以促使判例的发布机关重视判例质量,以判例自身的说服力让法官遵从。实际上,即便是在普通法系国家,法院在作出裁判时虽然必须考虑与本案相关的先例,并在相当程度上对先例给予尊重,但是,法院这么做并不是因为他们必须遵循先例,而是因为先例可以被遵循。顾名思义,"可以被遵循"的意思是先例以其对法律原则出色的理解和无可挑剔的推理说服了法官,而不是因为先例具有权威性。[①] 既然已经明确判例的性质仍然属于法律解释,那么就不应强制性要求其被遵循,也没必要赋予其法律一样的权威。恰恰相反,在判例制度中,一种质疑机制的存在反而是很有必要的。如果法官对判例能够提出合理的怀疑,就可以不必遵从,允许其作出与之不一致的判决。通过该机制,可以实现判例的优胜劣汰,也唯有如此,司法知识才能获得不断的积累,进而促进法律的持续发展。

---

① 参见[英]戴维·M.沃克:《牛津法律大辞典》,北京社会与科技发展研究所译,光明日报出版社1989年版,第709页。

第六章　作为个案公正天平的刑事裁量权

法律上的一切权力，都包含自由裁量的因素在内，只是程度不同而已。[①] 之所以认为司法权中应该包含裁量权，是因为如果不允许法官拥有裁量权而只要求其机械司法，那么，法律的一般公正就无从赋予具体的案件当中，个案公正也就不可能实现。

广义上，刑事裁量权包括警察裁量权、检察官裁量权和法官裁量权，但由于警察裁量权和检察官裁量权大多属于程序性的裁量，不是本书所关注的问题，笔者所讲的刑事裁量权仅指法官裁量权。在刑事案件的裁判过程中，法官在法律明确授权或者默示授权的范围内，享有在法律规则的多种可能性

---

① 参见[英]威廉·韦德：《行政法》，楚建译，中国大百科全书出版社1997年版，第16页。

中选择其一，或者在没有明确规则可以适用的情况下，根据其所掌握的法律资源而自行阐述裁判理由并创设具体规则的权力。

在刑事司法领域，裁量权广泛存在，只不过由于刑法格外注重法的安全价值，因此需要对刑事裁量权予以更加严格的限制，比如“创设具体规则的权力”就需要被排除在刑事裁量权的范围之外。合理的裁量权不会对刑法的安全价值构成威胁，相反，为了使法官可以根据案件的具体情况作出更加合理的判决，在法律授权的范围内实现个案公正，就必须赋予法官以一定的裁量权，这是实质法治的需要。

一、刑事裁量权的制度意义

在20世纪早期的欧洲，被称为自由裁量理论的极端的司法造法原则一度相当流行。这是对更早时候明显错误的法律决定论的正统学说的回应。这种法律决定论认为，法官所能做的就是将法律条文机械地适用于他所要处理的案件，而不需要行使任何的自由裁量权。自由裁量理论则认为，由于法官造法是法典解释中不可或缺的一个方面，因此，法官应自觉和公开地进行立法活动。既然法官所从事的是立法活动，那么他们就不应该仅仅通过分析的方法从旧规则中寻求一个纯粹的口头解释的新规则。就像一个好的立法机关一样，法官应该关注社会现实并创制出体现良好社会政策的新的法律规则。自由裁量理论一直是有争议的理论，尤其是在20世纪30年代，这一理论更是声名狼藉。当时统治德国的纳粹党与统治意大利的国家法西斯党直接将这一理论作为学术上的合法外衣以掩盖其强迫法官忽视或者篡改保护公民个人权利的法定条款的行为。然而，在第二次世界大战以后，越来越多的学术评论主张，当基本的民主政体存在的时候，给予法官更多的创制规则的自由裁量权将不会对公众自由造成威胁。①

① 参见[美]马丁·夏皮罗：《法院：比较法上和政治学上的分析》，张生、李彤译，中国政法大学出版社2005年版，第205～206页。

在刑法领域,出于对中世纪罪刑擅断的深刻警醒,刑事古典学派坚决反对法官拥有刑事裁量权。刑事古典学派认为,刑法以强制为内容,鉴于其涉及公民的生杀予夺与自然权利的剥夺的特殊性,如缺乏对自由裁量的必要限制,司法擅断的危险是显而易见的,因此,他们主张严格的规则主义。规则是法治的基本前提,司法者只有严格遵守规则,才能维护法的安定性,使个人自由和其他基本权利得到保障。但是,正如笔者所指出的那样,完全排斥法官的裁量权既没有充足的理由,客观上也不可能做到,严格规则的缺陷有必要通过法官裁量权的行使加以弥补。因此,现在的刑事司法并不反对法官享有一定程度的裁量权;刑法理论一般也认为,相对罪刑法定主义与有限制的裁量权是可以相得益彰的。

法律是服从于规则治理的事业。换言之,规则是所有法律体系的核心内容。所谓"规则",通常被定义为这样的标准,即在适用时乃是确定的、具有标准的形式,或者是相对具体的;规则意味着,不管规定的性质如何都要遵守。[①] 因此,包含着规则的法律总是具有相当的刚性特征。刑法由于坚持罪刑法定原则,对自身的明确性要求极高,因而刑法的刚性特征尤为突出。但是,规则要求被服从与正义的实现之间有时会产生冲突,即在某些情况下,对规则的严格遵守可能会导致非正义或者不符合法律自身目的的结果。比如,某种行为完全符合法律规定的犯罪构成,但其罪责程度较低,而且从刑罚目的衡量没有处罚的必要性——此时,严格遵守法律规定而实施的处罚便不再具有足够的正当性。在此种情况下,法官的裁量权就可以发挥衡平的作用,即通过对规则刚性特征的弱化,使法律适用的结果更加妥当。罪刑法定主义要求按照法律的明文规定处罚犯罪,但并不意味着"有罪必罚"。在很多刑

---

① 参见[美]布赖恩·H.比克斯:《牛津法律理论词典》,邱昭继等译,法律出版社2007年版,第210页。

事案件中，如果处罚的必要性欠缺，就完全可以将其化约为民事纠纷，由司法人员根据自己的自由裁量权进行出罪；还有一些案件，则可以由法官以定罪免刑的方式结案，而这些都在情理之中，与罪刑法定原则并不冲突。这也充分说明，刑法在很多情况下并不能提供确切的判定罪与非罪的标准，司法上的变通往往是为了更加符合罪刑法定之人权保障精神，而这也正是刑事司法"想象性重构"的魅力所在。[①] 当规则的刚性显现出不公和冷酷时，裁量权的弹性则可以闪烁人性的光辉。也就是说，只有在规则的刚性与法官裁量权的弹性的共同作用下，刑法的功能才能得到最大限度的发挥。但是，我国"立法定性＋立法定量"的犯罪构成立法模式在逻辑上有否定法官自由裁量权的功能，尤其是否定了法官在罪与非罪判定上的裁量权。虽然这种立法模式提高了刑事入罪的标准，可以起到收缩犯罪圈、控制刑法过度干预的效果，但它也使我国刑法的出罪通道不够通畅，一旦某一行为符合了刑法所规定的犯罪构成，司法机关就只能依法实施处罚。这不得不说是一种缺陷。

刑事裁量权可以缓和刑事法律规定的机械性、僵硬性特征，有助于提升刑事司法效率。当代各国司法机关基本上通过不同形态的刑事裁量权的行使及其筛选作用，控制着刑事司法的入口与出口，以在司法资源既定的前提下完成司法的基本任务。[②] 作为成文法，刑法和其他制定法一样，是立法者针对一些共同性问题所制定的普遍有效的规范，它只对社会关系作类的调整；而司法者对法律的适用，针对的是具体案件，其只作个别性调整。也就是说，为了使规范能够普遍适用，刑法规范不得不忽略事物的特殊性，而以类型化的方式实施调整。刑法所规定的犯罪构成只是对各种犯罪的行为类型的规定，当其适用于具体案

① 参见周光权：《刑法诸问题的新表述》，中国法制出版社1999年版，第285页。

② 参见周长军：《刑事裁量权论——在划一性与个别化之间》，中国人民公安大学出版社2006年版，第139页。

件时,只能对行为的定性问题发挥作用,而无法对行为进行量的评价。通常根据刑法规范容易判断某一具体行为的罪与非罪,但很难对行为的可罚性程度作出判定。即便我国刑法采取“立法定性 + 立法定量”的立法模式规定犯罪构成,但仅根据法律的规定也无法做到对具体犯罪行为精确的个别评价。因为立法的定量评价只能根据行为的一般情形设定一个通用的标准,而这完全忽略了具体犯罪现象的丰富性和差异性;在立法定量的基础上,司法的裁量余地十分有限,法律规定的一般性与个案中的具体妥当性之间的紧张关系较为突出。可纳入某一犯罪构成的行为总是千差万别,在现实生活中,绝没有完全相同的两个案件。所以,要将确定的规范类型适用于千差万别的案件事实,必须通过法官的裁量行为来解决区别对待的问题;否则,形式上的平等适用必会导致实质上的不平等。而且,刑法所规定的法定刑也是针对类型性行为而设置的,因此,要在具体案件中做到罪刑均衡、罚当其罪,就必须赋予法官自由裁量权,以便其根据案件的具体情况,对行为的罪责程度作出恰当的评价。犯罪者处遇问题是刑事政策的重要内容之一,为了实现“处遇之科学化”,应赋予司法者广泛的裁量空间,以利于个别化之处遇。唯有如此,才可能充分发挥适当的处遇,实现“处遇之多元化”以及个案公正。① 或许也正为此目的,国外“立法定性 + 司法定量”的立法模式才更倚重司法在犯罪评价中的作用,将犯罪行为的量的评价完全作为法官自由裁量权的内容。司法机关不仅在涉罪的轻微行为的出罪、入罪上享有较大的权力,而且对于已然构成犯罪的行为的罪责轻重的评价也完全由司法机关掌握,从而使司法机关对事实的认定、评价活动与后续的量刑活动保持连贯性与一致性,做到符合公正要求的刑罚个别化。

---

① 参见许福生:《刑事政策学》,中国民主法制出版社2006年版,第14页。

此外,法官裁量权也可以克服法律滞后性的缺陷,使刑法通过自身的运作机制获得自我发展。刑法虽然是针对未来制定的,但它又是根据社会关系的现状和以往治理犯罪问题的经验而制定的,而且刑法一经制定便相对静态化,社会生活却仍处在不断变化之中。因此,无论立法者的预见能力多么高强,也无法避免刑法从一开始就已经滞后于社会生活的命运。基于刑法稳定性所具有的法治意义,立法者不可能通过随时随地的立法行为来追随变化的社会生活。所以基本的共识是,为了缓和法律的僵硬性并适应变化着的社会现实需求,我们应该增强法律适用中的灵活性和弹性,肯定法官的自由裁量权是这个思路的重要体现之一。[①] 要让刑法适应社会生活的复杂性和流动性,仅通过确定的立法是无法做到的。赋予法官一定的裁量权,使其根据社会需要在合理的范围内为刑法补充新的内容,就可以以渐进的方式发展刑法,而且在满足社会生活需要的同时,也可以避免频繁和大规模修改刑法而造成法秩序的动荡。

总之,既然法律规范的普遍性与具体案件的特殊性之间的矛盾无法避免,法官裁量权的存在就有足够的必要性。法官裁量权的行使有助于克服刑法作为成文法所固有的不合目的性、不周延性、模糊性以及滞后性等缺陷,使刑法规范系统保持一定的开放性和灵活性,从而更加适应社会生活的要求。尽管两大法系的法官裁量权的范围与自由度可能有所不同,但裁量权对于法律实践的意义是一致的,即"授予法官以自由裁量权,是使法律具体情况具体适用的最普遍方式之一,从而使法律更具灵活性和适应性。没有自由裁量权,法律就会经常受到诸如严

---

① 参见井涛:《法律适用的和谐与归一——论法官的自由裁量权》,中国方正出版社2001年版,第19页。

厉、无情、不公正等批评”。[①] 刑事审判是为了实现社会正义以及预防犯罪的刑罚目的，而当法律的一般性规定适用于具体案件时，如果不对案件的具体情况加以具体的考量，就可能导致个案中的法律适用结果产生实质的不公正，刑罚的目的难以有效实现。当刑法适用所产生的个别不公正的数量较小时，社会中的主流观点会继续强调对普遍规则的遵守；但是，当这种个别的不公正不断积累，以致对相当多的社会成员以及制度基础本身造成不可忽视的负面影响时，自由裁量权就会备受关注了。[②] 如果说严格的规则至多只能实现“平等”这一形式公平，那么在规则约束下的裁量行为就可以实现“正义”这一实质公平。

以往人们讨论刑法领域的裁量权往往局限于量刑方面，似乎只有在量刑问题上法官才拥有裁量权。其实，在刑事审判中，法官的职责主要有三：一是认定事实，二是适用法律，三是定罪量刑。无论哪一项工作，都离不开裁量权的行使。下面分而述之。

二、刑事裁量权的场域

（一）认定事实中的裁量

法官裁判的目的在于维护正义、解决纷争。要实现这一目的，对事实的认定是相当重要的一环，唯有厘清事实，才能断出是非，进行下一步的定罪量刑。然而，刑事诉讼中所谓的事实并非指纯客观的案件事实真相，即客观事实，而是指法院按照法定程序、通过合法的证据最终证明了的事实，即法律事实。无论是证据的采信，还是事实的认定以及证据规则的使用，都离不开法官裁量权的行使。首先，在刑事诉讼中，经常会有相互矛盾、相互冲突的证据，对于这些证据，如果无法借助外

---

① ［英］戴维·M. 沃克：《牛津法律大辞典》，北京社会与科技发展研究所译，光明日报出版社 1989 年版，第 261 页。

② 参见井涛：《法律适用的和谐与归一——论法官的自由裁量权》，中国方正出版社 2001 年版，第 18 页。

在方法予以认可或排除,法官就可依自由心证原则进行判断。由于法庭发现事实真相的职责必须受到特别是由宪法保障的基本权利的制约,因此,有些证据,比如非法获取的证据,即使其有助于发现真相也应予以排除。某种证据是否应予排除,除法律有明确规定外,一般也属于法官自由裁量权的范围。其次,在刑事诉讼中,程序主要是为了保障实体正义的实现。尽管在大多数情况下,程序正义和实体正义能够同时获得实现,但也有不少案件程序正义与实体正义的实现之间可能会发生矛盾,形成“鱼与熊掌不可兼得”的局面,这就需要法官进行权衡和作出选择,这种权衡和选择有时是以法律的强制性规定为根据,有时则需要发挥法官自由裁量权的作用。①

在法官认定事实的过程中,法官的自由裁量权虽然基本上属于程序性的裁量,但由于事实认定是适用法律的前提,因此,这种程序性的裁量对于刑法之适用仍具有重要意义。虽然事实的认定是以证据为基础的,而证据又具有一定的客观性,但这并不意味着事实的认定就是一个纯客观的科学发现过程。实际上,在法官认定事实的过程中,法官的价值判断必然要发挥作用,加上证据规则和诉讼程序中法官自由裁量权的存在,认定的事实其实已经是经过价值判断的事实。由于事实认定常常与行为的罪责评价联系在一起,因此,它也将直接影响刑法实体规范的选择和适用。对此,埃尔曼甚至认为,在所有制度中,规范的本质和据以存在的效力既不包含在宪法或制定法的条文中,也不包含在先例的判决理由、合理判决之中。规范所依赖的是它在司法程序中所遭遇的命运。但程序转过来又经常是由它发挥作用于其中的文化环境所决定的。在程序不同的地方,差不多相同的法律规范在其适用中可能导致不同的结果。刑事司法是将刑法实体规范适用于具体案件的活

① 参见张建伟:《刑事司法:多元价值与制度配置》,人民法院出版社2003年版,第23页。

动,而在该活动中,法官不只要解释刑法,还要解释事实(行为)。比如,对于偷盗大街上下水道井盖的行为,是按照《刑法》第114条认定为“以危险方法危害公共安全罪”,还是按照第264条认定为“盗窃罪”(很可能因“数额不大”不构成犯罪),很大程度上可能取决于法官对行为的判断。在这种情况下,法官对行为事实的评价将决定某一刑法规范是否可以适用该行为,可见,事实认定实际上也影响着刑法的适用范围。

(二)适用法律中的裁量

法官在认定事实之后,下一步的工作就是针对具体的犯罪事实来正确地适用法律。法官适用法律的活动是这样一个过程:首先法官判断行为的内涵,然后将其与法律条文描述的内容进行对照,看看二者是否相符。若行为符合了构成要件该当的行为,再进一步探索该行为的违法性及罪责状态,以此作为定罪量刑的依据。这一思维过程,就是大陆法系法律适用的一般情形。与此不同,我国法官适用法律的情形是,只要是符合犯罪构成的行为,便认为其同时具有了违法性和有责性,因此,判断行为是否符合法定构成要件,就成了法律适用的核心内容。通常抽象的刑法条文并不能直接适用于具体案件,要完成一个法律判断,法官往往首先需要对法律进行必要的解释,以了解法律的真实意义。但是,由于表达法律的语言本身具有模糊性、多义性等特点,法律的真实含义也并不总是很清晰,因此,当法官对法律的概念、语句所作的解释存在两个及两个以上合理的结论时,他们就必须在多个解释结论中作出选择,而这种选择就已经是在行使裁量权了。但是,法官在适用法律过程中的裁量权主要并不是表现在这里,而是表现在对刑法中的不确定法律概念和弹性规定的适用上。不确定法律概念和弹性规定既可能是对犯罪构成的规定,也可能是对量刑情节或者法定刑升格条件的规定。所以,刑法适用的内容其实主要有以下两点:一是进行犯罪构成符合性的判断,二是根据法律规定对与确定法律后果有关的各种情况及量刑情节进行评价。因此,无论是犯罪构成符合性的判断,还是量刑情节的适用,都包含法官自由裁量的成分。

在刑法理论上,有人根据在认定某一构成要件要素时是否需要加入价值判断,而把犯罪构成要件要素区分为描述性构成要件要素和规范性构成要件要素两种类型。按照大陆法系刑法理论的通说,描述性构成要件要素,是指在构成要件要素存在与否的认定上不用加入价值判断,仅凭法官的解释或认识活动就能确定的要素;规范性构成要件要素,是指在构成要件要素存在与否的认定上,必须经过法官规范、评价的价值判断才能确定的构成要件要素。① 当刑法对犯罪构成采用描述性的规定时,在犯罪构成符合性的判断上一般没有法官自由裁量的余地,因为这时犯罪构成的各个要素都比较明确、齐备,只需要通过一般的认识活动就可以完成犯罪构成符合性的判断。但是,当犯罪构成中存在不确定的法律概念作为构成要件要素时,它们就属于规范性构成要件要素,此时,就需要法官对该要素作价值判断,法官裁量权就有存在的必要。比如,《刑法》第320条所规定的提供伪造、变造的出入境证件罪的客观要件是"为他人提供伪造、变造的护照、签证等出入境证件"。在适用该规定时,对于什么是"提供"、什么是"伪造、变造"、什么是"护照、签证等出入境证件"的理解,以及对于客观事实是否符合这些要素的判断,都只需要一般的认识活动与基本的对比判断就可以得出结论,因而,它们均属于描述性构成要件要素。与之相反,《刑法》第237条规定的强制猥亵、侮辱罪中的客观构成要件要素"猥亵"与"侮辱",则需要司法者规范的、评价的行为才能认定。也就是说,对描述性构成要件要素的理解,仅要求一种"感性的表象",而对规范性构成

① 参见[日]大谷实:《刑法总论》,黎宏译,法律出版社2003年版,第100页。

要件要素的认识,则需要一种“精神上的理解”。换言之,前者可以直接被人们所认识,后者则是“以一种评价为条件而存在”。[①]

描述性构成要件要素是对事实的直接记述或者描述,对于此类要素,比较容易获得一致的理解,不容易引发争议,不同的解释者与司法者即使有价值观上的差异,通常也不会影响对法律的理解与适用。所以,在作出客观事实是否符合构成要件要素的判断时,不同法官之间不会因理解不同而作出不同的结论。相反,规范性构成要件要素则是一种规范的表述,包含价值判断,解释者与司法者价值观的差异必然影响对它的理解与适用,故而常存争议。[②] 不过,大部分刑法学者认为,规范性构成要件要素与描述性构成要件要素的区分具有相对性,或者说二者的差异不是质的差异,而是量的差异。确实规范的要素也具有“对事实的关联性”[③]而“在描述性特征中包含规范性的特点”,以致我们可以“把大部分行为构成的特征看成一种规范性和描述性因素的混合,一会是这个要素占了上风,一会是那个要素占了上风”。[④] 于是,“即使是描述性的要件要素,仍需要法官作某种法律的价值判断。例如,杀人罪之客体,所称之‘人’仍有解释上之问题。因而所谓描述性的要件要素者,实际上均可称为规范的要素”。[⑤] 倘若我们接受这一看法,也就必须认为,在犯罪构成符合性的判断上根本无法完全排除法官裁量因素的存在。

刑法对犯罪构成的规定除了可能使用不确定法律概念外,还可能

---

① [德]克劳斯·罗克辛:《德国刑法学总论》(第1卷),王世洲译,法律出版社2005年版,第201页。

② 参见张明楷:《刑法学》(第2版),法律出版社2003年版,第142页。

③ [德]汉斯·海因里希·耶赛克、[德]托马斯·魏根特:《德国刑法教科书(总论)》,徐久生译,中国法制出版社2001年版,第330页。

④ [德]克劳斯·罗克辛:《德国刑法学总论》(第1卷),王世洲译,法律出版社2005年版,第201页。

⑤ 陈弘毅:《刑法总论》,台北,汉林出版社1983年版,第87页。

采用弹性的概括式规定。我国刑法分则有许多条文规定,某种行为只有情节严重(或者情节恶劣)才能成立犯罪。例如,《刑法》第243条规定,捏造事实诬告陷害他人,意图使他人受刑事追究,情节严重的,成立诬告陷害罪;《刑法》第244条规定,用人单位违反劳动管理法规,以限制人身自由的方法强迫职工劳动,情节严重的,成立强迫劳动罪;《刑法》第246条规定,以暴力或者其他方法公然侮辱他人或者捏造事实诽谤他人,情节严重的,成立侮辱罪、诽谤罪;如此等等。类似的条文在我国刑法中还有很多。关于上述情节严重是否属于犯罪构成要件,我国传统刑法理论认为,刑法所规定的情节严重才构成犯罪,只是一种提示性规定,而非构成要件。① 但是,现在的刑法理论一般认为,在上述情形下,情节严重对于说明行为的社会危害性起着决定性的作用。也就是说,情节严重在此是作为区分罪与非罪的标志而存在的,既然如此,它当然就属于犯罪构成的要件。这一观点也被张明楷教授所坚持,他将这种作为犯罪构成要件的情节严重称为犯罪构成的综合性要件,并认为,刑法之所以出现这种构成要件的规定,是因为现实生活中有许多行为虽然在一般情况下它的社会危害性还没有达到应受刑罚处罚的程度,但又难以通过强调犯罪构成的某一方面的具体内容来使之达到这种程度,或者不能预见所有情节严重的情况而无法作出具体规定,或者虽能预见但需作冗长的表述而使刑法丧失简短价值,于是立法者才作出一个综合性的规定,即情节严重便认定为犯罪,否则不能以犯罪论处。刑法作如此综合性的规定,表明它不是强调某一方面的具体内容,而是强调只要在任何一个方面情节严重,其行为就应当构成犯罪。易言之,情节严重中的情节不是指特定的某一方面的情节,而是指任何方面的情节,只要某一方面情节严重,其行为的社会危害性就达到了应受

---

① 参见高铭暄主编:《中国刑法学》,中国人民大学出版社1989年版,第83页。

刑罚处罚的程度，就应认定为犯罪。[①] 然而，情节严重毕竟是一种很笼统的表达，具体案件中的行为是否属于情节严重，还是需要法官通过对具体案件的全部情况进行综合分析才能加以判断的，而在此判断过程中，离开法官的自由裁量几乎是不可能的。

在以上两种情形下，即当犯罪构成中存在规范性构成要件要素或者综合性犯罪构成要件时，相应的犯罪构成便具有一定程度的开放性，此时，犯罪构成要么是不够清晰的，要么是不够完整的，因而需要法官通过一定的价值判断加以明晰化和完善化，否则，就难以作出犯罪构成符合性的判断。

在犯罪构成要件要素中，还存在成文的构成要件要素与不成文的构成要件要素之分。成文的构成要件要素，是指刑法明文规定的构成要件要素。刑法规范是以文字表述的，因而绝大多数犯罪的构成要件都是以成文的构成要件要素来描述的。不成文的构成要件要素，是指刑法条文表面上没有明文规定，但根据刑法条文之间的相互关系、刑法条文对相关要素的描述所确定的，成立犯罪所必须具备的要素。比如目的犯，刑法在很多场合都会对“目的”的内容作出明确规定，但是，在一些明显需要非法占有目的又不至于出现混淆罪与非罪、此罪与彼罪的场合，刑法分则条文往往并不明文规定非法占有目的。不成文的构成要件要素并不与罪刑法定原则相抵牾，因而，这种要素广泛存在于各国的刑法之中。例如，日本刑法没有明文规定盗窃罪、诈骗罪必须出于不法所有的目的，但通说认为，盗窃罪、诈骗罪的主观要件除需要有故意外，还需要有不法所有的目的。在我国刑法理论中，也普遍认为非法占有的目的是盗窃罪、诈骗罪的主观要件。如果不要求盗窃罪、诈骗罪必须具有非法占有的目的，那么盗窃罪与一般的盗用行为，诈骗罪与一

---

① 参见张明楷：《刑法分则的解释原理》，中国人民大学出版社2004年版，第223页以下。

般的骗用行为、经济纠纷就难以区分,进而导致罪与非罪的界限不清。因此,刑法虽然没有明文规定非法占有的目的,但仍应当认为刑法实质上要求具备这一构成要件要素,只不过由于这一要素众所周知、广为明了,才有意从文字上省略对其规定。①

在上述情形下,形成了开放的犯罪构成。具体而言,由于构成要件中没有规定某一犯罪的目的,而该目的对于该犯罪的成立又是不可缺少的,所以,要判断行为的社会危害性是否达到了犯罪的程度,法官就必须对刑法没有规定的目的要素进行补充解释。② 此外,国外刑法理论也认为,开放的构成要件还存在于过失犯和不真正不作为犯的场合。刑法往往没有对作为过失犯罪、过失内容的客观的注意义务的违反作特别明确规定,因此,对于刑法所规定的过失犯的构成要件,法官就必须经过解释来补充其具体内容,并确定能否适用该构成要件。在不真正不作为犯的场合也是如此。不真正不作为犯中的构成要件行为是违反作为义务的不作为,但是,由于该作为义务的内容以及范围并不明确,因而这就需要法官加以补充。③ 可见,在开放的构成要件中,犯罪构成符合性的判断始终需要法官的裁量权发挥作用。

根据以上讨论,可以得出的结论是,刑事法官的裁量权决不只存在于量刑问题上,它同样存在于定罪问题上,即在犯罪成立与否的判断上也有着相当的裁量余地。国外"立法定性 + 司法定量"的犯罪化模式显然暗含着对司法裁量权的承认,司法对犯罪行为的"量"的评价当然属于司法裁量权的范围。我国"立法定性 + 立法定量"的犯罪构成立法模式提高了入罪的标准,限制了可以作为犯罪追究刑事责任的不法

① 参见张明楷:《刑法学》(第2版),法律出版社2003年版,第144~145页。

② 参见刘艳红:《开放的犯罪构成要件理论研究》,中国政法大学出版社2002年版,第207页。

③ 参见[日]大谷实:《刑法总论》,黎宏译,法律出版社2003年版,第102页。

行为的范围，而且这种立法模式下，不法行为的犯罪化的决定权基本上由立法者掌握，因而刑法干预的边界较为确定。既然如此，“立法定性＋立法定量”的犯罪化模式在逻辑上天然具有否定法官自由裁量权的功能，尤其是否定法官在罪与非罪判定上的裁量权，但是，由于犯罪现象本身的复杂性，立法根本没有能力提供一种既普遍适用又具体可行而且穷尽一切可能的规范标准，因此，该犯罪化模式不仅不能强化刑法的确定性，反而经常需要通过司法解释和价值判断加以补充。并且，情节严重、数额较大等方式的立法本身也具有不精确性，仍然会给司法判断留下很大空间。可以说，在很大程度上这也可能正是导致不同地区、不同法院甚至同一法院不同法官对相似案件的判决差异极大，同一刑法规范适用所产生的结果很不统一的重要原因。

严格来说，在犯罪成立与否的判断上存在法官裁量因素是与罪刑法定原则相冲突的，因为这意味着犯罪行为的评价标准不是仅由立法者确立的，法官实际上也参与了该评价标准的设定。然而，在相对罪刑法定的观念下，必须认为法官在罪的确定活动中的裁量权具有某些合理之处。这主要是因为人的理性能力的有限、人类语言固有的局限性、某些人类事务的复杂性使之不适宜被精确描述等，立法者在根本上不可能对所有犯罪都作出清晰、准确的描述性规定。在此情况下，为了让有限的、相对简单和僵硬的刑法文本能够解决纷繁复杂并且不断变化的犯罪问题，就必须赋予刑法以某种灵活性的机制，以便化解刑法规范的一般性与具体案件的特殊性之间的冲突，在合法性与合目的性、法律平等适用与具体妥当性之间达到合理的平衡。当然，为了维护刑法的确定性及其背后的价值，罪的确定上的裁量因素始终都应当受到严格限制，在犯罪行为能够被准确认知、立法技术也能够精确描述的情况下，立法者就应当尽可能以描述性的方式规定构成要件，以堵塞法官个人价值判断混入犯罪构成符合性判断的渠道，尽量保持犯罪的法律评价的客观性。

（三）定罪量刑中的裁量

犯罪事件一旦提起公诉，案件便归法院处理。只要没有因管辖错误驳回起诉，或者因免予起诉而终止诉讼程序，法院就必须对案件进行实体的审判，作出有罪或者无罪的判决。在作有罪或无罪判断的场合，法官没有裁量的余地，只能就有罪或无罪选择其一。倘若判处有罪，法官必须宣告具体的刑种及刑期，此即量刑问题。量刑活动的内容不仅包括刑种的选择和刑量的确定，也包括法律上的任意减轻、从轻、是否缓刑、是否并科附加刑及其程度等内容。在这方面，法院享有广泛的自由裁量权。①

大陆法系刑法普遍采用相对确定的法定刑，本身就意味着对法官自由裁量权的承认；在法定刑的范围内，刑罚的量定完全是法官裁量权的内容，同时，法定刑的上限与下限也意味着对法官这一权力的限制。具体说来，法官在刑之量定上的裁量权大致表现为以下几个方面。

1. 确定是否科以刑罚

量刑活动是以认定的犯罪事实和相关的刑事法律规定为基础进行的，即通常所说的“以事实为根据，以法律为准绳”。尤其是对行为的罪责判断，更是直接影响刑罚的轻重。根据罪、责、刑相当的责任原则，一般以行为具有规范责任作为刑罚发动的条件，但有规范责任的行为未必都须经过刑的宣告。从刑罚机能限制的观点来看，在一定的场合，容许刑事政策的考量，纵使产生责任，亦可免除刑的科处，即可以科处低于责任程度的刑罚。刑罚如此运用，是以相对报应刑论为基础的，这在绝对报应刑论那里是绝对不可能的。换言之，绝对报应刑论采取的是有责任则必有刑罚的积极责任主义；反之，相对报应刑论采取的是无

---

① 参见［日］大谷实：《刑事政策学》，黎宏译，法律出版社2000年版，第175～176页。

责任则无刑罚的消极责任主义。在消极责任主义的立场上……若从预防的观点来看,刑罚可以比行为责任更轻,即若无一般预防或特殊预防之必要时,纵使有行为责任,也没有必要处以实际的刑罚。[①] 可见,即使在犯罪成立的情况下,法官在某些时候仍然可以基于刑法自身的目的而决定不科处实际的刑罚。在我国的刑法中,可以定罪免刑的场合主要有又聋又哑的人或者盲人犯罪、防卫过当、避险过当、预备犯、从犯、胁从犯等。在上述场合,法官可以根据案件和行为人的具体情况,自主决定是否免除处罚。

2. 选择刑种和刑格

在决定科处刑罚之后,法官必须在刑法条文规定的几档法定刑内选择所要适用的刑罚幅度;如果在适格的法定刑中存在两个以上的刑种,还须选择所要适用的刑种。在"可以"并处附加刑的情形,附加刑的并科完全是法官自由裁量的问题。

3. 确定所要判处的刑罚量

在应当适用的刑种确定之后,对于存在量的规定的刑罚方法,还需要进一步确定具体的刑量。主要包括在选定的刑格内确定有期徒刑的刑期,在法律规定的期限内确定管制或者拘役的刑期,确定罚金的数额,确定没收财产的范围,确定剥夺政治权利的期限等。

4. 确定刑罚的执行方式

由于我国刑法中设立了死刑缓期执行的制度,因此,在犯罪人被判处死刑的情况下,法官可以根据犯罪情节和犯罪人的具体情况,决定是否缓期2年执行。此外,在判处拘役、3年以下有期徒刑的情形下,法官也可以根据犯罪情节和犯罪人的悔罪表现,决定是否暂缓执行刑罚,在决定暂缓执行刑罚时,法官还有权规定一定的考验期。

---

① 参见许福生:《刑事政策学》,中国民主法制出版社2006年版,第312页。

5. 量刑情节法律效果的裁量

是否科处刑罚、科处何种刑罚、科处多重的刑罚以及如何执行所判处的刑罚，都是以查明的犯罪事实、认定的犯罪性质为基础的。在具体刑量的确定过程中，存在各种各样的影响和决定量刑轻重或者免除刑罚处罚的情况，即量刑情节。量刑情节是反映罪行轻重以及行为人人身危险程度的各种情况，因而，要使最后确定的刑罚与行为人的罪责程度相适应，就必须把量刑情节作为选择法定刑与决定宣告刑的依据。由于法定刑有一定幅度，并且可以在一定条件下突破法定刑，这便使审判人员具有一定的自由裁量权，而量刑情节正是审判人员行使自由裁量权的事实根据。[①] 酌定量刑情节对量刑的作用，完全取决于法官的判断。也就是说，其对量刑是否发挥作用、发挥多大的作用，都属于法官自由裁量的范围。至于法定量刑情节对量刑的作用，虽然它是由法律加以规定的，但法官在各种法定量刑情节的使用中仍享有不同程度的裁量权：(1)对于"应当"型的单功能的法定量刑情节，法官虽然必须加以考虑并按照法律规定的功能来使用，即在其是否发挥作用上法官没有裁量的权力，但对于其发挥多大的作用，法官仍然享有裁量权。(2)对于"应当"型的多功能的法定量刑情节，法官可以根据具体情况选择量刑情节的功能，并决定其对量刑所起作用的大小。(3)对于"可以"型的单功能的法定量刑情节，法官有权决定是否适用。在我国刑法中，此类法定量刑情节只有"可以免除处罚"一种。对于这一情节，法官似乎仅有免除或不免除处罚的裁量权，但实际上，如果法官决定不免除处罚，其相关的情节仍可以在量刑中被考虑。比如，对于"犯罪较轻且自首的"中的"自首"情节，仍然可以作为"可以从轻或者减轻处罚"的情节，根据《刑法》第 67 条第 1 款中段("对于自首的犯罪分子，

---

① 参见张明楷：《刑法学》(第 2 版)，法律出版社 2003 年版，第 443 页。

可以从轻或者减轻处罚")的规定予以考虑;对于犯非法种植毒品原植物罪并具有《刑法》第351条第3款所规定的"在收获前自动铲除的"这一情节的,即使决定不予免除刑罚,该情节至少还可以作为酌定量刑情节发挥作用。(4)对于"可以"型的多功能的法定量刑情节,如同"应当"型的多功能的法定量刑情节一样,法官可以根据具体情况选择量刑情节的功能,并决定其对量刑所起作用的大小。在我国刑法中,此类法定量刑情节有"可以免除或者减轻处罚的情节""可以减轻或者免除处罚的情节""可以从轻、减轻或者免除处罚的情节""可以从轻或者减轻处罚的情节"等几种情形。由此可见,在量刑情节的运用上,法官拥有很大的裁量空间,而量刑情节是量刑的基础,所以法官在刑之量定上的裁量权很大程度上就表现为对量刑情节的适用。

6. 作为法定刑升格条件的"情节严重"的裁量

在我国刑法中,不少刑法条文根据不同的情节规定不同的法定刑:首先规定基本犯(一般情节)的法定刑,然后规定"情节严重"的法定刑,甚至还规定"情节特别严重"的法定刑。还有些分则条文在将"情节严重"规定为构成要件的情况下,再针对"情节特别严重"的情况规定法定刑。这里,"情节严重"和"情节特别严重"便都是法定刑的升格条件。这种法定刑升格条件虽然不属于量刑情节,但是,它们显然对法官的裁量权具有某种依赖。法定刑升格条件在立法上的意义主要是,由于某些犯罪的严重程度差异较大,如果只规定一个幅度的法定刑,那么法定刑的幅度空间就有可能过大,这样法官的自由裁量权也会很大,从而与罪刑法定原则产生尖锐对立。于是,在很多情况下,刑法便根据不同的犯罪情节分段规定法定刑,以限制法官的裁量权。然而,作为选择法定刑档次的法律标准,"情节严重"的规定也并非一种理想的形式,因为它过于模糊,实际难以起到限制法官自由裁量权的作用。不过,正如张明楷教授所阐明的那样,将"情节严重"规定为法定刑的升格条件，这种立法例也是一种不得已的做法，因为在复杂的犯罪现象面前，立法者不可能预见到法定刑升格的所有情形，要求法律对法定刑升格条件必须作出具体、明确描述，不仅不可能，还会导致法律本身缺乏灵活性，或者不可避免地产生遗漏。所以，在我国，将“情节严重”“情节特别严重”规定为法定刑的升格条件，现阶段还不可能避免。① 在具体描述的法定刑升格条件中，不存在法官裁量的余地；而在“情节严重”这类法定刑升格条件中，情节是否严重（或者特别严重）则只能由法官根据案件的具体情况、刑法的基本精神以及一般人的价值观念加以判断。

通过以上讨论可以看出，即使在刑法领域，法官的自由裁量权也是广泛存在的。既然司法是联结规范与事实的桥梁，司法的功能在于以普遍的法律处理具体的社会生活问题，并在法律的普遍价值与案件的具体妥当性之间保持合理的平衡，那么就必须承认法官裁量权存在的必要性与合理性。当然，在刑事司法中，刑法的确定性价值仍然不容忽视，法官的自由裁量权必须受到严格限制。

三、刑事裁量权的限制

如果说赋予法官刑事裁量权的目的就是更好地实现个案公正，那么对刑事裁量权进行必要的限制，同样是保证个案公正的需要。

关于法官的刑事裁量权，英美法系的学者大多作了较为宽泛的理解，认为即使在无法律规定、无习惯法可循、无法规授权的情况下，法官也可以进行裁量；这种裁量当然也不是完全自由的，最基本的限制应该是根据裁量权所作的决定，“在当时情况下应是正义、公正、正确、公平

① 参见张明楷：《刑法分则的解释原理》，中国人民大学出版社2004年版，第235页以下。

和合理的”。[①] 此外,大陆法系的法律理论则认为,裁量依旧是“依法”进行的,即在法律授权的范围内灵活适用法律的行为。虽然在理论上,裁量曾被区分为“自由裁量”与“羁束裁量”,但这种区分并没有太大的意义。[②] 大陆法系倾向于认为,裁量莫不是经法律授权的行为,公权力的执行者当然有义务服从法律授权的目的及界限,只能在法律提供的空间内行使裁量权。因此,正如不存在完全受法律约束的纯粹羁束行为一样,也没有完全自由的裁量行为,“羁束”与“自由”的区别只不过是受法律约束的程度不同而已。[③] 所以,尽管自由裁量权意味着法官被赋予了某种“自由”进行选择的权力,但这也并非完全自由,总是存在一个相对模糊的客观标准来防止自由裁量权的过度扩张。可以说,在法治语境下,裁量权的所谓“自由选择”其实只是一种已经受到拘束的选择。

但是,裁量权毕竟又意味着权力行使过程中一定弹性的存在,弹性过大会使规则瓦解,弹性过小则不足以发挥裁量的衡平作用。因此,从防范刑事裁量权的角度来讲,在刑事立法中,应当避免设立弹性过大、非必要的裁量权,如一些模糊的罪状规定或者几近于不确定的法律后果的规定;应当限制绝对的裁量权,尽可能地增强法律概念和法律规则的明确性程度;应当对必要的裁量权予以适当的界定,明定裁量权的界限。[④] 在刑事司法中,裁量权的限度标准更是意义重大,总体上,它应能够使法律的确定性与灵活性得到最大限度的调和,既不应对其作出

---

① [英]戴维·M.沃克:《牛津法律大辞典》,北京社会与科技发展研究所译,光明日报出版社1989年版,第261页。

② 参见林立:《法学方法论与德沃金》,中国政法大学出版社2002年版,第31~32页。

③ 参见[日]我妻荣编:《新版新法律学辞典》,董璠舆等译校,中国政法大学出版社1991年版,第449页。

④ 参见周长军:《刑事裁量权论——在划一性与个别化之间》,中国人民公安大学出版社2006年版,第363页。

不必要的苛刻限制,也不能对其滥用的可能放松警惕。基于此,笔者认为,刑事裁量权的行使应该受到以下限制。

(一)来自法定标准的限制

刑法在授予司法者裁量权的场合,一般也为其设定了相应的限制标准,因此,法官的裁量权必须在法律授权的范围内为之。即便是在寻求正义目标时,也不能超越法律明文规定的界限。具体包括:(1)在量刑时,法官只能根据刑法分则条文规定的法定刑来确定宣告刑,宣告刑的刑种和刑量都不能超出法定刑的范围和幅度。在任何情况下,都不得在法定刑以上判处刑罚。要在法定刑以下判处刑罚,则必须具有刑法规定的减轻处罚情节;如果不具有刑法规定的减轻处罚情节,但根据案件的特殊情况需要在法定刑以下判处刑罚的,也必须根据《刑法》第63条第2款的规定,报经最高人民法院核准,始得在法定刑以下判处刑罚。(2)对于法定量刑情节的使用,法律也作了“可以”与“应当”的适用规定,并且规定了它们对量刑发生作用的方式(从重、从轻、减轻或者免除),法官只能按照法律规定的方式来使用。(3)在刑法以概括性方式规定犯罪构成的情况下,法律虽然没有为犯罪构成符合性判断中的裁量行为提供明确边界,但“相对模糊的客观标准”仍然是存在的。例如,就《刑法》第114条而言,以其他危险方法危害公共安全罪中的“其他危险方法”,表面上看似乎范围很宽,但其实也是存在限制标准的。对此,理论上统一的看法是,“其他危险方法”应当具有以下三个限定性特征:第一,必须是放火、决水、爆炸以及投放毒害性、放射性、传染病病原体等物质以外的危险方法,否则不构成“以危险方法危害公共安全罪”;第二,必须具有与放火、决水、爆炸、投放毒害性、放射性、传染病病原体等物质相同或者相当的危险性,否则不属于“以危险方法危害公共安全罪”的行为;第三,必须客观上危害公共安全,即已经危害公共安全或者具有危害公共安全的可能性。[1] 既然如此,在判断某一方法行为是否属于《刑法》第 114 条中的“其他危险方法”时,法官并不是随心所欲的,他必须受该条文基本“语境”的制约。又如,《刑法》第 195 条规定:“有下列情形之一,进行信用证诈骗活动的,处……(一)使用伪造、变造的信用证或者附随的单据、文件的;(二)使用作废的信用证的;(三)骗取信用证的;(四)以其他方法进行信用证诈骗活动的。”对于此处第 4 项的兜底性规定,在进行认定时也应当参考前面 3 项的明示列举规定,总体的要求是,这里的“其他方法”最终也不能超出信用证诈骗罪“质的规定性”。

因此,授予裁量权的法律规定要同时成为限制裁量权的法律标准,就必须在裁量权的对象范围、内容范围、程度范围上,提供明确的、具有可操作性的以及确定的界限,并且,司法者必须遵守这些界限。

（二）来自刑法目的的限制

刑事裁量权的行使除必须遵守法律明文规定的界限外,始终都应当受到刑法目的的限制,任何违背或者超出刑法目的的裁量行为,都是不被允许的。在适用刑法时,“对犯罪构成及其要件必须进行实质的解释,使犯罪构成的整体所反映的社会危害性达到应受刑罚处罚的程度”。[2] 所以,在对“情节严重”“情节恶劣”这类构成要件进行判断时,只能根据刑法的法益保护目的,将那些能够表明对法益的严重侵犯性的情形认定为“情节严重”“情节恶劣”。如果不能找到正确的价值判断标准,那么犯罪构成中规范性要素的存在对犯罪的认定就毫无作用。[3] 不仅犯罪构成的解释需要考虑刑法目的,量刑活动也是一种目

① 参见林亚刚:《危害公共安全罪新论》,武汉大学出版社 2001 年版,第 137 页。

② 张明楷:《刑法分则的解释原理》,中国人民大学出版社 2004 年版,第 226 页。

③ 参见[意]杜里奥·帕多瓦尼:《意大利刑法学原理》,陈忠林译,法律出版社 1998 年版,第 102 页。

的考量的活动。虽然量刑权属于法官,但具体案件中的刑罚也必须依既存的评价标准与法律目的来确认。刑法所规定的法定量刑情节的适用规则无一不是基于刑罚目的而设计的,在适用这些量刑情节时,法官当然亦需考虑刑罚的目的。因此,法官实际上并不存在依己意裁量的自由,法官在量刑时,必须注意不同的刑罚目的,而这些目的不是他自己所能决定的。法官只能依法定的与符合事理的衡量因素,在正义与衡平观点下进行量刑工作。[①] 同时,刑法的目的不是单一的,而是多方面的,因此,法官裁量权还必须对不同的刑法目的进行平衡与协调。比如,一般预防目的可能要求对行为人实施更加严厉的处罚,特殊预防目的却要求刑罚与行为的罪责程度相适应。此时,刑罚的裁量就应当综合考虑刑法的双重预防目的,并基于人权保障观念,以罪责原则限制一般预防目的。也就是说,"刑罚的目的应在责任限度内追求,量刑的一般基准应是以犯罪人的行为责任为主,即刑的多少应依据责任,或以责任为限度,在责任的范围内追求刑事政策的目的"。[②] 当刑罚的科处无助于实现刑法的目的时,甚至可以不科处刑罚。限制刑罚权也是刑事立法的一个基本目的,罪刑法定原则要求国家必须以明文规定的形式事先对犯罪和刑罚加以规定,除了要给公民提供明确的行为指引规范外,更主要的是要界定刑事处罚的范围、方式和程度,以保障人权。因此,在任何时候,法官裁量权都只能以自我克制的方式行使。

(三)来自刑法基本原则的限制

刑法基本原则,是贯穿刑法活动始终的根本性的指导原则,它不仅是刑事立法中应当贯彻的,也是刑事司法中必须遵循的。同样,刑事裁量权的行使也需要受到刑法基本原则的制约。一是受到罪刑法定原则

① 参见刘文仕:《刑法类推与司法造法》,台北,学林文化事业有限公司2001年版,第48页。

② 许福生:《刑事政策学》,中国民主法制出版社2006年版,第313页。

与罪刑均衡原则限制，量刑中的裁量是法官裁量权最为重要的内容，在量刑时，法官必须在法定刑范围内决定所要判处的刑罚，这本身就是罪刑法定原则对量刑权所作的限制。此外，对量刑过程起限定作用的更重要的是罪刑均衡原则。法定刑的配置虽然已经体现了罪刑均衡的要求，但是，立法上的这种罪刑均衡毕竟只具有抽象的规范意义，而且是相对粗略的均衡。真正的罪刑均衡只能体现在具体的个案中，而个案中的罪刑均衡则只能通过法官裁量权的行使才能达到。具体场合的罪刑均衡，是指对犯罪人所判处的刑罚必须与行为人所具有的责任程度相适应，不能超出责任程度而加重刑罚。罪刑均衡原则不仅对于刑事法治的科学、合理、文明和效益具有广泛而重要的意义，而且具有人权保障的重要意义：它要求追究刑事责任和适用刑罚的公正，从而使犯罪人的权利得到法律合理的剥夺、限制与保护，使被害人的权利得到合理的刑法保障。[①] 刑罚裁量必须符合罪刑均衡原则，这是刑事案件个案公正的应有之义。在相对确定法定刑的立法模式下，罪责观念不仅是刑罚制裁的基础，也是刑罚裁量的标准，法官务必力求罚当其罪，不得超越罪责程度而量定超重的刑罚。如果法官基于目的性的考量，认定出于一般预防或个别预防而必须加重或减轻刑罚裁量时，也只能在罪责相当的范围内进行加减。也就是说，量刑的事实根据只能是行为人的行为，法律根据只能是刑法明文规定的法定刑。一方面，法官不能单纯为了增强刑罚的威慑功能，而将行为人当作威吓社会大众的工具；另一方面，法官也不能受被害人以及社会公众报应情感的影响，只将行为的可非难性程度作为处罚轻重的基准。二是裁量权的行使，当然亦须体现刑法平等适用的原则。一方面，裁量权的行使不应受到不反映罪责程度的行为人的个人情况的影响，在不同的案件中，裁量权的行使应

---

① 参见赵秉志：《刑法基本理论专题研究》，法律出版社2005年版，第115页。

当遵循同样的原则和规则;另一方面,司法应当重视法的安定性,裁量权的行使不能损害刑法的可预见性。因此,刑事司法应逐步形成一个普遍一致的操作方式,对犯相同形态之罪的罪犯皆给予一定的刑度,而供后来的法官遵循;其目的是压缩、减少未来法官在具体量刑上的裁量空间,维护法律适用的统一性。① 三是受到其他原则的限制,量刑上的裁量权被认为是实现刑罚个别化所必需,其目的是通过科学性的个别化处遇,使犯罪者不再犯罪而复归社会。然而,太广泛的个别化处遇也可能会侵犯到人权及公平原则,况且,科学性的处遇到底能否防止再犯,目前实证上亦有所争论。比如,美国20世纪70年代之后对于"医疗模式"的处刑方式予以矫正,就足以表明个别化处遇已遭遇困境。因此,个别化处遇仍须受到人道原则、公平原则以及法治原则的限制。②

---

① 参见林立:《法学方法论与德沃金》,中国政法大学出版社2002年版,第31页。

② 参见许福生:《刑事政策学》,中国民主法制出版社2006年版,第15页。

第七章　作为个案公正具体表达的定罪说理

在刑事司法实践中,看似同样的案件,在不同法院甚至同一法院,却按照不同的罪名定罪处刑,确实是现实存在并颇值得研究的一种现象。如果我们简单地将此现象归结为“同案异判”,除了徒增对法制统一性、法律平等原则的深深忧虑,似乎并不能解决什么问题。既然此种现象并不少见,我们就不能仅凭直觉妄下结论,而应深入研究,从实践的逻辑中探寻这种现象产生的原因。只有将问题置于其发生的现实情境中,在理性分析的基础上,才能最终作出合理的判断。否则,过早地认定法院“同案异判”,甚至对司法的公正性产生怀疑,是很有可能打错板子的。

为了讨论此问题,本章所选取的典型案件均是盗窃机动车牌照后向车主索要赎金这类案件。通过梳理相关案件的裁判文书,可以发现,对于此类案件,各地法院的判决存在巨大差异,并且这种差异并不是量刑结果上的差异,而是行为定性上的差异。更为重要的是,从基本行为事实来看,可以肯定这些案件并非仅具有表面上的相似性,而属于较为典型的同类案件。因此,它们的处理结果具有明显的“同案异判”特征。为了避免先入为主的判断,笔者暂且将这一现象称为“差异化判决”,而不使用“同案异判”这一已然具有批判性色彩的表述。在此,本书并不打算就事论事地为所选取的这类案件提供某种刑法教义学上的解决方案,而是试图通过对此类案件裁判文书的分析,考察相同行为不同定罪背后各自的理据和实践逻辑,以便回答“不同判”是否有足够的合理性。同时,期待这一研究对我们理性认识其他类型犯罪的差异化判决现象能具有一定的参考意义。

一、相关判决的基本情况分析

盗窃车牌勒索赎金的行为究竟该当何罪,不仅在学理上存在观点分歧,而且在司法实践中,法院判决所确定的罪名也很不统一。就公开判决所认定的罪名而言,有的定盗窃罪,有的定敲诈勒索罪,还有的定盗窃国家机关证件罪。刑法学界除对这三种定罪各有支持意见之外,①还有人认为,此类案件所涉行为有时难以用一个罪名完整评价,可能构成应当并罚的数罪。② 这种巨大分歧的存在,足以说明此类案

① 参见赵靖:《盗窃车牌后索财的行为应当如何定性》,载《中国检察官》2012 年第 22 期;吴加明、叶小舟:《盗窃车牌后索财的行为应定敲诈勒索罪——对〈盗窃车牌后索财的行为应当如何定性〉一文的商榷》,载《中国检察官》2013 年第 4 期;陈建平、韩彦霞:《盗窃车牌勒索钱财案件该如何定性》,载《中国检察官》2010 年第 2 期;李云:《盗窃车牌索财如何定性》,载《人民检察》2008 年第 9 期;张开骏:《盗窃物品以勒索钱款的犯罪认定与处罚——从剖析非法占有目的入手》,载《政治与法律》2015 年第 3 期;陈齐、张建兵:《多次撬窃车牌讹诈车主少量钱财的行为是否构成犯罪?》,载《中国审判》2008 年第 7 期。

② 参见卢雪华:《盗牌索钱行为刑法评价问题探析》,载《中国刑事法杂志》2009 年第 6 期。

件中尚有一些基本问题需要在理论上加以澄清。

通过检索"中国裁判文书网"2009年至2019年6月的相关裁判文书，笔者共收集到82篇相关案件的裁判文书，[①]它们分别出自20个省级区域的不同法院。在这些案件中，行为事实均表现为，行为人盗取机动车牌照并留下联系方式向被害人索要赎金。为了确保案件素材的同质性，只盗窃机动车牌照而并未提及是否有索取赎金行为的判决均已被剔除。对于行为人犯有多项罪行的判决，因盗窃机动车牌照并索财的行为在判决书中已被单独评价，不影响我们对相关问题的分析，故对这部分判决书仍然予以保留。

在对全部82件案件的判决结果进行分类之后发现：被定盗窃罪的案件有12件，[②]约占14.63%；被定敲诈勒索罪的案件有53件，[③]约占

---

① 大部分为一审判决书，少量二审判决书或裁定书均维持原判。

② 案号分别是(2014)惠阳法刑二初字第127号、(2014)农刑初字11号、(2015)龙刑初字第00004号、(2016)鲁0681刑初206号、(2016)豫1024刑初131号、(2016)鲁1003刑初196号、(2017)湘0524刑初52号、(2017)豫1628刑初61号、(2017)浙0702刑初450号、(2018)湘0408刑初67号、(2018)吉0193刑初71号、(2019)湘0581刑初28号。

③ 案号分别是(2009)绍越刑初字第724号、(2012)衡桃刑初字第248号、(2012)汉刑初字第00001号、(2013)蒲刑初字第00123号、(2013)鄂汉阳刑初字第00016号、(2013)岐刑初字第00034号、(2013)北刑初字第140号、(2013)深中法刑二终字第76号、(2014)管刑初字第314号、(2014)东二法刑初字第60号、(2014)东三法刑初字第430号、(2014)深龙法刑初字第1093号、(2014)深宝法刑初字第1451号、(2014)惠湾法刑二初字第137号、(2014)州刑二终字第58号、(2014)陈刑初字第00039号、(2014)常刑二终字第61号、(2014)浦刑初字第2961号、(2014)闵刑初字第1732号、(2014)闵刑初字第1687号、(2015)土刑初字第44号、(2015)石刑初字第140号、(2015)东二法刑初字第1616号、(2015)东中法刑二终字第57号、(2015)东二法刑初字第959号、(2015)东三法刑初字第1308号、(2015)澧刑初字第81号、(2015)蒸刑初字第242号、(2015)虹刑初字第8号、(2015)二中刑终字第18号、(2016)沪0112刑初817号、(2016)沪0112刑初845号、(2016)粤0306刑初7180号、(2016)粤1971刑初989号、(2016)陕0112刑初424号、(2016)豫1727刑初字268号、(2016)冀10刑终264号、(2016)甘0822刑初42号、(2017)陕0326刑初16号、(2017)京0106刑初45号、(2017)陕0582刑初46号、(2017)津0119刑初109号、(2017)沪0112刑初1191号、(2017)晋1002刑初467号、

64.63%；被定盗窃国家机关证件罪的案件有17件，[①]约占20.73%。这表明，对于盗窃机动车牌照勒索赎金的行为，大多数法院倾向定敲诈勒索罪。

为了更清楚地观察这种差异化判决的具体样态，下面按照此类案件实际判决罪名的地区分布（见表7－1）和时间分布（见表7－2）来作一个简要的分析。虽然受所收集案例数量较少的局限，这种数据展示可能很难得出非常明确而又精细的结论，但是，我们仍然可以从中获得一些基本的判断，感受到一些不可言传的真相。

表7－1　盗窃机动车牌照勒索赎金类案件判决罪名地区分布

单位：件

地区	案件数	判决罪名		
		盗窃罪	敲诈勒索罪	盗窃国家机关证件罪
北京	2		2	
天津	2		2	
河北	7		3	4
河南	5	2	2	1
山东	3	2	1	
内蒙古	1		1	

(2017)粤1972刑初2404号、(2018)晋10刑终25号、(2018)苏0707刑初38号、(2018)晋0826刑初71号、(2018)渝0112刑初541号、(2018)湘0723刑初216号、(2018)鲁1082刑初363号、(2018)粤1972刑初2210号、(2019)粤1972刑初406号。

① 案号分别是(2010)北刑初字第230号、(2011)横刑初字第29号、(2011)横刑初字第00052号、(2011)北刑初字第46号、(2012)榆中法刑一终字第00011号、(2012)惠湾法刑二初字第22号、(2013)潼刑初字第00054号、(2013)宝渭法刑初字第00335号、(2014)衡蒸刑初字第222号、(2014)天刑初字第330号、(2014)潼刑初字第00006号、(2014)管刑初字第600号、(2015)廊刑终字第32号、(2015)公刑初字第276号、(2015)法刑初字第401号、(2015)枣刑初字第140号、(2016)辽10刑终16号。

续表

地区	案件数	判决罪名		
		盗窃罪	敲诈勒索罪	盗窃国家机关证件罪
山西	3		3	
吉林	3	2		1
辽宁	2			2
浙江	2	1	1	
江苏	1		1	
安徽	1	1		
上海	7		7	
湖北	1		1	
湖南	9	3	5	1
重庆	1		1	
广东	17	1	15	1
陕西	13		7	6
新疆	1			1
甘肃	1		1	
总计	82	12	53	17

从表7－1中可以看到，在20个省份中，仅出现盗窃罪判决的省份有1个，涉及1件案件；仅出现敲诈勒索罪判决的省份有9个，涉及19件案件；仅出现盗窃国家机关证件罪判决的省份有2个，涉及3件案件。也就是说，有8个省份出现了两种或者三种罪名的差异化判决。这大致可以说明两个规律性的问题。

第一，从整体情况来看，在大范围（全国范围）里，盗窃机动车牌照勒索赎金类案件的差异化判决还是非常明显的。由于大部分地区所获取的判决书数量较少，因而难以反映出省级区域之内差异化判决的真实情况；如果只考察案件数量较多的省份，就可以发现，在3件及3件以上案件数量的9个省份中,有7个省份都存在差异化判决现象。

第二,除了从案件数量的比例上可以看出大多数法院倾向按照敲诈勒索罪来处理盗窃机动车牌照勒索赎金类案件,在地域的分布上,也能反映出同样的倾向。这不仅是因为仅出现敲诈勒索罪判决的省份和案件数量明显高于其他两种情况,而且,在存在差异化判决的地区,以敲诈勒索罪判决的案件数量所占比例也相对较高,尤其是案件总体数量较多的省份,此现象更加明显。

表7－2　盗窃机动车牌照勒索赎金类案件判决罪名时间分布

单位:件

时间	案件数	判决罪名		
		盗窃罪	敲诈勒索罪	盗窃国家机关证件罪
2009年	1		1	
2010年	1			1
2011年	3			3
2012年	4		2	2
2013年	7		5	2
2014年	18	2	12	4
2015年	15	1	10	4
2016年	11	2	8	1
2017年	11	4	7	
2018年	9	2	7	
2019年6月	2	1	1	
总计	82	12	53	17

从表7－2中可以看到,就时间分布而言,多年来盗窃机动车牌照勒索赎金类案件的差异化判决现象是一直都存在的。虽然2009年至2011年的3年里仅有单一罪名的判决,但由于这3年所收集到的判决

书较少，并不能说明彼时没有差异化判决的存在。从 2012 年至 2018 年，随着案例数量的增加，差异化判决趋势表现得非常明显。

从表 7－2 中还可以看到，较早的 2009 年至 2013 年的 5 年里，没有出现盗窃罪的判决，而 2017 年、2018 年、2019 年，没有出现盗窃罪的判决。这是否可以说明，差异化判决的分歧，已经开始向发生在敲诈勒索罪与盗窃国家机关证件罪之间转变？目前我们只能作这样的猜测，如果要作出肯定性的判断，则需要更长时间的跨度和更多案例材料的支持。

总之，通过上述分析，能够肯定的一个基本事实是：无论是从地域的广度看，还是从时间的跨度看，盗窃机动车牌照勒索赎金类案件的差异化判决现象均大范围地存在。即使在考察样本不算太多的情况下，仍然能从所收集到的裁判文书中，发现同一市的不同区县法院对此类案件选择适用不同罪名的情况，[①]发现同一个法院的两份判决选择适用不同罪名的情况，[②]甚至发现同一法官作出的两份判决选择适用不同罪名的情况。[③] 显然，这非常有力地说明，差异化判决在同一市、同一法院乃至同一法官那里都是有可能出现的。在此，所产生的疑问是，既然差异化判决如此普遍而且长期地存在，那么，这种同类案件不同定罪的做法是一种正常的现象吗？

虽然按照上述三种罪名处理，都可以说“有法律依据”，而且对被

---

① 参见陕西省宝鸡市渭滨区人民法院刑事判决书，(2013)宝渭法刑初字第 00335 号；陕西省宝鸡市陈仓区人民法院刑事判决书，(2014)陈刑初字第 00039 号。

② 参见(1)湖南省衡阳市蒸湘区人民法院刑事判决书，(2018)湘 0408 刑初 67 号、(2014)衡蒸刑初字第 222 号；(2)河北省廊坊市中级人民法院刑事裁定书，(2016)冀 10 刑终 264 号、(2015)廊刑终字第 32 号；(3)陕西省渭南市中级人民法院刑事裁定书，(2017)陕 05 刑终 139 号、(2014)渭中刑一终字第 00015 号。

③ 参见(1)惠州市大亚湾经济技术开发区人民法院刑事判决书，(2015)惠湾法刑二初字第 137 号、(2012)惠湾法刑二初字第 22 号；(2)郑州市管城回族区人民法院刑事判决书，(2014)管刑初字第 600 号、(2014)管刑初字第 314 号。

告人来说，由于三个罪名的基础法定刑几乎完全一样，在实际量刑结果上可能并不会出现实质的不公正。但是，刑法的罪责刑相适应原则，并非仅仅意味着“罪量”与“刑量”的均衡，它还意味着“罪质”与“刑质”相互适应，也就是白建军教授所说的罪与刑的“属性均衡”。[①] 正如陈兴良教授所指出的那样，“罪刑均衡既涉及定罪，又涉及量刑，是定罪与量刑的统一”。[②] 行为的准确定性关系刑法评价的逻辑起点是否正确，所以，即使在最终量刑结果上不会有太大的差异，但罪名的选择依然是非常重要的。仅重视量刑结果的功利主义，无法圆满解释刑罚自身的正当性。更何况，虽然此三罪的基础法定刑相同，但其入罪标准是不同的。比如，盗窃罪“数额较大”的标准是 1000～3000 元，敲诈勒索罪“数额较大”的标准是 2000～5000 元，显然，同样行为选择不同罪名，量刑结果仍然可能出现较大差异。即使在法定刑基本相同的情况下，法官也仍然有义务选择最为合适的罪名，并给出定罪理由。一项研究若能为定罪问题找到具有相对确定性的理据，也是极富实践价值的工作。

二、不同定罪背后可能的原因分析

为了“进一步加强和规范人民法院裁判文书释法说理工作，提高释法说理水平和裁判文书质量”，2018 年 6 月 1 日《最高人民法院关于加强和规范裁判文书释法说理的指导意见》第 7 条要求，“法律适用存在法律规范竞合或者冲突的，裁判文书应当说明选择的理由”。应当说，这一要求是非常合理且必要的。对于刑事案件来说，当被告人的行为同时触犯了几个罪名时，其在行为评价上就会涉及一罪与数罪的问题，在规范选择上就会涉及此罪与彼罪的问题。此时，到底应当如何选择，事关处罚的合理性，当然应该说明选择的理由。有人将刑事判决书

---

① 白建军：《罪刑均衡实证研究》，法律出版社 2004 年版，第 255 页以下。

② 陈兴良：《刑法的价值构造》，中国人民大学出版社 1998 年版，第 656 页。

的说理问题完全聚焦于证据的说理,[1]这固然有一定道理;但是,这一视角很容易将判决书的说理问题置换成证据的运用问题,因而其似乎并没有揭示出"说理"的真正意义。如果进一步考虑证据的说理在刑事判决中的具体作用,那么实际上可以提出"定罪说理"与"量刑说理"两项要求。也就是说,刑事判决的说理应该将重点放在"为什么这样定罪"和"为什么如此量刑"上,并且,所谓"证据的说理"也应该是为解决定罪和量刑的法理问题服务的。

(一)盗窃机动车牌照勒索赎金类案件判决中的定罪说理

在处理盗窃机动车牌照勒索赎金类案件时,定罪说理显得尤为重要。在此类案件中,尽管从基本行为事实的表面来看它们似乎属于同类案件,但某些客观事实因素的差异仍然可能导致不同的罪名选择,所以,不同定罪也并非完全不合理。既然行为同时符合几个罪的构成要件,不同定罪当然也都存在相应的法律基础。但是,这并不意味着此种情况下的罪名选择可以自由决定,其中仍然存在一个最合理选择的问题。在具体的判决中,必须给出充足的理由,以证明选择的罪名是不是最合适的,此即所谓"定罪说理"。定罪说理的缺失,很容易导致不合理的差异化判决产生,也就是人们所说的"同案异判"现象,其实质是罪刑失衡。从本书所观察的82篇案件判决书的总体情况来看,其中罪名选择的问题主要表现出这样几个特点。

第一,几乎所有的判决书,法院最后确定的罪名都与公诉机关指控的罪名相一致,只有其中的3篇判决,法院变更了公诉机关指控的罪

---

① 参见于同志:《刑事判决的证据说理》,载《人民法院报》2017年11月22日,第6版。

名。[1] 也就是说,在定罪问题上,审判机关与公诉机关基本没有分歧。[2]这一事实,从一个侧面说明,法院的差异化判决实际上也是得到公诉机关支持的。另外,这是否也是判决书缺少定罪说理的一个原因呢?因为一般来说,在法定刑无明显差异的情况下,被告人一方不会对指控罪名提出异议,此时法院若认可公诉机关指控的罪名,定罪说理的动力和必要性当然就会变弱。

第二,大多数判决书都是根据所认定的事实,直接确认被告人的行为符合某一罪的犯罪构成,并没有对定罪问题进行更多的论证。比如,定盗窃罪的判决典型的定罪陈述是,"某某以非法占有为目的,多次秘密窃取他人财物,其行为已构成盗窃罪";定敲诈勒索罪的判决典型的定罪陈述是,"某某以非法占有为目的,多次敲诈勒索他人财物,其行为已构成敲诈勒索罪";而定盗窃国家机关证件罪的判决的定罪陈述则相对混乱,各种表述颇值得仔细研究。总之,这种简单化的定罪陈述只是一种定罪判断,实际上并不具有说理的特征。因此,在大部分判决中,都无法了解法院选择相关罪名的具体理由。也有少部分判决书对于罪名的选择给出了理由,对此,下文将会作具体讨论。

第三,从总体上看,几乎所有的裁判文书都或多或少地存在量刑说理,[3]这可能是因为,对于自首、未遂、从犯、偶犯、累犯、自愿认罪等量

---

① 在(2013)岐刑初字第00034号刑事判决书和(2014)管刑初字第314号刑事判决书当中,法院否决了检察院所指控的盗窃国家机关证件罪,而认定被告人的行为构成敲诈勒索罪;在(2015)石刑初字第140号刑事判决书中,法院否决了检察院对第一被告吴某犯盗窃罪的指控,而认定其行为构成敲诈勒索罪。

② 当然,这只是仅就个案而言。这一现象其实也从另一个侧面说明了一个问题,即从大范围来看,不仅法院对于盗窃机动车牌照勒索赎金类案件的定性存在分歧,检察机关的认识同样不一致,不同地方的检察机关对此类行为的指控罪名亦存在差异化现象。

③ 尽管有些裁判文书当中的量刑说理比较简单,但仍然属于说理,如"被告人当庭自愿认罪,酌情可以从轻处罚",属于量刑说理。

刑因素，法院无论采纳与否都必须加以回应。而在所有82篇案件的裁判文书中，真正具备定罪说理的仅有18篇。本书判断定罪说理的标准，主要是看定罪裁判部分是否就行为的犯罪性质及其构成要件进行必要的解释。如果对行为的犯罪性质进行了法理上的解释说明，就属于定罪说理；反之，如果仅仅只是在描述犯罪构成事实的基础上直接选择罪名，就只是定罪判断，而不属于定罪说理。为了便于后文的分析，根据定罪说理的充分程度，又可以分为强定罪说理和弱定罪说理。弱定罪说理一般仅仅是在描述基本犯罪构成事实的时候，表现出向某个特定犯罪构成进行解释性引导的倾向；而强定罪说理则会就行为的法律意义、触犯何种罪名、最终应当如何定罪等问题，进行比较明确的解释论证。在筛选出的18篇具备定罪说理的案件判决中，强定罪说理的判决有11篇，①弱定罪说理的判决有7篇。② 当然，这种区分只是相对而言。

第四，在82件案件中，有25件案件一审适用了简易程序，有1件案件适用了速裁程序。对于这部分判决，定罪说理的欠缺似可理解。因为根据《刑事诉讼法》第214条的规定，适用简易程序的案件，一般是"案件事实清楚，证据充分的"，"被告人承认自己所犯罪行，对指控的犯罪事实没有异议"，"被告人对适用简易程序没有异议的"的案件。根据《刑事诉讼法》第222条的规定，适用速裁程序的案件，须满足"基层人民法院管辖的可能判处三年有期徒刑以下刑罚的案件，案件

---

① 强定罪说理判决的案号分别是(2012)惠湾法刑二初字第22号、(2011)横刑初字第29号、(2013)宝渭法刑初字第00335号、(2015)廊刑终字第32号、(2013)岐刑初字第00034号、(2015)虹刑初字第8号、(2014)深宝法刑初字第1451号、(2014)管刑初字第314号、(2014)深龙法刑初字第1093号、(2015)石刑初字第140号、(2019)湘0581刑初28号。

② 弱定罪说理判决的案号分别是(2014)潼刑初字第00006号、(2011)横刑初字第00052号、(2011)北刑初字第46号、(2015)枣刑初字第140号、(2014)惠湾法刑二初字第137号、(2014)陈刑初字第00039号、(2012)汉刑初字第00001号。

事实清楚，证据确实、充分，被告人认罪认罚并同意适用速裁程序的”条件。这通常也意味着，被告人对于公诉机关指控的罪名没有异议，无形中减轻了法官进行定罪说理的责任，从而成为相关裁判文书欠缺定罪说理的一个潜在原因。也正因如此，《最高人民法院关于加强和规范裁判文书释法说理的指导意见》第 9 条中规定，“适用刑事速裁程序、简易程序审理的案件”属于“可以简化释法说理”的情形之一。

尽管定罪说理的欠缺有某些“可以理解”的原因，但是，在刑事案件裁判文书中，定罪说理是使案件定性和罪名选择正当化的基本手段。因此，即便是“案件事实清楚，证据确实、充分”的案件，也应进行必要的定罪说理。尤其是当面对类似于盗窃机动车牌照勒索赎金的案件，行为可能同时符合几个犯罪的构成要件，此时，必须对行为进行准确评价，以做到“在符合一罪的条件时，不并罚，即禁止重复评价；在符合数罪的条件时，不作为一罪处理，以周延地保护法益，准确定罪量刑”。[①] 定罪说理不仅可使个案定罪正当化，而且可以为相似案件的差异化判决提供合理的说明。下面，笔者就来具体考察一下，盗窃机动车牌照勒索赎金类案件之差异化判决的各自理由到底是什么。

（二）盗窃机动车牌照勒索赎金类案件定罪理由的分类考察

这里先仅作客观的观察与分析，评价性的讨论及个人见解，将在后文进行。

1. 盗窃罪判决的定罪理由分析

总计 12 篇盗窃罪的判决均没有真正意义上的定罪说理，它们都是在描述基本犯罪构成事实的基础上，直接作出了“行为已构成盗窃罪”

---

① 周光权：《刑法总论》，中国人民大学出版社 2007 年版，第 343 页。

的判断。其中,有 2 件案件以“数额较大”作为定罪标准,[①]有 10 件案件以“多次盗窃”作为定罪标准。

值得注意的是,以“数额较大”作为定罪标准的 2 件案件同时属于“多次盗窃”的情形,但法院没有直截了当地采用“多次盗窃”的定罪标准,而是专门对被盗机动车牌照的价值进行了鉴定。法院之所以这么做,合理的解释是,既然已经认定被告人的行为构成盗窃罪,而其盗窃的对象又是机动车牌照,那么自然应当强调机动车牌照的财产属性,对其价值进行鉴定。当然,这 2 件案件共同的特点是,被告人盗窃的机动车牌照均数量较大,按每个机动车牌照鉴定价值 100 元计,均毫无悬念地达到了“数额较大”的标准。

再反过来看以“多次盗窃”作为定罪标准的 10 件案件,不出所料,被告人盗窃机动车牌照的数量果然大大少于前面 2 件案件的。此时,如果仍按照每个机动车牌照鉴定价值 100 元计,其中将会有 6 件案件无法达到盗窃罪“数额较大”的最低标准(1000 元);另外 4 件案件[②]虽然可以勉强达到盗窃罪“数额较大”的标准,但其犯罪数额仍然大大低于前述 2 件以“数额较大”作为定罪标准的案件。所以,在这 10 件案件中,判决书均未显示对机动车牌照价值的评估确认,而直接以“多次盗窃”入罪。

以上事实或许可以说明这样一个问题:在盗窃类案件中,如果多次盗窃行为的犯罪数额可以明显达到“数额较大”的定罪标准,法院可能会优先选择此标准;但是,当多次盗窃行为的犯罪数额不能达到“数额较大”的定罪标准时,法院才会转而采用“多次盗窃”的定罪标准。应该说,不管法院如何选择,在法律上都是没有任何问题的,因为“数额

---

① 以“数额较大”作为定罪标准的两个案件分别是(2014)农刑初字 11 号、(2016)鲁 0681 刑初 206 号。

② 案号分别是(2016)豫 1024 刑初 131 号、(2017)豫 1628 刑初 61 号。

较大”和“多次盗窃”都是盗窃罪独立的成罪标准。因此,在刑法理论界,也支持这样的做法,比如张明楷教授就认为,“多次盗窃车牌的数额可以累加,累加仍不够的也可以认定为多次盗窃”。①

但事实上,这里面却暗藏着导致刑罚不均衡的危险。因为盗窃机动车牌照 3 次,即使每次只盗窃 1 块机动车牌照,也可以被认定为“多次盗窃”;而如果按照价值计算,盗窃机动车牌照 10 块以上,其价值累加才可能达到“数额较大”。这岂不是意味着,按照两种不同的认定标准,将会导致盗窃少数几块机动车牌照(多次盗窃)的行为与盗窃几十块机动车牌照(数额较大)的行为,可能被评价为犯罪情节相当的行为而适用同一档法定刑?当然,这只是一个合理的担忧,我们无法通过判决的比较来实际验证。尽管盗窃机动车牌照的数量和作案次数可以反映犯罪的严重程度,但由于每个案件中都存在不同的从重或者从轻处罚的情节,因此,量刑失衡的问题无法通过简单比较进行观察。不过,我们还是能够看到:在(2016)鲁 0681 刑初 206 号案件中,被告人盗窃机动车牌照达 38 块,按照“数额较大”认定,获有期徒刑 8 个月;而在其他几个量刑结果相当、以“多次盗窃”认定的案件中,被告人盗窃机动车牌照的数量却均在 5 ~ 10 块。这一现象在一定程度上似乎能够说明量刑不均衡问题,但慎重起见,在此暂不妄下结论,仅提出疑问。

2. 敲诈勒索罪判决的定罪理由分析

在 53 篇敲诈勒索罪的判决中,绝大部分(44 篇)判决都没有真正的定罪说理,而是根据行为人“以非法占有为目的,多次敲诈勒索他人财物”的简单事实陈述,认定行为构成敲诈勒索罪。此外,在 3 篇弱定罪说理判决中,定罪表述虽然与无定罪说理的判决仅有细微差异,但能看出其表述上的微妙之处。我们不妨将其列举出来。

① 张明楷编著:《刑法的私塾(之二)》(下),北京大学出版社 2017 年版,第 758 页。

(2014)惠湾法刑二初字第137号:被告人郭某以非法占有为目的,多次盗窃、藏匿他人车牌,并以此要挟车牌所有者,利用他人怕麻烦的心理索取钱财,其行为已构成敲诈勒索罪。

(2014)陈刑初字第00039号:被告人王某以非法占有为目的,采取盗窃他人车牌和行驶证、车钥匙,造成他人工作、生活不便相要挟的手段,多次敲诈勒索他人钱财,其行为已触犯《中华人民共和国刑法》第二百七十四条之规定,构成敲诈勒索罪。

(2012)汉刑初字第00001号:被告人李某某、毛某某为了获取不正当利益,多次窃取、藏匿他人机动车牌照后敲诈他人钱财3950元,数额较大,其行为触犯了《中华人民共和国刑法》第二百七十四条之规定,构成敲诈勒索罪。

尽管上述定罪论证仍然相对简单,却可以从中看出法官试图“拉近”事实与规范的努力,以便顺畅地完成法律适用。比如,“利用他人怕麻烦的心理”“造成他人工作、生活不便”“窃取、藏匿他人机动车牌照后敲诈他人钱财”等表述,都是为了强化行为所具有的敲诈勒索特征,相应地也就弱化了“本院认为”的武断性。相较而言,下面6篇强定罪说理判决对定罪理由的论述,更具有示范意义。

(2013)岐刑初字第00034号:被告人王某某以非法占有为目的,采用携带作案工具盗拆他人机动车牌的手段,多次勒索他人财物,其行为已构成敲诈勒索罪。因被告人王某某的主观故意并非占有车牌,而是以盗窃的手段勒索他人财物,故岐山县人民检察院指控被告人王某某犯罪事实成立,但指控罪名不当予以更正。

(2015)虹刑初字第8号:关于被告人王某的行为构成何罪的问题,本院认为,被告人王某为非法占有他人财物,采取盗窃汽车牌照后,以支付相应钱财后归还牌照为要挟的手法,强行索取被害人的财物,其行为分别符合盗窃罪和敲诈勒索罪的犯罪构成,其中盗窃是手段行为,敲诈勒索是目的行为,属牵连犯,应择一重罪论处。现因被告人王某所处(触犯)的两罪名的法定刑幅度均相同,且考虑到本案中敲诈勒索是与被告人王某的犯罪目的直接联系的主行为,盗窃是为了实施敲诈勒索的目的创造条件的从行为,被告人王某所有行为的直接指向是索取被害人的钱财,故本案中认定敲诈勒索罪更能反映本案的本质特征……本院认为,被告人王某以非法占有为目的,敲诈勒索他人财物,数额较大,其行为已构成敲诈勒索罪。上海市虹口区人民检察院指控被告人王某窃取他人车牌后利用该车牌敲诈他人钱财的事实清楚、证据确实充分,但指控的罪名不当,本院予以纠正。

(2014)深宝法刑初字第1451号:被告人贺某无视国家法律,多次盗窃国家机关证件,构成盗窃国家机关证件罪;被告人贺某无视国家法律,以非法占有为目的,敲诈勒索他人财物,数额巨大,其行为已构成敲诈勒索罪。公诉机关指控的罪名成立。鉴于盗窃国家机关证件行为与敲诈勒索行为之间存在牵连关系,根据牵连犯从一重罪的处断原则,应当以敲诈勒索罪追究其刑事责任。

(2014)管刑初字第314号:被告人樊某某以非法占有为目的,多次采用盗窃他人车牌手段敲诈对方财物,其行为已经构成敲诈勒索罪。关于公诉机关指控被告人樊某某的行为构成盗窃国家机关证件罪的意见,经查,被告人樊某某主观上以非法占有财物为目的短时间内累计盗窃九次车牌，并以此为要挟，向被害人索要钱财，其行为符合敲诈勒索罪的构成要件，应以敲诈勒索罪追究刑事责任。

（2014）深龙法刑初字第1093号：被告人罗某某无视国家法律，以非法占有为目的，采取威胁、恐吓等手段，勒索公私财物，数额巨大，其行为已构成敲诈勒索罪。公诉机关指控的罪名成立。被告人罗某某辩称不属于敲诈，而是一个恶作剧，因被告人留下勒索信，明确指定勒索金额，在被害人与其联系时亦明确要钱，并在信件中及电话通话时明确表示如被害人不配合，对被害人或家人不利，其主观上以非法占有为目的，客观上采取威胁、恐吓等手段，被告人上述行为已构成敲诈勒索，（对）被告人（的）辩称（，）本院不予采纳。

（2015）石刑初字第140号：被告人吴某、李某某以非法占有为目的，采用盗窃机动车牌照，尔后要求被害人付款赎回牌照的方式，先后向21名被害人勒索钱款，数额较大，二被告人的行为侵犯了他人的财产所有权，符合敲诈勒索罪的犯罪构成要件，均已构成敲诈勒索罪，依法应予惩处……北京市石景山区人民检察院指控被告人李某某犯敲诈勒索罪的事实清楚，证据确实、充分，指控的罪名成立；因目前机动车牌照尚未被赋予财产属性，且被告人吴某为达到令被害人付款赎回牌照的目的而实施盗窃机动车牌照的行为，该行为是服务于其目的行为的，应属手段行为，所以不应以盗窃罪对其行为性质进行评价，故公诉机关指控被告人犯盗窃罪不妥，本院予以更正。

在上述6篇强定罪说理的判决中，有的是通过对行为主客观表现的描述和评价来界定其性质的,有的是通过对检察机关所指控罪名的否定性论证来界定其性质的,还有的则是通过对被告人辩解的回应澄清行为的法律本质的。总之,这些判决中的定罪说理都起到了厘清盗窃行为与勒索行为的关系、界定行为总体的法律性质、选择最终应当适用的法律规范的作用,使定罪逻辑得到清晰呈现,值得肯定。

3. 盗窃国家机关证件罪判决的定罪理由分析

在 17 件盗窃国家机关证件罪案件的判决中,有 9 件案件的判决没有定罪说理,只有定罪判断。这种定罪判断有两种表述方式:一种是"某某盗窃他人车辆牌照,其行为已构成盗窃国家机关证件罪",另一种是"某某盗窃国家机关证件,其行为已构成盗窃国家机关证件罪"。正是从这种略有差异的表述中,我们可以发现如下问题:其一,在前一种表述下,车辆牌照被理解为个人所有的财物,那么行为侵害的客体(法益)到底是什么?"他人车辆牌照"究竟是如何转换到"国家机关证件"的呢?其二,在后一种表述下,"他人车辆牌照"直接被视为"国家机关证件",似乎这是不言而喻的事。但是,这真的是无须解释的吗?

实际上,机动车牌照是否属于国家机关证件,并非没有争议。例如,有人认为,"车牌本身不符合国家机关证件的内涵","车牌的法律属性是机动车使用、上路行驶的权利凭证之一","是典型的记名权利凭证,其依附于车辆所登记的车主身份"。① 又如,也有人从相关司法解释出台的背景、适用的范围进行讨论,认为盗窃机动车牌照不能按照《刑法》第 280 条第 1 款定罪处罚,即不能将机动车牌照解释为国家机关证件。② 显然,在缺少明确法律规定的情况下,要将机动车车辆牌照

① 吴加明、叶小舟:《盗窃车牌后索财的行为应定敲诈勒索罪——对〈盗窃车牌后索财的行为应当如何定性〉一文的商榷》,载《中国检察官》2013 年第 4 期。

② 参见赵靖:《盗窃车牌后索财的行为应当如何定性》,载《中国检察官》2012 年第 22 期。

在性质上认定为国家机关证件,不进行学理和法律根据上的解释,是有问题的。

在8篇具备定罪说理的判决中,其中4篇弱定罪说理的判决仅仅是在作定罪判断时,在“他人车辆牌照”与“国家机关证件”之间有一个简单的过渡性陈述。比如,在(2014)潼刑初字第00006号判决中,法院认为“被告人王某某采取盗窃车牌索要钱财的方法获取非法收入,其行为符合盗窃国家机关证件罪的构成要件,应当以盗窃国家机关证件罪定罪处罚”。显然,这实际上与前述无定罪说理的判决没有实质性的不同。不过,还有4篇强定罪说理的判决,对机动车牌照的性质、盗窃机动车牌照索财行为侵犯的客体进行了解释说明,具体定罪说理分别如下。

(2012)惠湾法刑二初字第22号:车牌是国家机关制作、核发的证明车辆身份的凭证,属国家机关证件,盗窃车牌的行为侵害了国家机关对车辆的正常管理秩序。被告人廖某某、张某某、晏某某无视国法,盗窃机动车车牌,其行为构成了盗窃国家机关证件罪,依法应予惩处。

(2011)横刑初字第29号:被告人郝某某为非法勒索钱财,盗窃机动车辆牌号。其虽以盗窃方式实施,但其盗窃的是车辆的牌号,车牌属我国国家机关证件的一种,是经国家机关批准颁发的特殊物品。被告人的行为侵害了国家机关的正常管理秩序,触犯了我国刑法的规定,构成盗窃国家机关证件罪。被告人刘某某知道郝某某为勒索钱财实施盗窃车辆牌号的行为,而为其办理银行卡,并多次帮其去银行取回赎取被盗车牌的赃款,具有共同的犯罪故意,属共同犯罪,刘某某的行为亦构成盗窃国家机关证件罪。

(2013)宝渭法刑初字第00335号:被告人石某某、魏某某、袁某以非法占有为目的,采取秘密手段窃取他人财物,其行为均构成盗窃罪。车牌系国家机关所制发,具有国家权威性,主要用于证明车辆权属,符合国家机关证件的本质特征。被告人石某某、魏某某为了敲诈车辆使用者的钱财而实施盗窃车牌的行为侵害了国家机关的正常管理秩序,其行为均构成盗窃国家机关证件罪,公诉机关指控罪名成立。

(2015)廊刑终字第32号:上诉人张某某为获取非法利益,盗窃他人机动车牌照,强行向机动车牌照持有人索取钱款,其行为同时触犯了盗窃国家机关证件罪和敲诈勒索罪两个罪名,依法应择一重罪处罚。其敲诈勒索他人财物二万余元,数额较大,依法应在三年以下有期徒刑、拘役或管制量刑幅度内量刑;其多次盗窃大量机动车牌照,属情节严重,依法应在三年以上十年以下有期徒刑幅度内量刑,故应以盗窃国家机关证件罪对其定罪处罚。

可以看到,前三个判决都对机动车牌照属于国家机关证件进行了解释,这虽然为定罪扫清了障碍,但是,将机动车牌照解释为国家机关证件的依据仍然不够明确。对此,人们依然可以质疑:由国家机关颁发的就一定可以被认定为国家机关证件吗?用于证明车辆身份或权属的凭证就一定可以被认定为国家机关证件吗?当然,对于这些强定罪说理,无论我们是否同意其具体的论证理由和结论,这种突出定罪说理的意识和做法都是非常值得肯定的。不仅如此,上述第四个判决在讨论罪数问题之时,还对"从一重罪"的"重罪"判断作了解释,这不失为定罪说理的好范例。

三、不同定罪理由的理论评价

由于犯罪现象的复杂性,刑法难以从立法技术上对犯罪的类型作出精确划分,规范的交叉重合现象在所难免。退一步来讲,即使立法者从技术上作了精确区分,但由于犯罪行为的具体表现常常变化万端,犯罪人也绝不可能完全按照立法者设想的行为模式而行为。所以,在刑事司法实践中,界定行为的性质、区分一罪与数罪,始终都是需要法官具体地加以解决的重要问题。所谓“具体地加以解决”,就是要在个案中,通过详尽而透彻的定罪说理,去实现案件的精准定性。在此,定罪说理不仅是一种论证手段,也是定罪判断合法性、合理性的一种公开展示。对内,它使判决正当化;对外,它塑造着判决的权威性和公信力。

强调定罪说理,在实践中的另一个重要意义是:它重视的是案件的具体妥当性,而不是“同案同判”。“同案同判”仅能在形式意义上和比较的意义上说明案件处理结果的正当性,却无法说明案件处理结果在实质意义上的合理性。基于这种认识,本书不认为像盗窃机动车牌照勒索赎金这类可能触犯数罪的案件必须获得一致性的处理。也就是说,以不同罪名定罪并非不可。但是,在“从一重罪处断”时,法官仍然有义务选择最合适的罪名,并给出定罪理由。对于相似的一类案件来说,以不同罪名判决,其是否具有合理性,需要进行深入比较分析,才能作出判断。也就是说,刑事案件的具体妥当性需要在判决理由中寻找,要看定罪理由,要看案件具体事实与所选择的罪刑规范是如何被联系起来的。

盗窃机动车牌照勒索赎金类案件不同罪名的判决究竟是否具有合理性呢?根据裁判文书材料所反映的问题,可以从这样几个方面进行讨论。

(一)盗窃机动车牌照,究竟盗窃了什么

在盗窃机动车牌照勒索赎金类案件中,作为行为对象的机动车牌照究竟是“他人财物”,还是“国家机关证件”?对机动车牌照物品属性的理解不同,直接决定着将手段行为认定为盗窃罪还是盗窃国家机关

证件罪。

从相关判决看,不同法官对此明显存在不同认识。在 12 篇盗窃罪的判决中,均没有对机动车牌照的财产性质作出说明,而是直接根据行为人"盗窃他人财物"或者"盗窃他人车牌"的事实认定其行为构成盗窃罪。这些判决似乎认为,机动车牌照属于私人财物是不言而喻的。但是,在定敲诈勒索罪的(2015)石刑初字第 140 号判决中,法院认为"机动车牌照尚未被赋予财产属性",其背后的意思实际上是否认了机动车牌照可以作为普通盗窃罪刑法规范的保护对象。与此不同,在定盗窃国家机关证件罪的(2012)惠湾法刑二初字第 22 号、(2011)横刑初字第 29 号、(2013)宝渭法刑初字第 00335 号判决中,法院则明确认定机动车牌照属于国家机关证件。

法院判决对机动车牌照属性的不同认识,在一些法官、检察官所撰写的学术文章中也得到反映。有主张对盗窃机动车牌照勒索赎金行为按照盗窃罪处理的论者,虽然没有论及私人机动车牌照的财产属性,但其根据相关司法解释,明确否认了机动车牌照具有国家机关证件的性质,认为在此类案件中,"盗窃隐匿车牌行为触犯了盗窃罪,以车牌勒索钱财行为触犯了敲诈勒索罪",属于典型的牵连犯。[①] 既然"盗窃隐匿车牌行为触犯了盗窃罪",理所当然应该认为机动车牌照具有财产属性。但是,也有相反的观点认为,"汽车牌照由国家机关制发,主要用于证明车辆权属等事项,因此具备国家机关证件的特征"。其判断的依据是,1998 年 5 月 8 日由最高人民法院、最高人民检察院、公安部、原国家工商行政管理总局颁行的《关于依法查处盗窃、抢劫机动车案件的规定》第 7 条规定,即伪造、变造、买卖机动车牌证及机动车入户、过户、验证的有关证明文件的,依照《刑法》第 280 条第 1 款的规定处

---

① 参见赵靖:《盗窃车牌后索财的行为应当如何定性》,载《中国检察官》2012 年第 22 期。

罚。显然,从该规定看,机动车牌照可以成为伪造、变造、买卖国家机关证件罪的犯罪对象。此外,从《刑法》第280条第1款的表述来看,伪造、变造、买卖国家机关证件罪的"国家机关证件"与盗窃、抢夺、毁灭国家机关证件罪的"国家机关证件"含义应当是相同的。因此,该论者便直接认为,在没有新的法律或者司法解释出台以前,盗窃机动车牌照的行为可以被认定为盗窃国家机关证件罪。① 与上述两种观点均不同,还有论者认为,机动车牌照既不具有一般的财产属性,也不属于国家机关证件。② 在该论者看来,盗窃机动车牌照勒索赎金类案件中行为评价的重点应该在后面的索财行为,而非前面的盗窃行为。

由上可见,机动车牌照这种特殊物品究竟能否作为"财产",是否属于"国家机关证件",似乎是一个纠缠不清的问题。笔者认为,即使我们不赞成将盗窃机动车牌照勒索赎金的行为按照盗窃罪处理,也很难否定机动车牌照的财产属性。因为机动车牌照一旦颁发给个人,即便其价值附属于车辆,也毫无疑问地成了个人享有所有权的物品。机动车牌照虽然不具有流通性和支配性,但其仍然具有一定的价值,在相关案件中,司法机关以补办机动车牌照需要支付的成本作为机动车牌照的鉴定价值,似乎也并无不妥。因此,试图通过否定机动车牌照的财产属性而表达不支持盗窃罪判决的立场,立论基础显然不够牢固。

尽管机动车牌照的财产属性很难否认,但是,对盗窃机动车牌照勒索赎金的行为按照盗窃罪处理仍然会存在以下难以回答的问题:(1)在此类案件中,行为人并不只是实施了盗窃机动车牌照的行为,还实施了向被害人索要财物的行为。如果只是按照盗窃罪定罪处罚,就

① 参见陈建平、韩彦霞:《盗窃车牌勒索钱财案件该如何定性》,载《中国检察官》2010年第2期;陈齐、张建兵:《多次撬窃车牌讹诈车主少量钱财的行为是否构成犯罪?》,载《中国审判》2008年第7期。

② 参见吴加明、叶小舟:《盗窃车牌后索财的行为应定敲诈勒索罪——对〈盗窃车牌后索财的行为应当如何定性〉一文的商榷》,载《中国检察官》2013年第4期。

意味着，向被害人勒索赎金行为的违法性未得到评价。在本书所观察的82件案件中，12篇盗窃罪判决中的11篇均未考虑行为人的要挟索财行为，而直接以前面的盗窃机动车牌照行为定案，是否妥当，值得讨论。(2)盗窃罪判决的定罪陈述是“以非法占有为目的，盗窃他人财物(车牌)，其行为已构成盗窃罪”，但是，在盗窃罪中，行为人意图非法占有的就是作为盗窃对象的财物本身，而不可能是盗窃行为指向此物，意图占有的却是彼物。在盗窃机动车牌照勒索赎金类案件中，行为人意图占有的并非机动车牌照本身，而是被害人的其他财物(通常是金钱)。因此，在盗窃罪定罪陈述中，“非法占有目的”的内容与“盗窃行为”的对象实际上已经被割裂，体现“非法占有目的”的财物已经不是“盗窃行为”的目的对象，所以，相关定罪评价违反了主客观相一致的原则。(3)即便如某些论者所认为的那样，在盗窃机动车牌照勒索赎金类案件中，行为人同时触犯了盗窃罪和敲诈勒索罪两个罪名，最后定盗窃罪仅仅是“从一重罪处断”的结果，[①]比如，湖南省武冈市人民法院(2019)湘0581刑初28号判决书的定罪说理便采纳了该见解。但是，我们仍然可以质疑：为什么所谓“重罪”不是敲诈勒索罪而是盗窃罪呢？此问题，后文再作详细讨论。

如果对盗窃机动车牌照勒索赎金的行为按照盗窃国家机关证件罪进行处理，除了存在与定盗窃罪相同的问题，还会存在以下反对理由：(1)盗窃国家机关证件罪的判决，显然认为行为人的行为“侵害了国家机关的正常管理秩序”。但是，一种针对私人物品的盗窃行为，如何就侵害了国家机关的管理秩序呢？即便可以认为机动车牌照属于国家机关证件，但当它一旦颁发给个人使用，国家的管理秩序便已经形成，且无法遭到破坏。如果说买卖假机动车牌照可以侵害国家机关的正常管

---

① 参见赵靖：《盗窃车牌后索财的行为应当如何定性》，载《中国检察官》2012年第22期。

理秩序，那么盗窃真机动车牌照是不可能侵害国家机关正常管理秩序的，因为特定机动车牌照归属于特定机动车牌照和特定使用人，这个事实状态并不会因为机动车牌照被盗窃而有任何改变，机动车牌照原持有人仍可以依规补办牌照，就很有力地说明了这一点。（2）即便认为机动车牌照属于国家机关证件，盗窃机动车牌照的行为也不符合《刑法》第280条第1款的构成要件。从第280条的法益保护目的看，可以认为它旨在维护国家机关的正常管理秩序。正因如此，关于盗窃国家机关证件罪的犯罪对象，合理的理解应该是"国家机关持有/专有的证件"，只有这样，盗窃、抢夺、毁灭国家机关公文、证件、印章的行为，才可能侵犯国家机关对这些物品的管理、使用秩序。归个人使用的证件，即使是由国家机关颁发的，显然也不属于该条规定的"国家机关证件"。最典型的如居民身份证件，伪造、变造、买卖身份证件（第280条第3款），或者使用虚假身份证件、盗用身份证件（第280条之一），将构成破坏国家机关正常管理秩序的犯罪，但是，单纯盗窃身份证件的行为，并没有被《刑法》规定为犯罪。因此，无论机动车牌照是否具有国家机关证件的性质，至少可以肯定，它不属于《刑法》第280条第1款所意图保护的"国家机关证件"。合理的理解是，应该将国家机关颁发的证件和国家机关持有、专有的证件区别开来，因为它们代表着不同的法益，应该由不同的规范加以保护。

基于上述原因，笔者认为，即便是单纯盗窃机动车牌照而没有勒索赎金的行为，也只能构成普通的盗窃罪，而不应当构成盗窃国家机关证件罪。所以，没有必要讨论盗窃罪与盗窃国家机关证件罪的想象竞合问题，它们并不存在所谓的竞合关系。

（二）盗窃机动车牌照后索财，敲诈勒索了吗

对于盗窃机动车牌照勒索赎金类案件，既然本书不认为其应当构成盗窃国家机关证件罪，而按照盗窃罪处理又存在如前文所述的问题，

那么是否别无选择地只能按照敲诈勒索罪来处理呢？

按照人们对敲诈勒索罪的一般认识，行为人不仅需要有威胁或者要挟的行为，而且这种威胁或要挟还必须达到一定的程度，才能成立敲诈勒索罪。威胁或要挟的实质就是以恶害相通告，这种恶害通告应足以使被害人产生精神恐惧，从而使其被迫交付财产。比如，周光权教授就认为，如果告知的恶害不可能使对方产生畏惧感，而只能致其陷入困惑，就不成立敲诈勒索罪的恐吓行为。[①] 或许正是基于这种看法的普遍存在，不少人认为，鉴于盗窃机动车牌照勒索赎金类案件中索要财物的胁迫行为强度都不大，否定其构成敲诈勒索罪的可能性。比如，张明楷教授就认为，在盗窃机动车牌照勒索赎金类案件中，行为人勒索财物的行为仅仅是给被告人制造了麻烦，尚难达到使被害人受到精神强制的程度。在张明楷教授看来："这种单纯给他人找麻烦的行为还不能评价为敲诈勒索。因为被害人已经丢失了车牌，不满足被告人的要求时，也只是丢失了车牌，所以，既不能认定被告人的行为构成胁迫，也不能认定被害人产生了恐惧心理。被告人往往也是要求被害人交付办理车牌费用相当的财物，被害人要是觉得划不来也可以自己去补办车牌，所以不能认为行为人实施了敲诈勒索所要求的胁迫或者恐吓行为。也就是说，在被害人已经丢失车牌的情况下，被告人要求被害人交付赎金的行为，并非以恶害相通告。"[②]

如果只是抽象地讨论问题，那么敲诈勒索罪索财的胁迫行为必须达到一定强度的见解当然是合理的解释；但是，当涉及具体案件中胁迫行为的认定时，其强度的判断就只能在相对的意义上来理解。笔者并不主张用"使被害人足以产生畏惧感"这样的主观标准来判断胁迫行

---

① 参见周光权：《刑法各论》（第2版），中国人民大学出版社2011年版，第111页。

② 张明楷编著：《刑法的私塾（之二）》（下），北京大学出版社2017年版，第756页。

为的程度,因为“畏惧感”这种主观感受是很难衡量的,什么样的胁迫行为足以让人产生畏惧感,完全是一个无法说清的问题。比如,行为人以发送人身威胁短信的方式,向多人索取几万元至几十万元不等的金钱,但是所有被害人都选择了报案,没有向其汇款。在这种情况下,被害人究竟有没有产生畏惧感呢?从被害人全部选择不交付财物这一点来看,完全可以认为被害人并没有产生畏惧感;但是,从行为人敲诈的金额和次数来看,其行为显然应该构成敲诈勒索罪。

本书认为,敲诈勒索罪的胁迫行为得以成立,只要具备以下两点即可:其一,有威胁行为存在;其二,有要挟被害人非自愿交出财物的意图。在此基础之上,如果同时满足“数额较大”或者“多次敲诈勒索”的条件,就应该成立敲诈勒索罪。而笔者所谓“在相对的意义上来理解”胁迫行为的程度,它的意思是指,应该根据案件的具体情况来判断胁迫行为的强度是否对被害人构成了精神强制(包括基于利害算计而产生的非自愿),而不是脱离案件空泛地讨论。比如,在盗窃机动车牌照勒索赎金类案件中,尽管行为人索要的财物数额不大,让被害人拿不回机动车牌照的要挟也谈不上严重,但是,机动车牌照的损失再加上补办机动车牌照的烦琐手续所带来的麻烦和时间成本,可能会让很多被害人宁愿支付赎金满足行为人的勒索要求,这当然是被迫的。应当说,胁迫者通告的恶害尽管未必使人产生畏惧感,却已经达到了使被害人受到精神强制的程度。

基于上述理由,笔者不赞成张明楷教授的如下看法:“被告人盗走了车牌之后,被害人不满足被告人的要求时,也不会产生更为不利的后果,仍然只是丢失车牌。所以,我认为这种行为难以成立敲诈勒索罪。”①其实,“更为不利的后果”并非没有,如果补办机动车牌照的费用

① 张明楷编著:《刑法的私塾(之二)》(下),北京大学出版社2017年版,第757页。

可以被视为丢失机动车牌照的损失,那么补办机动车牌照所耗费的时间成本、人力成本等便是“更为不利的后果”。所以,即使仅仅以损失机动车牌照相威胁,也可以构成胁迫;被告人要求被害人交付赎金的行为固然并非以恶害相通告,但是,不交付赎金将会损失机动车牌照的威胁一定是以恶害相通告。从《刑法》第274条的简单罪状表述看,丝毫得不出敲诈勒索罪需要有胁迫程度的要求,只要出于不法获取他人财物的目的而实施威胁行为,就可以落入“敲诈勒索”的范围内。所谓胁迫行为要达到使被害人产生畏惧感的程度,完全是学理解释的结果,但这个解释并非牢不可破,也没有司法解释的支持。张明楷教授认为,“日本刑法、旧中国刑法中的恐吓罪就是我们现在的敲诈勒索罪”,因而,应该“要求以恶害相通告的行为使被害人产生恐惧心理”。[①] 对此笔者认为,刑法规范的客观含义本身就取决于表达规范的语言,没有理由认为刑法规范采用“敲诈勒索”这一表述之后,它却仍然还拥有“恐吓”这一旧规范语言所具有的含义。法律文字之改变所带来的客观含义变化,应被视为立法者有意改变法律。因此,以我国现行刑法的敲诈勒索罪来比附日本刑法、旧中国刑法中的恐吓罪,并非一种正常的法律解释方法,不是一种客观解释,甚至连主观解释也算不上。

从司法实践的实际情况看,法院在处理敲诈勒索案件的时候,似乎也并未特别强调胁迫行为的强度。比如,在这样一个案件中,被告人徐某以言语相威胁,先后向数名被害人强行索要香烟共16条,总计价值4000元,从而被法院认定构成敲诈勒索罪,判处罚金8000元。[②] 显然,这里的“以言语相威胁”是否达到了令被害人产生畏惧感的程度是不明确的,并且,该问题似乎也并未成为法院特别考虑的问题。而在本书所研究的82件盗窃机动车牌照勒索赎金类案件中,经过对比分析可以

---

① 张明楷编著:《刑法的私塾(之二)》(下),北京大学出版社2017年版,第756页。

② 参见安徽省东至县人民法院刑事判决书,(2015)东刑初字第00072号。

看到,行为人索财的胁迫行为的强度,这53件敲诈勒索罪案件与其余29件案件,并没有显著差别。他们索财的方法基本上都是在盗走机动车牌照的同时,留下“要找回车牌,转××元给某某”的字条,索要金额也都在几十元至一二百元。显然,这些方法实际上都无法达到能够使被害人产生畏惧感的程度。据此,虽然无法得出法院不支持“以恶害相通告的行为应使被害人产生恐惧心理”的观点,但是,这种观点在实践中或许真的不好把握,因为它可能会使很多有处罚必要性的敲诈勒索行为最终无法被定罪。

在以上论述的基础上,再回到盗窃机动车牌照勒索赎金类案件的定性,笔者认为,在此类案件中,必须将盗窃机动车牌照的行为与敲诈勒索行为结合起来考虑,而不能相互割裂。如果只是单纯的盗窃机动车牌照的行为,理所当然应该按照盗窃罪处理;而在盗窃机动车牌照并向被害人索要赎金的情形中,行为人已经实施了一个错误行为,又在此基础上实施了另一个更错误的行为,此时,只评价第一个错误行为显然是没有道理的,它将会导致一个单纯的盗窃机动车牌照行为与一个盗窃机动车牌照并索财的行为在法律评价上被同样对待。尤其是,像“车牌没有障碍就可以补办”“被害人要是觉得划不来也可以自己去补办车牌”这类理由,并不能作为判断胁迫行为是否达到敲诈勒索程度的根据。而且,这种论证理由还存在一个更大的问题:它是通过将恢复法秩序的负担转移给无辜被害人的方式,替被告人免责——至少客观上消除了敲诈勒索行为的责任。这在法理与道义上都难言妥当。

不能割裂两个行为的另一个理由是,在盗窃机动车牌照勒索赎金类案件中,行为人的敲诈勒索行为是借助自己的另一个违法行为而实施的,这与一个单纯的敲诈勒索行为显然有很大的不同。当一个违法行为加力于另一个违法行为时,即便在实践中作为处断的一罪处理,但它与实质的一罪相比在违法程度上仍然要更严重。如果出于胁迫行为未达到使被害人产生畏惧感的程度,就对要挟索财的行为不予考虑,反而是像张明楷教授所主张的那样“把被告人偷走车牌的行为定盗窃罪就可以了”,[①]显然有罪刑不相称之虞。而且,在实践中还存在如下问题:在行为人勒索成功的情况下,其勒索行为的违法所得是否能够计入盗窃罪的犯罪数额之中呢?如果计入,法律依据何在?如果不计入,这部分违法所得在法律上性质如何?与罪责评价完全没有关系吗?

对这些问题的追问,自然会引出下面一个问题:我们究竟应该如何认识盗窃机动车牌照勒索赎金类案件中盗窃行为与勒索行为的牵连关系。

(三)从一重罪处断,何为“重罪”

既然盗窃机动车牌照行为不应当构成盗窃国家机关证件罪,那么在盗窃机动车牌照勒索赎金类案件中,也不应该存在如(2015)廊刑终字第32号判决所认为的盗窃国家机关证件罪与敲诈勒索罪的牵连犯情形。这种牵连关系如果存在,也应该是存在于盗窃罪与敲诈勒索罪之间。

对牵连犯如何处罚,我国《刑法》总则并没有相关的规定。在理论上,人们提出的一般处理原则是“从一重罪处断”。但是,在盗窃机动车牌照勒索赎金类案件中,同样认为这类行为触犯了盗窃罪和敲诈勒索罪两个罪名,在作“从一重罪处断”的判断之后,得出的结论却并不一致,有定敲诈勒索罪的,也有定盗窃罪的。比如,前文所引判决书(2014)深宝法刑初字第1451号、(2015)石刑初字第140号、(2015)虹刑初字第8号,都认为“从一重罪处断”后应当以敲诈勒索罪处理。而在12篇盗窃罪的判决中,罪名选择基本上都是基于对盗窃机动车牌照行为的评价而作出的,并非在考虑盗窃行为与勒索行为的牵连关系后

---

① 张明楷编著:《刑法的私塾(之二)》(下),北京大学出版社2017年版,第758页。

进行“从一重罪处断”的结果。只有在(2019)湘0581刑初28号判决中,法院认为行为人“与他人共同商量盗窃车牌,再以车牌问车主要钱系盗窃、敲诈勒索的目的与行为牵连,择一重罪处罚”,而以盗窃罪论处。

在理论上,有论者在讨论此类案件时,认为行为触犯了盗窃罪和敲诈勒索罪两个罪名,并且,由于《刑法》第274条敲诈勒索罪“数额较大”时的法定刑是“三年以下有期徒刑、拘役或者管制”,而《刑法》第264条盗窃罪“数额较大”时的法定刑是“三年以下有期徒刑、拘役或者管制,并处或者单处罚金”,比较而言,盗窃罪的法定刑除主刑之外,还包括“并处或者单处罚金”的附加刑,明显重于敲诈勒索罪的法定刑,故“从一重罪处断”就应该定盗窃罪。① 这个论证理由在《中华人民共和国刑法修正案(八)》[以下简称《刑法修正案(八)》]实施之前,或许还有一定的道理,但是在2011年5月1日以后,由于敲诈勒索罪“数额较大”的法定刑同样增加了“并处或者单处罚金”的附加刑,上述论证理由显然就难以成立了。另外,之前很多人主张应该按盗窃罪处理还有一个现实原因,就是当敲诈勒索达不到“数额较大”时,往往无法定罪;而如果按盗窃罪处理,由于此类案件往往具有“多次盗窃”的情节,可以不考虑犯罪数额而直接以“多次盗窃”的犯罪成立标准来认定。但是,由于《刑法修正案(八)》同时给敲诈勒索罪条款增加了“多次敲诈勒索”的成罪标准,这个理由也已不复存在。这就给当下的司法实践留下了一个难题:当相互牵连的两个罪名的法定刑并无差别的情况下,到底应该如何判定“从一重罪处断”的这个“重罪”呢?

正如周光权教授所注意到的那样,出于一个犯罪目的而实施的数个行为触犯了数个罪名时,几个行为之间是否具有牵连关系有时是很

---

① 参见赵靖:《盗窃车牌后索财的行为应当如何定性》,载《中国检察官》2012年第22期。

难判定的;而且,牵连犯本质上就是数罪,将其作为处断上的一罪,而对某些完全构成犯罪的行为不作评价,会产生“评价不足”的问题。更为重要的是,在对牵连犯从一重罪处断时,哪一个是重罪,哪一个是轻罪,有时很难判断。特别是当目的行为、手段行为的危害都比较大,理应给予严肃处理时,采用从一重罪处断原则,明显欠缺合理性。所以,周光权教授认为应当取消牵连犯概念,并认为取消后并不影响对相关犯罪现象的处理,原来被视为牵连犯的犯罪,其实都能找到合理的解决方式。[①] 或许也是因为牵连犯概念本身存在这样一些问题,德国、日本刑法中纷纷删除牵连犯的规定,原来该当牵连犯的情况,根据不同情形分别改为以想象竞合犯或者数罪并罚的方式处理。[②] 由于我国刑法中并没有牵连犯的规定,不存在取消牵连犯规定的问题,只存在是否废除牵连犯理论概念的问题。

但是,不容回避的一个现实问题是,废除牵连犯的理论概念,直接后果仅仅改变罪数问题的理论格局,一时还难以改变司法实践对相关案件的处理方式。实际上,法官们似乎很习惯用牵连犯概念来处理类似于盗窃机动车牌照勒索赎金这样的案件中的罪数问题,这在本书所考察的相关判决中已经能够看到。所以,“从一重罪处断”中的“重罪”究竟如何判断,仍然是一个有讨论价值的问题。

在司法实践中,究竟是手段行为所触犯的罪名会被确定为“重罪”,还是目的行为所触犯的罪名会被确定为“重罪”,往往并不是根据行为所触犯的罪名的犯罪性质来判断的,而是根据两种行为分别被评价后所应选择的法定刑的轻重来判断的。如果手段行为应得的法定刑更重,就依照手段行为所触犯的罪名定罪处罚;反之,如果目的行为应得的法定刑更重,就依照目的行为所触犯的罪名定罪处罚。但是,当手

---

① 参见周光权:《刑法总论》,中国人民大学出版社 2007 年版,第 357 ~359 页。

② 参见陈子平:《刑法总论》,中国人民大学出版社 2009 年版,第 466 页。

段行为与目的行为的危害相当，根据各自所触犯的罪名分别评价所应处的法定刑无法分出轻重，难以用惯常的方法去衡量何为“重罪”时，如何处断就成了问题。笔者认为，在这种情况下，一般应该以目的行为所触犯的罪名为“重罪”来定罪处罚。主要的理由是，由于手段行为是为目的行为服务的，如果从整体上（将两个行为结合起来）评价，应该说目的行为所触犯的罪名更符合整个行为的本质特征。并且，如此处断更符合主客观相一致的原则。比如，在盗窃机动车牌照勒索赎金类案件中，在实施盗窃行为时，行为人并没有将机动车牌照占为己有的目的，相反，按照一开始的计划，行为人甚至是打算“归还”机动车牌照的。当然，“归还”的前提是被害人满足其索财的要求。这至少可以说明，这里盗窃机动车牌照的行为并非典型的盗窃，而有些类似于“盗用”，盗来机动车牌照用以作为敲诈勒索的工具。因此，当难以确定盗窃行为与敲诈勒索行为何者为“重”时，以目的行为所触犯的罪名进行处断应该更具合理性。基于这一看法，笔者非常赞赏前述（2015）虹刑初字第8号判决所作的定罪论述。

然而，按照上述观点进行处理，还是会发现部分行为未被评价的问题，以及由此带来的罪刑不均衡问题。从根本上说，这是“从一重罪处断”原则用于牵连犯时必然会带来的问题。因为牵连犯是实质的数罪，从一重罪处断时，仅仅根据方法行为或目的行为其中之一的罪责来评价整个犯罪，“轻罪”的罪责不能被反映在评价结果中。而想象竞合犯由于是实质的一罪，方法行为与目的行为是相互包含的关系，从一重罪处断不会带来罪刑失衡的问题。在牵连犯中，要避免评价不全导致的罪刑失衡，就必须对“从一重罪处断”原则本身加以反思，重新审视它的适用范围；在必要的情况下，或许还需要确立相应的补充原则。笔者认为，在牵连犯的场合，“从一重罪处断”只能解决罪名选择的问题，而不能解决罪责刑相适应的问题。如果继续承认牵连犯的概念，就应当改“从一重罪处断”为“从重处罚”，以达到牵连犯综合评价上的罪刑均衡。其中包含的基本原理是，当我们对牵连犯进行“从一重罪处断”时，于定罪阶段未予考虑的“轻罪”之额外的损害后果，仍然可以作为量刑情节加以考虑，用于决定“从重处罚”的程度。这样，相互牵连的两个行为就得到了整体性的考虑，“轻罪”的罪责也体现在最终的评价结果之中，避免了评价不足的问题，也不违反责任主义。

在此强调“额外的损害后果”，是为了避免违反禁止重复评价原则。比如，在盗窃机动车牌照勒索赎金类案件中，如果以敲诈勒索罪定罪处罚，那么盗窃行为的额外损害结果就应该作为“从重处罚”的根据予以考虑，但是，为了避免重复评价，因敲诈勒索得逞而已经返还给被害人的机动车牌照，其价值就不能再作为从重处罚的根据，应当从盗窃行为犯罪数额中扣除。扣除之后的部分，才是“额外的损害后果”。当然，返还的机动车牌照不计入从重量刑情节，并不是说它带来了违法性的消除或者违法程度的减轻，而只意味着手段行为在责任程度上的减轻。

上述主张可以解决“从一重罪处断”原则适用时的“重罪”判定问题，也可以解决该原则评价不足、牵连犯处罚标准不统一的问题。这样，或许就不需要像很多学者所主张的那样，取消牵连犯概念，将原有的牵连犯所包含的犯罪现象分别作为想象竞合犯、吸收犯与数罪处理。[①] 因为各种解决方案无非都是为了追求处罚的合理性，而处罚不合理恰恰是由处断原则引起的，而非由牵连犯这一理论概念引起的。

通过前面的考察分析，本章一开始提出的疑问，即对同类案件以不同罪名处理的做法是否具有合理性的问题，似乎已经得到一定程度的解答。可以得出的一个基本结论是，在盗窃机动车牌照勒索赎金类案

① 参见张明楷：《刑法原理》，商务印书馆2011年版，第428页；周光权：《刑法总论》，中国人民大学出版社2007年版，第359页。

件中，以不同罪名进行判决的主要原因是：其一，这类案件中行为人的行为本身触犯了数个罪名；其二，法院对机动车牌照所承载的法益存在不同认识；其三，司法实践对“从一重罪处断”的“重罪”把握标准不一致。当然，这并不是说，不同罪名的判决都是不合理的；恰恰相反，正是这些原因使某些差异化判决具有深层的合理性，而并非都是所谓的“同案异判”。也就是说，差异化判决并非全是司法失误或者司法不公的表现，它也可能是由犯罪形态的复杂性导致的。

四、定罪说理的类案意义

盗窃机动车牌照勒索赎金类案件所涉及的，实际上是所谓的“刑法竞合问题”。在德国刑法理论中存在竞合理论，而在我国与日本刑法理论中，则存在罪数理论。“竞合理论”与“罪数理论”虽表述不同，它们处理的问题实际上却是相同的。

刑法学者柯耀程认为，刑法竞合问题是“刑法中对定位上认定最困难，意见最分歧”的一个问题。“刑法竞合论所处理的核心问题，系为对多数犯罪行为所呈现整体不法之共同刑的范围，予以形成”；也就是说，“竞合规定所处理的问题，并非确定个别行为之可罚性问题。而是于多数犯罪构成要件成立的情况下，对其刑度及刑的种类，予以范围的确定”。① 但是，这并不意味着此事仅关涉刑的确定，实际上它也关涉罪的确定。正如德国刑法学者金德霍伊泽尔（Urs Kindhäuser）指出的那样：“在竞合的框架内，需要弄清楚的是：在这数个（被违反的）法规之中，是否适用其中一个法规？以及可能如何适用？对该问题的回答，能够影响到定罪、刑罚和程序上的法律救济手段。”②

由于犯罪论体系上的差异，我国刑法理论中的罪数理论专注于解

① 柯耀程：《变动中的刑法思想》，中国政法大学出版社2003年版，第205页。

② ［德］乌尔斯·金德霍伊泽尔：《刑法总论教科书》，蔡桂生译，北京大学出版社2015年版，第471页。

决"一罪"与"数罪"的区分问题,而德国刑法之竞合理论则专注于解决"一行为"与"数行为"的区分问题,即被违反的"规范复数"究竟是由"行为单数"引起的还是由"行为复数"引起的,而"行为单数""行为复数"与"犯罪单数""犯罪复数"并非等同的概念。[①] 在此,可以暂且忽略这种差异,因为它对本书所讨论的问题并不重要。重要的是,无论在哪种理论的语境下,此时涉及的都是行为是否同时符合数个构成要件或者是否数次符合同一构成要件的问题。这里不可避免地需要判断,行为究竟构成一罪还是数罪,构成数罪时又该如何处断,在实践中就容易发生分歧。而这正是刑事案件差异化判决存在的根本原因之一。

上述问题之所以容易产生分歧,主要是因为行为单复数的判断与行为该当构成要件的判断,并非仅将事实与规范简单地对照就可以准确判断。实际上,不仅行为之法律意义的判定经常涉及价值判断而易生分歧,而且规范的意义也常常需要解释。正如著名刑法学家韩忠谟教授所论:"犯罪行为之形态,至为复杂,如前所述,基于独立之意思活动,所表现之多数独立有责行为,应成立实质上之复数犯罪,固不待言,至若以一个行为触犯数个罪名(想象竞合犯),或以数个连续行为触犯同一之罪名(连续犯),又或以数个有牵连关系之行为各自触犯不同之罪名(牵连犯),究应认为一罪或数罪,学说见解,至为不一……"[②]于是,不同法官在认定类似案件时,就可能得出不尽一致的结论。不仅对行为触犯何种罪名可能有不同认识,而且对一罪与数罪的判断也可能产生分歧;进一步来讲,当行为符合数个犯罪构成时,究竟属于实质的

① 参见[德]约翰内斯·韦塞尔斯:《德国刑法总论》,李昌珂译,法律出版社2008年版,第458页以下;柯耀程:《变动中的刑法思想》,中国政法大学出版社2003年版,第270页以下。

② 韩忠谟:《刑法原理》,中国政法大学出版社2002年版,第232页。

数罪,还是应作处断的一罪处理,又可能产生不同的认识。故而,在定罪阶段,存在差异化判决得以产生的种种契机。这里,我们不能排除由于法官判断失误所导致的不合理的差异化判决之存在可能,但是也必须指出,由于犯罪形态如此复杂,表面上类似的案件在具体审查之后,以不同罪名定罪处罚并非全然违反了法制统一性原则,而可能有其相当的合理性。比如,在前文所分析的盗窃机动车牌照勒索赎金类案件中,作为方法行为的盗窃行为与作为目的行为的敲诈勒索行为何者更重,直接决定了两个行为所触犯的罪名中何者会被认定为"从一重罪处断"的"重罪",从而影响判决最后所确定的罪名。这样一来,明显的同类案件却以不同的罪名进行处罚,这在法律方法上并无不妥。

其实,同类案件的差异化判决之合理性,具有法律制度、法律技术以及司法规律等诸多方面的原因,对此,本书前面两章已有讨论,不再赘述。总之,在批判所谓"同案异判"现象的时候,我们务必认清这一事实,以免对法院的差异化判决产生误判和不实之批评。对此,张明楷教授也认为,"即使从定罪角度来说,对所谓相同案件也不可能做到相同定罪"。他举例说,德国、日本等国对所谓相同案件并不可能做到完全相同的处理。例如,在德国,对利用他人的信用卡在自动取款机取款的行为,有的法院宣告无罪,有的法院认定为盗窃罪,还有的法院认定为侵占罪。又如,在日本,最高裁判所将基于报复动机的强制猥亵行为认定为强制罪,但此后东京地方裁判所却将这种行为认定为强制猥亵罪。据此,张明楷教授认为,在我国,对所谓相同犯罪,更不可能作出完全相同的处理。所以,张教授指出,我们与其期待对所谓相同案件作出相同的处理,不如重视个案处理的妥当性。① 本书认为,应当"重视个案处理的妥当性"这一结论虽然可以接受,但是,对相同案件无法作出

① 参见张明楷:《责任刑与预防刑》,北京大学出版社2015年版,第334~336页。

完全相同的处理这一接近事实的说法仍然难免让人疑窦丛生。“无法作出”就一定是合理的、可接受的吗？或者相反，相同案件未相同处理就一定是不合理的吗？解开这样的疑问，仍然是非常重要的，因为它们不仅关涉刑法能否得到平等适用，也关涉如何正确理解司法公正。

就具体个案而言，消除上述疑问有赖于定罪说理。这正如雷磊教授所论：尽管司法在本质上是一种判断权，但这并不意味着它就是一种纯粹的决断，法官在作出决断时，必须给出裁判据以作成的理由；而给出理由的过程，就是进行说理、推理或论证的过程，就是说明理由支持某种主张或判断。“有效的判决必须建立在充分的法律依据与事实理由的基础之上，并通过合乎逻辑与情理的方式展现出从法律与事实推导到裁判结论的过程”。① 所以，裁判文书的说理，往往有着超越个案本身的价值目标。对此，《最高人民法院关于加强和规范裁判文书释法说理的指导意见》第1条便明确阐述了裁判文书说理的意义：“裁判文书释法说理的目的是通过阐明裁判结论的形成过程和正当性理由，提高裁判的可接受性，实现法律效果和社会效果的有机统一；其主要价值体现在增强裁判行为公正度、透明度，规范审判权行使，提升司法公信力和司法权威，发挥裁判的定分止争和价值引领作用，弘扬社会主义核心价值观，努力让人民群众在每一个司法案件中感受到公平正义，切实维护诉讼当事人合法权益，促进社会和谐稳定。”该条内容既是对裁判文书说理的目的的说明，也是对裁判文书说理的价值与功能的说明。于刑事案件而言，无论是定罪上的差异化，还是量刑上的差异化，都存在合理与不合理之分。强化定罪说理与量刑说理，以充足理由来证明判决的正当性与合法性，即便未能与先前某个类似案件的判决保持一

---

① 雷磊：《从“看得见的正义”到“说得出的正义”——基于最高人民法院〈关于加强和规范裁判文书释法说理的指导意见〉的解读与反思》，载《法学》2019年第1期。

致定罪与一致量刑，也不会使判决丧失权威性与公信力而招致“同案不同判”的非议。法院判决要避免被公众误解，一个特别重要的途径就是要格外重视判决书的说理。

从前文对盗窃机动车牌照勒索赎金类案件裁判文书的考察与分析来看，此类案件的差异化判决现象十分明显，而大部分裁判文书中却缺少应有的定罪说理，因而给人以强烈的“同案异判”之印象。在我们所分析的裁判文书中，有一个非常有意思的案件，(2015)廊刑终字第32号刑事裁定书反映出该案的如下信息：被告人因犯盗窃罪，于1994年12月13日被黑龙江省克东县人民法院判处有期徒刑7年；因犯敲诈勒索罪，于2005年12月12日被天津市宝坻区人民法院判处有期徒刑7个月；因犯盗窃国家机关证件罪，于2014年12月11日被河北省三河市人民法院判处有期徒刑3年6个月。而这三次犯罪中，被告人实施的实际上都是盗窃机动车牌照并勒索赎金的行为。该刑事裁定书是针对被告人第三次犯罪行为的二审裁决。尽管被告人三次犯罪行为的判决可能都有各自的裁判理由，但是，针对同样的犯罪行为，这种不同罪名的判决发生在同一个犯罪人身上，仍然十分耐人寻味。如果没有定罪说理的支撑，这样的判决甚至会有一种荒诞之感。但是，它们未必真的荒诞。只有分别考察了每一份判决所给出的论证理由之后，才能作出其是否合理的具体判断。由于笔者并未找到该案行为人前两次犯罪的相关裁判文书，故对此问题无法进一步讨论。不过，该刑事裁定书中的定罪理由倒是值得再一次拿出来讨论。

该裁定书认为：

上诉人张某某为获取非法利益，盗窃他人机动车牌照，强行向机动车牌照持有人索取钱款，其行为同时触犯了盗窃国家机关证件罪和敲诈勒索罪两个罪名，依法应择一重罪处罚。

其敲诈勒索他人财物二万余元，数额较大，依法应在三年以下有期徒刑、拘役或管制量刑幅度内量刑；其多次盗窃大量机动车牌照，属情节严重，依法应在三年以上十年以下有期徒刑幅度内量刑，故应以盗窃国家机关证件罪对其定罪处罚。

究竟是什么理由让法院认为被告人的行为同时触犯了“盗窃国家机关证件罪和敲诈勒索罪”，而不是“盗窃罪和敲诈勒索罪”？对此，该裁定书并未进行论证。但是，根据本书前面的讨论，机动车牌照是否属于国家机关证件，不无争议；而且，无论机动车牌照是否具有国家机关证件的性质，它都不属于《刑法》第280条第1款所意图保护的“国家机关证件”。因此，本案和其他同类案件一样，如果盗窃机动车牌照行为和勒索赎金行为均构成犯罪，那么被告人也应当是同时触犯了“盗窃罪和敲诈勒索罪”，而非“盗窃国家机关证件罪和敲诈勒索罪”。此事并非无关紧要，因为在上述案件中我们已经看到，不同罪名的选择对量刑结果影响很大。在本案中，如果认为被告人张某某盗窃机动车牌照的行为触犯的是盗窃罪，那么，其盗窃170余块机动车牌照的价值就仍然是在“数额较大”的范围内，应该在3年以下有期徒刑、拘役或管制的量刑幅度内量刑；但如果认为被告人张某某的行为触犯的是盗窃国家机关证件罪，那么，由于被告人张某某的行为已经达到该罪“情节严重”的要求，则需要在3年以上10年以下有期徒刑幅度内量刑。于此情形下，此类案件中方法行为所触犯的罪名问题，我们就必须较真，而不能任意选择。

至此，是时候来补充一个重要理由，以进一步回答笔者为什么反对将盗窃机动车牌照勒索赎金类案件中的方法行为认定为盗窃国家机关证件罪。这个理由就是：从此类案件中行为人先盗窃他人机动车牌照，再勒索被害人钱财的行为整体来看，显然属于侵害个人法益的犯罪。

一旦将盗窃机动车牌照行为定性为盗窃国家机关证件,进而在牵连关系的判定中将整个行为按照盗窃国家机关证件罪来处理时,就在无形中人为地将此类犯罪转变成了侵害国家法益的犯罪。而这种看似无关紧要的转变,一方面可能导致对被告人的处罚加重,另一方面也反映了重国家法益保护而轻个人法益保护的倾向。对盗窃机动车牌照勒索赎金的行为按照盗窃国家机关证件罪来处罚时,实际上是以一种国家主义的立场来处理一种针对个人法益的犯罪,未考虑被害人权利被侵犯的事实。何况,认为盗窃机动车牌照勒索赎金的行为"侵害了国家机关正常的管理秩序"本身就有待商榷,原本是侵害个人法益的犯罪,却被以不恰当的方式转换为侵害国家法益的犯罪。这不仅对被害人极不公平,对被告人也同样是不公平的。在上述案件中,被告人张某某对法院认定其行为构成盗窃国家机关证件罪持有异议,并辩称自己的行为应该构成敲诈勒索罪。或许被告人朴素的直觉能感受到"盗窃国家机关证件罪"的严重性。此细节很值得深思。在这种看似具体化的讨论中,本章力图揭示类案当中差异化判决形成的复杂因素这一具有普遍意义的问题。

对犯罪之惩罚,虽然最终表现为刑罚这一结果;罪数或竞合问题,本质上也是一个"刑罚效果论"的问题。① 但是,刑法的目的并非仅止于使犯罪人得到惩罚,它还必须回答以何种理由让犯罪人得到惩罚的问题。惩罚的理由,取决于行为的罪责,而罪责又是对应于该当构成要件的。因此,刑法的公正性不仅在于犯罪行为应得的刑罚之量,还在于行为应得的犯罪之名。通俗地说,给犯罪人一个合适的罪名,本身也是刑法公正的一部分,也是责任主义的应有之义。正如雷磊教授所论:司法裁判所依据的"恰当"法律规范是抽象的立法产物与具体个案相结

---

① 参见柯耀程:《变动中的刑法思想》,中国政法大学出版社2003年版,第205页。

合的产物,它不仅要以一般、抽象的法律规范为依据,也要有充分的学理来支持“适用于手头案件的规范就是最恰当的那个规范”这一命题。故而所谓的“法理”既包括裁判所依据的法律规范,也包括适用法律规范的理由。[①] 就此来说,在刑事案件中,量刑说理固然必不可少,定罪说理也更显得重要。尤其是,在定罪说理普遍未能受到重视的现实下,我们更应该强调它在正当化判决方面所具有的意义。

司法的本质是行使判断力。刑事个案公正的“公正性”,最终必须通过判决理由的说明来证立。“同案同判”固然除却了法官对眼前案件的论证负担,貌似是一种符合司法的经济性要求的做法;但是,这种站在司法者而不是社会与当事人角度的功利主义考量不无疑问。[②] 我们在承认差异化判决具有某种合理性的前提下,通过对定罪说理的强调,强化法官对个案判决的论证责任,可以使刑事案件的判决建立在制度、方法、观念、目的所综合建构的理性基础之上。正如王利明教授所阐述的那样:“司法的正义不是抽象的,而是具体的,它正是通过每一份判决书中的理由所彰显出来的……一份充分说理的判决,本身就表明法官在裁判过程中是公正司法、不偏不倚的,这也是法院裁判正当化的重要依据。”[③]

总之,案件处理结果的妥当性或者说个案公正,最终只能建立在充足的理由阐释基础之上,判决的合法律性与合情理性,都有赖于判决理由来澄清。而我们对司法公正的感受和评判,也不能仅仅只看案件的判决结果,只有深入具体判决的理由之中,个案性地考察每一个判决结果形成的事实及法律基础,才能真正得出客观、准确的结论。定罪说理

---

① 参见雷磊:《从“看得见的正义”到“说得出的正义”——基于最高人民法院〈关于加强和规范裁判文书释法说理的指导意见〉的解读与反思》,载《法学》2019 年第 1 期。

② 参见周少华:《刑事案件的差异化判决及其合理性》,载《中国法学》2019 年第 4 期。

③ 王利明:《用判决书说理促公正》,载《人民法院报》2013 年 4 月 25 日,第 2 版。

的意义不仅在于表明个案判决的具体妥当性,而且在类案比较的意义上,定罪说理也可以为差异化判决的合理性提供支持,消除人们对同类案件未被同判的疑虑,并在最大限度上减少不合理的“同案异判”。

第八章　作为个案公正制度技术保障的量刑规范化

刑事个案公正的实现，固然离不开定罪阶段对法律的解释和对案件事实的认定，离不开刑事裁量权的合理行使，并且，这些最终都体现在案件的具体裁判结果之上。因此，刑罚裁量是实现刑事个案公正的最后一道关口，它直接影响人们对案件是否得到公正处理的观感。

量刑，是指人民法院在定罪的基础上，权衡刑事责任的轻重，依法决定对犯罪分子是否判处刑罚或适用某种非刑罚处理方法，判处何种刑种和刑度以及是否现实执行某种刑罚的审判活动。[①] 量刑离不开量刑主体的权衡，而权衡的过程其实就是对各种量刑方法的综合运用过程。在我国以往的司

---

① 参见马克昌主编：《刑罚通论》，武汉大学出版社2006年版，第251页。

法实践中，形成了所谓“估堆式”的量刑方法，这种量刑方法主要依靠法官个人的经验，根据法官自己对案件的理解，大致笼统地估算出具体的刑罚量。虽然这种量刑方法简便易行，具有一定的可行性，在有经验的法官那里也不会出现太大的量刑偏差；但是，这种经验性的量刑方法缺乏科学的方法规则，容易导致在不同的裁判主体之间出现量刑差异过大的问题，出现所谓“同案不同判”的现象。另外，在同一裁判主体那里，也容易在个案上出现量刑偏差，从而有失个案公正。

刑法作为一种强有力的社会规范，其效力是由国家强制力保障的，法院决定的量刑后果必须被实施。虽然量刑以定罪为前提，但定罪在某种程度上仍然停留在“纸面之上”，唯有量刑才真正能够在案件中体现出“活生生”的刑法。如果量刑活动得不到规范，就很容易造成自由裁量权的滥用，造成大量的量刑偏差与失衡现象。因此，量刑活动必须有一定之“规”，才能确保刑罚权不逾“矩”，使量刑结论合乎理性，经得起法律与公正标准的检验。近10多年来，我国的量刑规范化改革已经取得很大进展，其对刑事个案公正的意义极为重要。

一、量刑规范化的界定

何为量刑规范化，学界较为代表性的看法是：所谓量刑规范化，是针对“量刑”，把抽象的法律规则与具体的案情事实相结合，并上升到理性的具体的规范化过程，是在尊重量刑实质和遵循量刑规律的前提下，通过设置和适用完备的程序制度，使量刑生产出公正有效及符合刑罚目的的量刑判决。① 简言之，量刑规范化凭借一定的程序及方法，使量刑活动在合乎量刑规律与刑罚目的的基础上有序运行。在我国，量刑规范化具有以下基本特征。

1. 量刑规范化是量刑方法的科学化。从内容上来说，量刑规范化

---

① 参见石经海：《“量刑规范化”解读》，载《现代法学》2009年第3期。

主要是针对量刑方法而言的。量刑方法的规范化构成了量刑规范化的主轴,体现了量刑科学化的程度。因为方法是达成目的的途径与手段,途径与手段的选择,将直接决定目的能否达成,以及如何达成。一言以蔽之,量刑规范化是对神秘化量刑、模糊化量刑的摒弃,要求量刑的具体步骤科学合理,也即量刑方法的科学化。

2. 量刑规范化是裁量基础上的规范化。量刑过程并不排除法官自由裁量权的行使,尤其是在现代法治国家,已经普遍放弃“绝对罪刑法定主义”,而采取“相对罪刑法定主义”,立法者与司法者都不得不面对“法有限而情无穷”的千古难题,不得不面对刑罚裁判过程中罪刑相适应与量刑个别化之间的冲突。于此情形下,法官自由裁量权就成为一种必然的制度性回应,法官的主观能动性也随之变得不可或缺。量刑规范化的出发点是规范和约束法官的自由裁量权,防止自由裁量权失控而导致量刑失衡;但是,这一制度探索的最终目的并不是要完全杜绝法官的自由裁量,而是使自由裁量权能够在一个制度性的框架内规范有序运行。故此,量刑规范化仍然是以裁量为基础的。

3. 量刑规范化体现了刑罚目的的规范化。正如石经海教授指出的:“量刑规范化,虽是为了使量刑合乎约定俗成或明文规定的标准(规则),但这并不是其终极目标。量刑规范化的终极目标,应是与量刑的终极目标一样,是为了公正有效地实现报应与预防的法律效果与社会效果。”[①]说到底,量刑规范化仅仅提供了一种量刑的标准和模式,使量刑活动有章可循、有据可查、有理可依,其最终仍然服务于量刑。而量刑作为国家司法机关的一项职能性活动,侧重在打击犯罪与保障人权的同时正确落实国家的刑罚权。因此,在这个过程中,必然需要体现刑罚报应与预防目的,而这也是量刑的终极目标。换言之,刑罚目的

---

① 石经海:《量刑个别化的基本原理》,法律出版社2010年版,第79页。

之指引需要贯穿量刑规范化过程的始终。

二、量刑规范化对刑事个案公正的意义

我们显然不能将量刑规范化与刑事个案公正简单直接地画等号。明确这一点,有助于我们深刻地认识量刑规范化与刑事个案公正在司法实践中践行的层次性,由此也引发了一个需要进一步阐释的问题,即量刑改革以来,量刑领域规范化的种种举措到底给刑法理论与司法实践带来了何种积极影响。可以肯定的是,仅从实现刑事个案公正的角度看,量刑规范化确实带来了许多积极作用。因为量刑指导意见为主要罪名确立了统一的量刑标准,从而有利于同类案件在量刑上的确定性,有利于一般公正的实现;另外,量刑指导意见对具有不同情节的同类犯罪,实际上也能起到区分的作用,有利于追求个案公正。

我们认为,量刑规范化的积极作用主要体现在以下几个方面。

(一)给定框架,提供制度保障

1. 量刑规范化可以提供统一的量刑标准,减少不当的量刑偏差与失衡。基于绝对相同的案件并不存在这个大前提,量刑偏差与量刑失衡的存在无可厚非,但这种偏差与失衡也应当在一个合理的界限内。如果案情十分类似的个案在量刑结果上却大相径庭,那么就难谓是合理的。何为合理?何为不合理?其界限在于法官针对个案裁量时是否依据统一的量刑标准,如果依据统一的量刑标准,再结合个案的特殊情况进行斟酌,那么即使相似的两个案件之间的量刑结果存在一定的差异,这样的差异也是相对合理的。我国的量刑改革以"同案同判"为出发点,其根本目的在于维护量刑的统一性,进而维护法秩序的统一性;现行《量刑指导意见》对量刑的步骤、程序以及相应量刑情节的调节幅度都作了较为明确的规定,其根本目的在于杜绝"罪同而论异"式的量刑差异过大情形的出现,防止不同法官仅仅依照自己的主观经验或其他个人因素而对类似案件进行过大差异化的量刑评判。申言之,量刑

规范化的主要功能在于为刑罚的裁量提供一个明晰的、合理化的裁量标准,并通过这个标准的适用使量刑实践中的刑罚裁量过程经得起推敲,以"看得见"的方式来推演出具体的量刑结果,从而维护量刑统一。换言之,实现个案审判的公正性实际上就是在法制统一原则下来追求的,因此,量刑标准的统一,从客观上为个案公正的实现提供了制度支撑。

2. 量刑规范化可以减少自由裁量权的滥用。从促进刑事个案公正的角度看,量刑规范化可以提供一致性的量刑标准,这是从客观方面来讲的。但量刑标准的统一,仅仅在制度层面为个案公正提供了一个框架,如果仅限于此,尚不能确保个案公正目标的实现。由于具体个案千差万别,量刑标准的统一只是为法官的裁量活动划定了一个相对明确的界限,在这个界限之内,法官仍然需要依据个体的生活经历、文化素养、量刑经验等主观因素进行综合性的评判。在这个过程中,尽可能减少法官自由裁量的恣意性仍然十分必要。如德国著名学者卡尔·拉伦茨(Karl Larenz)所认识到的那样:"使法官的决定空间(于此范围内,他只需要作决定)尽量缩小,这也是法学的任务之一。"①由此可见,在量刑活动中,尽管我们不能全部剔除法官的自由裁量权,但尽可能减少法官的裁量空间,对实现量刑公正仍然是一个必要的价值诉求。这就使量刑规范化从主观方面为法官发挥主观能动性、合理行使自由裁量权进而实现个案公正提供了一种制度性的约束。

3. 量刑规范化可以提供社会公众认同的基础。刑事个案公正最直接地体现为具体案件的量刑结果,然而,个案的量刑结果虽说要根据报应主义与预防主义的需要在罪刑相适应的基础上作出,但具体的量刑结果仍然需要获得社会公众的认同,这也是刑事个案公正社会效果所

---

① [德]卡尔·拉伦茨:《法学方法论》,陈爱娥译,商务印书馆2003年版,第177页。

要考虑的面向。一般而言,社会公众并非专业的法律专家,他们只会从最朴素直观的公平角度出发,并且,对个案公正的感受也主要来自同类案件之间的比较。如果这种横向比较的结果超出了社会公众的心理预期,那么公众必然会对量刑的正当性产生疑问。量刑规范化使公众质疑的概率大为降低,其理由在于:量刑规范化主要侧重矫正以往“估堆式”的量刑做法,使量刑过程与量刑步骤透明,从而实现量刑均衡化,防止出现过大的量刑偏差与失衡。这样,当法官为了追求个案的具体公正而依据个案的特殊性作出不同于类似案件的裁量结果时,这个裁量结果仍然是在量刑规范化给定的框架内作出的,故而其可以在很大程度上消解社会公众对量刑结果不一致的疑问,进而获得社会认同。申言之,量刑规范化为个案公正的实现提供了社会认同的基础。

（二）排除恣意因素,赋予技术保障

在法律发挥规范指引功能的同时,法秩序应该具有一致性。倘若否认法制统一性,那么法律形塑社会生活之目的难免落空。而维系这种法制统一性的法律技术手段,就是法律的工具理性的制度性保障措施,其中在量刑层面,就是量刑规范化的举措。量刑规范化重在提供一个形式理性的量刑活动平台,它使法官的量刑活动有迹可循,有步骤地推进,既使量刑活动遵从量刑规律,又使量刑活动在量刑定量化、精细化的层面得以展开。显然,这样的量刑活动得出的量刑结果能够最大限度地排除恣意因素,从而导向确定性与一致性;同时,法官对个案公正性的追求也是在量刑规范化的基础上进行的。

如果说个案公正是量刑活动的本体,是一个崇高的价值理念,那么量刑规范化则为法官在具体刑罚裁量中落实这个崇高理念构建出了一个技术性的保障措施。

（三）弥补封闭的教义学体系之不足

此处谈及的“教义”,是指刑法教义学。量刑理论并非与犯罪论完全脱节，从体系化的角度来看，量刑理论与犯罪论需要进行衔接并综合起来予以把握。目前，我国刑法学正处在教义学转型的历史阶段，从理论层面出发，在量刑规范化的框架内落实刑事个案公正，对我国刑法教义学的建构具有重大意义，而目前学界对此却鲜有论及。故而，本书拟进行一个尝试性的理论探讨，以期揭示其中的价值意蕴。

近年来，我国刑法学界进行着刑法教义学转型，主要基于以下几点考虑：其一，以人权保障为依归。刑法往往以刑罚作为法律后果。主权在民的思想已深入人心，罪刑法定原则成为法治国家人权保障的基石。故而，如何限制国家刑罚权保持刑法的谦抑性一直是刑法学者孜孜以求的目标。而教义学最能契合罪刑法定原则背景下形式理性的诉求，因为"教义学是以自身已经确定而无须再作任何检验的信条为前提的"，这意味着，教义学重在对前提（规范文本）的解释与描述，"而不是对该前提进行批判性检验"。[①] 教义学能够最大限度地保证刑法适用的明确性与可预测性，以防国家刑罚权不当地扩张与滥用。其二，与学科建构相契合。教义学对知识体系化的梳理，可以提供一个学术交流与传承的平台，这意味着，"如果没有法教义学对法律知识的整理，每一代法科学生也都必须要从零开始自学"。[②] 同时，教义学也为刑法学提供了一个"程式"，在该"程式"里每个法律实践者均可以在同一个话语体系中对类似的案件作出类似的判断，而无须对每个案件的解决方案都单独进行论证，从而维系法律自主的确定性构架。

一言以蔽之，教义学方法的适用是我国刑法学发展的走向。但是，不能忽视的是：以体系化为主导的刑法教义学在成为学界应然意义上的学术诉求的同时，也造成了刑法的封闭性。通常而言，教义学所蕴含

---

① ［德］沃尔福冈·弗里希：《法教义学对刑法发展的意义》，赵书鸿译，载《比较法研究》2012年第1期。

② 纪海龙：《法教义学：力量与弱点》，载《交大法学》2015年第2期。

的体系化是“一个卓有成效、具有结构性的刑法理论排除了任意性，并且使得一个受规则引导的刑法适用成为可能”。[①] 申言之，体系化引导下的刑法教义学可以防止刑法的偶然性与人为的擅断性，于是乎，德国学者罗克辛教授才发出感言，“体系是一个法治国刑法不可放弃的因素”。[②] 但是这样，体系化的运作容易过于追求内部自洽而抗拒法外价值判断的介入。正如劳东燕教授指出的那样：“诚然内在视角的研究对提升刑法理论的层次不可或缺，却也容易使刑法学的发展与社会变迁脱节。”[③]确实，这样的脱节常常导致实践中“徒法不足以自行”之局面，也提出了如何处理刑法教义学封闭性与开放之间的关系这一难题。

刑法教义学的封闭性会面临开放性的挑战，这种挑战在教义学之封闭性与开放性的对立关系中凸显出来，主要体现在以下两个方面：

一方面，形式性与个案特殊性之对立。刑法教义学的体系化侧重形式理性的推理，进而通过体系内部的演绎导出一致性的处理结论。但是，这种体系性的思考方法往往会导致教义学演绎与个案特殊性之间出现矛盾。譬如，2015 年贾某某杀人案[④]核准死刑一事在学界产生了巨大争议，一石激起千层浪，诸多学者一边倒地呼吁“刀下留人”。笔者无意评点其中的是非曲直，且随着贾某某本人已被执行死刑，此事已尘埃落定。贾某某杀人案之所以触发民意，引起社会公众的广泛关注，根本原因就在于严格适用法律与其情可悯之间存在冲突：严格地遵循官方文本的教义学分析路径，会得出死刑立即执行的结论，但考虑到

---

① ［德］埃里克·希尔根多夫：《德国刑法学：从传统到现代》，江溯、黄笑岩等译，北京大学出版社 2015 年版，第 177 页。

② ［德］克劳斯·罗克辛：《德国犯罪原理的发展与现代趋势》，王世洲译，载梁根林主编：《犯罪论体系》，北京大学出版社 2007 年版。

③ 劳东燕：《公共政策与风险社会的刑法》，载《中国社会科学》2007 年第 3 期。

④ 参见《十大刑事案件之七：贾某某故意杀人案》，载中国法院网 2017 年 1 月 6 日，https://www.chinacourt.org/article/detail/2017/01/id/2509045.shtml。

事情发生的现实背景,适用死刑立即执行又与普通民众的法感情背离。无怪乎有学者感叹,该案不能归类于严格教义学意义上的被害人过错情形,最高人民法院刑三庭对本案给出的答问遵循着三段论式的演绎推理,于逻辑上并无不当,但由于其未能考虑到该案由民间矛盾引发这一可以宽宥的因素,从而弱化了判决的可接受性。①

另一方面,稳定性与应变性之对立。刑法教义学的体系性之要旨就是要保持刑法学的稳定性,进而形成稳定的知识体系,以提供一个学术交流传承与司法应用的工具。然而,刑法教义学无法只局限于封闭的视角而仅仅从内生变量的层面进行考量。随着工业化风险的加剧以及迫于社会公共治理的压力,刑法的罪刑结构已经发生了一定变化,与传统的犯罪论体系相比,当今刑法已经呈现出法益侵害前置化、刑事处罚早期化、责任主义的动摇等方面的变迁。② 这些变迁是刑法教义学被迫应对当下的现实需求而作出回应的显著例证,也表明现实需要使刑法教义学表现出一定开放性的特征。

经过分析便可以发现:刑法教义学一直在封闭性与开放性的张力中展现自身的理论姿态。但实际上,刑法并非价值无涉,刑法教义学也难谓圆融自洽。自步入现代社会伊始,刑法教义学固有的封闭性使其不得不面对个案特殊性、应变性的挑战。同时,刑法教义学一直面临着体系之外的刑事政策压力,并不得不呈现出一定的开放性。过于坚守法教义学的体系封闭性,倡导古典刑法时代的"李斯特鸿沟",并严格将刑法与刑事政策完全予以区隔是不切实际的。因此,问题的关键在于刑法教义学应如何贯彻刑事政策。

---

① 参见陈劲阳:《仇恨型故意杀人案件死刑裁量反思》,载《吉林大学社会科学学报》2017年第3期。

② 参见劳东燕:《风险社会与变动中的刑法理论》,载《中外法学》2014年第1期。

三、基准刑的合理界定

"基准刑"这一术语是随着量刑规范化改革的推进而逐步进入实务界以及学术界视野的。之前的相关学术讨论更多地集中在量刑基准等问题上,相关的一系列量刑规范性文件也放弃了量刑基准这个概念,而代之以基准刑、量刑起点等术语。因此,如何厘清基准刑的内涵与外延,乃至其本质特征与价值定位,进而为量刑实践提供有力的实践指导,都是重要的议题。当然,探讨的背景依然是依托个案公正的实现这一逻辑主线的。

(一)"三步"量刑法的合理性

基准刑并非独立存在,而是依托于我国量刑改革所确立的"三步"量刑法。因此,首先需要对量刑改革所确立的量刑方法进行评析,并在量刑方法合理性的基础之上进一步展现基准刑的诸多面向。

我国的量刑改革确立了以下量刑步骤:第一步,根据基本犯罪构成事实在相应的法定刑幅度内确定量刑起点;第二步,根据其他能够影响犯罪构成的犯罪数额、犯罪次数、犯罪后果等犯罪事实,在量刑起点的基础上增加刑罚量并确定基准刑;第三步,根据量刑情节对基准刑进行上下调节,并综合考虑全案情况,最终确定宣告刑。简言之,量刑的过程分三个步骤实施,亦即从量刑起点—基准刑—宣告刑依次进行。在笔者看来,这种"三步"量刑法具有以下合理之处。

第一,有助于彰显个案公正。前文已述,个案公正的评判标准分为内在标准和外在标准。内在标准是以报应正义为主而兼顾预防正义。以报应正义为主的思路已成为学界的共识,其可以体现出刑罚恶害性的本质,并最能够体现出个案的实质正义。在"三步"量刑法中,最关键的是量刑起点与基准刑的确定,而量刑起点是以最基本的犯罪事实为模式,直接对应着最基本犯罪的社会危害性大小;同时,"所谓基准刑是在不考虑非犯罪构成事实以外的量刑情节的情况下,根据犯罪构成事实的一般既遂状态所应判处的刑罚”。① 就此而言,基准刑也是瞄准犯罪的全部犯罪事实,对应着犯罪的社会危害性。调节基准刑则仅仅是在之前的基础之上所作出的轻微幅度修正,量刑结果的绝大部分是在量刑起点与基准刑部分完成的。申言之,无论是量刑起点还是基准刑,都是体现已犯之罪的刑罚报应性的内容。而在基准刑确立之后到宣告刑阶段,量刑情节则更多的不是在回顾已犯之罪,而是展望和预判以人身危险性为内核的未犯之罪,是故,刑罚的预防性内容更多的是在量刑情节对基准刑调节的环节中予以展开的。即便如此,对未犯之罪的处断由于有先前基准刑的大致框定,不会有过大的出入,从而形成了量刑处断过程中以报应刑判断为主导的格局,并有利于实现个案的内在公正。

第二,尊重量刑的基本规律。传统的“估堆式”量刑法之所以被此次量刑改革摒弃,倒不完全在于其属于经验式作业而容易产生量刑恣意性的后果,更多的是在于它没有体现出量刑规律。量刑规律问题在量刑改革之前,一直都未能引起普遍关注而被冷落于某个学术死角。实际上,定罪与量刑分属于刑事司法领域两个前后相继的司法活动,有着不同的思维逻辑与运行轨迹。定罪活动重在将手头具体的犯罪事实比照罪状描述,通过犯罪构成理论进行独立判断;而量刑活动则不局限于此,它不仅关注既有的犯罪事实情况,还关注行为人的其他相关因素。除此之外,刑事政策、刑罚效果等其他诸多考量因素也都需要法官进行审酌。所以,与定罪的整体化特质相比,量刑更注重对零散信息的收集与把控,更注重细节化的特征。这也决定了定罪活动重在定性分析,而量刑活动尚需兼顾定量分析。是故,量刑这种认知活动有不以人的意志为转移的规则内容,反映出来便是:量刑的过程不能似定罪那样

---

① 熊选国主编:《〈人民法院量刑指导意见〉与“两高三部”〈关于规范量刑程序若干问题的意见〉理解与适用》,法律出版社2010年版,第75页。

一蹴而就,它需要分步骤地推进。同时,对量刑的轻重处断,需要有一个大致的衡量标准,在这个标准的基础之上认定罪轻罪重,进而综合权衡最终得出合理的量刑结果。据此观之,"三步"量刑法显然是与这个规律相吻合的。

第三,赋予价值判断主导地位。上文已论及,量刑不同于定罪的主要之处是,量刑不仅是定性分析,还需要兼及定量分析。而传统的"估堆式"量刑法之所以被摒弃,是因为其仅仅具有定性分析而缺少定量分析,以致量刑活动缺乏明确性与透明度,量刑结果畸轻畸重,难以回应社会公众的质疑。此次量刑改革将定量分析引入量刑领域,可谓是一项重大举措。量刑规范性文件直接明确了定量分析的重要性。从2013年《量刑指导意见》最早确立的"在定性分析基础上,结合定量分析",到2017年《量刑指导意见》所明确的"以定性分析为主,定量分析为辅",并被2021年《量刑指导意见》沿用。确实,从现实角度出发,这一价值导向也是合理的。定性分析与定量分析是目的与手段的关系,有纯粹的定性分析,而绝无纯粹的定量分析,定量分析总是紧密围绕着定性分析而展开的,因此,"只有突出定性分析的主导地位,才能避免机械量刑、数字量刑,才能更好地实现量刑公正"。① 循此思路,回到"三步"量刑法,其中量刑起点的确立,虽然体现了定量分析的特征,但具体的量刑起点仍然是给了一个相对的幅度区间的,法官仍然具有一定的自由裁量空间;随后在确立基准刑的步骤中,则纯粹是定性分析在起作用;最后到确立宣告刑的阶段,对基准刑的调节,虽说有相关的数字化比例予以规制,但仍然是让法官在一个相对确定的幅度内求得最终的宣告刑。概言之,在这三个量刑步骤中,定性分析因素所占的比重仍然更多一些。"三步"量刑法体现了定性分析的主导地位,具有一定

---

① 南英主编:《量刑规范化实务手册》,法律出版社2014年版,第11页。

的合理性。

从以上分析可知,此次量刑改革所确立的“三步”量刑法,虽然有需要改进的地方(后文详述),但其确立的框架大体是合理的。在“三步”量刑法中,最重要的一个步骤就是基准刑的确立,在宏观上探讨了“三步”量刑法的大致运作规律及合理性之后,接下来就需要深入基准刑的应然与实然层面进行探讨,以期为将来量刑改革的进一步良性推进提供有益的借鉴。

(二)基准刑的价值目标

基准刑对整个量刑活动的顺利推进十分重要,成为贯穿量刑活动的主线。然而,需要进一步追问的是,基准刑所固有的价值蕴意何在?对于量刑活动所追求的量刑公正而言,基准刑更倾向何种向度?只有厘清这些问题,才能为基准刑的司法确立与完善提供指引。本书认为,基准刑在应然层面应重在实现以下三个方面的价值。

1. 实现报应正义

一个刑事待判案件所需要考量的因素,既包括社会危害性因素,也包括人身危险性因素。从基准刑的涵摄范围出发,基准刑涵盖了量刑起点及其基础上所增加的刑罚量,针对的规范外延是整个犯罪的事实。同时,这些总的犯罪事实是围绕犯罪构成的事实,而不能囊括犯罪构成事实以外的事实。对此项制度设计所给出的理由:“一是因为犯罪构成事实是犯罪社会危害性最集中的体现,是决定定罪并决定法定刑最核心的事实,把握住了犯罪构成事实,也就把握住了量刑的根本。二是个罪的犯罪构成事实都由刑法(及司法解释)作了明文规定,具有明确性和稳定性,如果经过比照,认为犯罪构成事实符合法定构成要件,即予以认定。而犯罪构成事实以外的犯罪事实包罗万象,复杂多变,缺乏明确性和稳定性,难以把握,不利于基准刑的确定。”①据此而言,基准刑的制度设计重在给出一个明确性、稳定性的量刑参考标准,从这个角度出发,基准刑所针对的是犯罪中的社会危害性事实(尽管不是所有的社会危害性事实,有些被纳入量刑情节层面予以调节,但这种调节仅仅是微调),只有社会危害性这种已犯之罪的事实才最具有明确性、稳定性的特征。然而,社会危害性的事实本身就体现着刑罚报应性的内容,这就决定了基准刑是以实现刑罚报应正义为逻辑起点的。

2. 实现罪刑均衡

量刑活动既有事实判断,也有价值判断,既有理性因素,也有经验成分,再加上不同法官有着不同的生活经历和主观价值偏好,很容易使量刑结果呈现出见仁见智的局面,不仅与普通人内心深处所怀有的朴素公平理念相违背,也与同等情况同等对待这种法治国家的基本要求相冲突。是故,现代法治国家普遍追求量刑的一致化,罪刑均衡原则也随之成为刑法的基本原则而被奉为圭臬,其不仅指导定罪,亦指导量刑。在量刑领域,基准刑这一法技术性手段的确立,主要在于给刑罚裁量提供一个较为明晰的标准来制约法官的自由裁量权,尽可能多地排除法官的个体性差异,从而最大限度地减少刑罚适用的不确定性因素,在大体上对类似案件形成一个较为一致的量刑结果。有学者就此指出:“合理确定基准刑,才能找到从轻、从重、减轻情节的坐标,量刑均衡才能得以实现,换句话说,基准刑是实现量刑公正的前提和基础。”②此外,鉴于基准刑被归结为以社会危害性为基础的报应刑的裁量范畴,而“当今社会的报应刑就是指责任刑”;③同时,预防刑不能超过报应刑

---

① 南英主编:《量刑规范指导案例》,法律出版社2016年版,第8~9页。

② 郝川:《中国量刑指导制度研究:以量刑指导意见为切入点》,人民出版社2013年版,第82页。

③ 张明楷:《犯罪常态与量刑起点》,载《法学评论》2015年第2期。

的上限,由此奠定了责任主义的基础。因此,基准刑的裁量其实就属于责任刑的裁量。张明楷教授也指出:“在责任刑裁量层面,要求罪刑均衡是妥当的。”①综上所述,罪刑均衡价值与基准刑的内在联系由此可见一斑。

3. 实现形式公正

德国学者认为:“量刑的概念性——就如同在‘刑罚加重’‘刑罚减轻’‘有利于’‘不利于’‘有利于以及不利于’字样中所包含的那样——只在当其具体指向某种具有可比性之物时,才具有意义与现实性。”②这种对量刑过程的描述与法官集体的经验理性相一致。在现实中,许多法官在量刑时都会自觉或不自觉地适当调整待判案件的量刑幅度,从而使之与之前所判的案件在刑罚的量上尽可能保持一致。这个调整的过程往往表现为,法官通过经验理性预先从主观上把握一个适当的经验基点,将该基点作为量刑趋重、趋轻调节的标尺,从而最终形成确定的宣告刑。通过这个纯粹经验理性量刑的全过程,不难发现,该过程既融入了罪刑均衡的思想,也渗透了类型化比较的方法论内容。申言之,基准刑在量刑过程中必不可少,其主要的价值在于“求同”,而不在于“存异”。基准刑的确立是法官在类型化比较的基础之上,通过经验加工不断“求同”而获得的。这就决定了基准刑的主要价值侧重实现量刑的形式公正,而非个案的实质公正。当然,正如“存异”是在“求同”的基础之上一样,量刑的形式公正成为实质公正的基础和前提,没有量刑的形式公正作为大框架与平台,量刑的实质公正则无从谈起。这再次映射出:量刑个案公正这一“存异”性的论题与基准刑这一“求同”性的法技术论题须臾不可分离。

---

① 张明楷:《责任刑与预防刑》,北京大学出版社 2015 年版,第 240 页。

② [德]汉斯-约格·阿尔布莱希特:《重罪量刑:关于刑量确立与刑量阐释的比较性理论与实证研究》,熊琦等译校,法律出版社 2017 年版,第 120 页。

（三）基准刑需要探讨的几个问题

明确了基准刑上三个应然的价值目标，接下来即可以对基准刑规范层面的相关问题进行厘定。有许多问题在学界至今尚未达成统一认识，需要探讨以确立基准刑的实然形态。本书将主要从下面三个方面进行论述。

1. 概念上，基准刑与量刑基准是否等同

基准刑这一概念并非舶来品，而是我国量刑改革的衍生物，在大陆法系国家的量刑理论中，更多讨论的是量刑基准的问题。

量刑基准的概念在我国刑法学界使用不统一，其在最广义、广义和狭义上分别被使用。在最广义上使用量刑基准概念的学者，以陈兴良教授为代表，他主张："量刑原则，又称为量刑的基准，它主要是解决量刑的时候，什么样的事项应作为考虑的对象，应根据何种原则来进行刑罚的量定等问题。"①在广义上使用量刑基准概念的学者，以张明楷教授为代表，其认为量刑基准"是指处理刑罚正当化根据的二律背反的理论，亦即在肯定了只能在责任刑的限度内考虑预防目的的前提下，是在责任刑的'点'之下考虑预防目的，还是在责任刑的'幅度'内考虑预防目的"。② 在狭义上使用量刑基准概念的学者，以周光权教授为代表，他指出："量刑基准，就是指排除各种法定和酌定情节，对某种仅抽象为一般既遂状态的犯罪构成的基本事实所判处的刑罚。"③

鉴于最广义的量刑基准概念过于抽象，并且其内涵更是超出了量刑基准所应有的范畴，学界采纳最广义的量刑基准概念进行探讨的并不多见。学界更多的还是在广义与狭义两种内涵上使用，且一般倾向于狭义的量刑基准概念。本书也认为，狭义的量刑基准概念更有助于

① 陈兴良：《刑法适用总论》（下卷），法律出版社1999年版，第284页。
② 张明楷：《刑法学》（第5版），法律出版社2016年版，第546页。
③ 周光权：《刑法客观主义与方法论》，法律出版社2013年版，第251页。

树立量刑的标尺,更能够贴近司法实践,故而,本书也采纳狭义的量刑基准概念作为研究对象。

随之引发的两个问题在于:量刑基准与基准刑之间到底有何种关系?从量刑指导意见的规范文本可以看出,基准刑的概念并不完全等同于理论上既有的广义乃至狭义的量刑基准的概念。由此需要进一步追问,量刑基准这一概念在理论上与实践中到底有无存在之必要?以下分而述之。

对于第一个问题,本书认为,(狭义)量刑基准不同于基准刑,二者有很大区别。具体体现为:其一,基准刑是一个司法概念,而量刑基准则仅仅是一个理论概念。详言之,基准刑是随着此次量刑改革而被引入量刑领域并用于指导司法实践的法技术概念。基准刑的设立目的在于给司法实践一个规范指引,从而限缩法官的自由裁量权,最终尽可能地实现罪刑均衡。与此不同,量刑基准则发轫于德、日刑法理论,是理论探讨层面的一个法学术语,旨在设定一个逻辑起点,即认为每个抽象个罪都存在一个量刑基准,只不过对抽象个罪的量刑基准是表现为一个点还是一个幅度尚存争议。其二,基准刑是在不对任何法定或酌定情节进行考量的前提下,针对具体犯罪既遂形态的基本犯罪事实所确定的刑罚量度。量刑基准针对的是抽象的个罪,是脱离具体个罪所进行的一定抽象化处理。其三,基准刑与量刑基准的思维运作模式也不同。在基准刑存在的场合下,其表现为一个“抽象—具体—具体”的认知路径。而量刑基准由于是针对抽象个罪而言的,对量刑基准所参与的量刑思维过程,则是一个“抽象—阶段抽象—具体”的思维过程。其四,量刑基准由于是针对抽象个罪的基本状态而言的,而每个个罪都可以抽象出一个基本状态,量刑基准对某个抽象的个罪应该具有唯一性。但基准刑则不同,基准刑不仅由基本犯罪事实构成,还涵盖了其他犯罪事实,其涵摄范围不仅要比量刑基准更为广泛,而且不同的犯罪有不同的基准刑,即使同一个犯罪,由于是以具体犯罪事实作为出发点的,也不存在唯一的基准刑,而是根据犯罪事实的不同存在多个基准刑。

在探讨了量刑基准与基准刑的不同之处后,便引出“量刑基准”这个概念还有无必要保留的问题。有学者认为,这一概念并无存在的必要,理由是:一是在体系上,量刑基准并不完备,仅仅聚焦于量刑起点与从重、从轻等方面,而忽视了量刑情节与方法步骤对量刑结果的影响;二是在方法上,量刑基准存在谬误,缺乏对犯罪构成主客观事实的研究;三是量刑基准概念本身就存在混乱,未达成统一认识;四是在实践中,量刑基准基本没有对司法实践的指导力。① 我们认为,量刑基准本身的确存在一些问题,且对司法实践的直接指导力较弱。但是,在理论研究层面,其仍然具有存在价值。理由在于:一方面,量刑基准概念提出的目的主要是限制法官的自由裁量权,以使量刑过程中的不确定因素尽可能减少,而这样的价值初衷与我们的量刑改革不谋而合。我国量刑改革自发生成的基准刑概念也是以量刑基准为逻辑起点的。虽然说每个抽象个罪都有一个具体的量刑基准有待法官去发掘,这一命题多少有些形而上学的价值预设成分在里面,但是,这也会时刻提醒我们量刑规则的制定者应该尽可能地贯彻这一思想,确保量刑活动分步推进,尽可能有利于法官量刑时去接近这个量刑基准,以此为基础进一步调节和修正刑罚量,以达到罚当其罪的目的。另一方面,量刑基准理论与量刑规律相吻合。量刑活动的基本规律便是以社会危害性这一基础性评价标尺为中轴,根据具体个罪相关量刑情节及量刑要素上下波动而确定宣告刑,在这个规律中发挥准星作用的即是理论界所提出的量刑基准。事实上,我国的“三步”量刑法也是与这个思路相契合的。一言以蔽之,量刑基准对基准刑仍然具有一定的理论指导作用。

---

① 参见王联合:《量刑模型与量刑规范化研究》,中国政法大学出版社2015年版,第60~63页。

2.结构上,量刑起点是否必要

在2009年以前,最高人民法院的相关指导性文件中并无量刑起点这一概念,在2009年之后的量刑改革的规范文本中,才出现了量刑起点。对量刑起点的定义是:“量刑起点(亦可简称为‘起点刑’)就是指在相应的法定刑幅度内,根据具体犯罪的基本犯罪构成事实的一般既遂状态所应判处的刑罚。”①由此可见,对是否需要量刑起点,认识上是有一定分歧的。

早期的量刑改革试点以及量刑改革规范性文件对量刑起点持否定态度。比如,江苏省姜堰市人民法院在2010年公布的量刑规范性文件中,就明确了五个步骤的量刑方法:选定法定刑幅度、确立基准刑、提取个罪量刑情节、拟宣告刑、确定宣告刑。其中就没有量刑起点,实际上是用基准刑取代了量刑起点。该法院对此给出的理由是,规定量刑起点容易使人认为量刑起点就是法定最低刑。② 此外,2008年最高人民法院颁行的量刑规范性文件也仅仅确立了“法定刑—基准刑—宣告刑”三个阶段的量刑过程,而没有规定量刑起点。所以,在量刑改革初期,形成了这样一种观点:“既然基准刑是根据犯罪构成事实确定的,那么基准刑可由最高人民法院直接规定,或者由法官一步到位直接确定即可,没有必要再由量刑起点和增加刑罚量两部分组成。”③

自2009年起,量刑改革的规范性法律文件就明确提出了量刑起点的概念。由此可见,目前最高人民法院肯定了量刑起点存在的合理性。有学者也支持这种观点,认为“量刑起点和量刑基准有区别的必要”,并主张“量刑起点有独立存在的价值”,④从而形成了一种占主流地位

① 熊选国主编:《量刑规范化办案指南》,法律出版社2011年版,第38~39页。

② 参见皮勇、王刚、刘胜超:《量刑原论》,武汉大学出版社2014年版,第369页。

③ 南英主编:《量刑规范指导案例》,法律出版社2016年版,第9页。

④ 李荣:《公正量刑保障机制研究》,中央民族大学出版社2013年版,第288页。

的肯定说。

本书认为，量刑起点是基准刑不可分割的一部分，量刑起点有独立存在之必要。理由是：其一，确立量刑起点，更有助于实现基准刑的应然价值目标。前已述及，基准刑的价值目标是为了实现罪刑均衡、形式公正与报应正义。而这三个价值归结起来就是为了达到量刑结果稳定与量刑过程明晰化的效果。如果没有量刑起点作为法定刑与基准刑之间的过渡阶段，那么整个量刑过程仍然会过于笼统。具体而言，最高人民法院在2008年的量刑指导性文件中对量刑过程的描述是："量刑时，应当先根据犯罪行为的社会危害程度在相应的法定刑幅度内确定基准刑，再根据被告人的主观恶性和人身危险性等量刑情节对基准刑进行调节，并在此基础上依法确定宣告刑。"①这里，并没有量刑起点。在省略量刑起点的量刑过程中，前一个根据社会危害程度确立基准刑的过程，难免会与后一个阶段的评价因素（行为人的主观恶性与人身危险性相关的评价因素）相互交织在一起，使量刑过程达不到明晰化的效果，从而使量刑结果的稳定性大打折扣。当量刑起点作为法定刑与基准刑的中介时，对社会危害性程度的评价也会随之分为两个阶段：一个是根据基本犯罪事实的既遂状态所对应的社会危害性评价，而另一个则是在此基础之上根据犯罪的行为、次数、数额等相关因素而增加的社会危害性评价。显然，当社会危害性程度的评价分为上述两个步骤时，量刑过程会更加透明与合理，量刑结果会更加确切与稳定。其二，更具有可行性。按照否定说的观点，基准刑可由最高人民法院直接规定或者法官直接确立，但是，这并不具有可行性。因为案件千差万别，不同的犯罪事实对应不同的社会危害。譬如，同样是故意伤害致人重伤，致使一人重伤与致使三人重伤的基准刑显然无法等同，否则便会有失公

---

①　熊选国主编：《〈人民法院量刑指导意见〉与"两高三部"〈关于规范量刑程序若干问题的意见〉理解与适用》，法律出版社2010年版，第533页。

允。因此,从客观上来讲,无法由最高人民法院对个罪径直规定绝对统一的基准刑,而只能由法官比照犯罪构成并根据案件的社会危害事实来确定。既然如此,将量刑起点作为宣告刑与基准刑之间的一个确立步骤,有利于保证在量刑起点阶段全国范围形成一个较为统一的标准,从而使量刑的起始过程不会呈现过大的差异。虽然个罪在现实中有多重社会危害性的样态,但至少个罪的基本犯罪事实所对应的犯罪构成是统一且明晰的;同时,量刑起点所对应的基本犯罪事实本就属于一种犯罪常态,而“犯罪的常态,只能根据刑法规定与统计数据予以确定”。[①] 刑法规定基本明确并且数据统计也完全可行,为大致确立一个相对统一的量刑起点提供了可操作性的空间,这也是将量刑起点作为一个独立阶段的意义所在。其三,更符合人的认识规律。人们对事物的认识是先从种类入手,抽象出共性的东西,然后再对不同之处进行认知,最终勾勒出具体待认知事物的本质特征。回到量刑阶段,先对基本的犯罪既遂事实赋予量刑起点,这就相当于对待量刑案件的“种”属性进行认知,然后,在基本犯罪事实的基础上,再考虑综合的权衡与评价,以完成“属差”的认识过程,最后才大致确定基准刑所要求的刑罚量。是故,确立量刑起点与人的认识规律相互吻合。

由此可见,确立量刑起点是必要的,它是量刑的第一步,也是关键的一步,为后续确立基准刑奠定了基础。

3. 形态上,基准刑究竟应该呈现为“点”还是“幅度”

我国量刑改革中所创设的基准刑的概念不同于量刑基准,基准刑是一个司法技术概念。虽然如此,但对于基准刑具体形态上到底是表现为一个具体的刑罚点还是一个刑罚幅度,仍然存在争议。根据2021年《量刑指导意见》,基准刑是“在量刑起点的基础上增加刑罚量”而确

---

① 张明楷:《犯罪常态与量刑起点》,载《法学评论》2015年第2期。

定的。也就是说，基准刑是起点刑与增加刑之和，且增加刑是根据犯罪数额、犯罪次数、犯罪后果等犯罪事实酌情决定的，因而，此处所讨论的基准刑的“点、幅”问题，其实可以简化为量刑起点的“点、幅”问题。

权威见解认为，对于一个具体犯罪而言，只有一个确定的量刑起点，它是根据该具体犯罪的基本犯罪构成事实，在相应的量刑起点幅度内确定的。① 从这个角度来看，虽然量刑起点在构成上表现为幅度，即可以在一定刑罚幅度内进行选择，但是，其本身是需要法官在量刑过程中予以明确的，因此，一旦作出选择后也就是一个具体的点。显然，这种见解是以动态的观点来看量刑起点的，其并未将量刑起点简单地看作是“点”或者“幅”。问题在于，量刑起点的这种幅度式的规定模式是否适当。换言之，量刑起点的确立到底是应当以一个统一确定的刑罚点为基础，还是应当以一个幅度的形式由法官自由裁量。由于它关涉量刑活动的统一性问题，不能不作更为清晰的讨论。

学界另一种看法主张量刑起点应该是一个具体确定的点，而不是一个幅度，其理由是，在选择量刑起点或者起点刑的场合，虽然是在一个以幅度为方式的法定刑范围内进行选择，但在量刑规范化的语境之下，量刑起点应该被塑造为一个具体的刑罚点或刑罚量值，同时，决定量刑起点的情节要素也应当以准确明晰的事实为规范模式。② 这种观点曾经也得到了部分地区司法实践的支持，比如，目前仍然有效的2017年《江苏省高级人民法院〈关于常见犯罪的量刑指导意见〉实施细则》（以下简称《江苏细则》），对故意伤害罪的量刑起点就作了明确规定，它是根据不同的伤残等级规定了不同且具体的刑罚量值，并且法官无须权衡审酌而只需要根据案情直接确定起点刑即可。

---

① 参见熊选国主编：《量刑规范化办案指南》，法律出版社2011年版，第39页。

② 参见王联合：《量刑模型与量刑规范化研究》，中国政法大学出版社2015年版，第83页。

此外,还有学者认为,量刑起点应该以一个幅度的方式来呈现,因为它很难体现为一个具体的刑罚值。① 目前,我国不同时期发布的几个版本的量刑指导意见都是以幅度的方式来对量刑起点进行规定的,可见,最高人民法院也认同"量刑起点是一个幅度"的观点。针对此观点,官方给出的理由是:"在法定刑幅度内,《量刑指导意见》之所以仍然规定一个量刑起点幅度,而不直接确定到'点',就是为了便于法官根据个案基本犯罪构成事实的具体情节来选择一个合适的量刑起点。"②

不可否认,量刑起点体现为一个具体的"点"而不是一个"幅度",可以使量刑保持整齐划一,避免法官在量刑过程中掺杂自由判断的成分,进而有利于防止量刑失衡。但是,本书依然认为,量刑起点还是应该以一个幅度的方式来呈现,其并不是一个绝对确定的刑罚量值。理由是:其一,前文已论及,基准刑针对的是具体个罪而非抽象个罪,所以,囊括于基准刑之内的量刑起点只能是相对于具体犯罪的基本构成事实而言的。这也就决定了个案之间不同的基本犯罪事实千变万化,在每一个单独的个案中,即使看似相同的情形,呈现出的实质上的社会危险程度也仍然会有差别。这就需要以一个幅度的方式来规定量刑起点,以便法官根据不同个案情况来斟酌确定量刑起点。其二,我国地域辽阔,不同地区经济发展不平衡,治安状况也存在较大差异,即使是基本犯罪构成事实完全类似或者等同的案件,社会危害性也必会随着地域差异、时间差异、情势差异等情况而有所不同。所以,采取幅度的方式,有利于地方法院根据自己的实际需要,因地制宜地确立起点刑,从而更好地实现刑罚目的。其三,无论是考虑到基准刑(量刑起点)不能

---

① 参见郝川:《中国量刑指导制度研究:以量刑指导意见为切入点》,人民出版社2013年版,第93页。

② 南英主编:《量刑规范指导案例》,法律出版社2016年版,第4页。

脱离具体个案的现实需要也好,还是考虑到刑罚裁量的地区差异也罢,最终都应归结为法官自由裁量权的赋予。以浮动的方式来确立量刑起点,可以为法官留下自由裁量的空间。量刑改革并不是为了完全剥夺法官的自由裁量权,而是为了限制法官滥用自由裁量权,因而,在量刑起点的选定上预留自由裁量的空间,无疑有助于法官更好地权衡个案并因案而异地确立起点刑,进而更好地实现量刑的个案公正。

基于此,2021 年及之前几个版本的《量刑指导意见》并未采取确定刑罚的"点"的方式,而是以一个"幅度"的方式来规定量刑的起点。

(四)基准刑的确立与完善

基准刑的确立分为两个向度:一个是立法向度,另一个是司法向度,需要分别予以阐述。而本章重在阐述司法向度,且考虑到对于基准刑的量刑实践重在引导法官合理地选择适当的基准刑,学界对此也多有论及,因此,本书拟对此问题仅从方法论的角度进行简要阐释,着重对司法适用问题予以论述。同时,通过上文分析,2021 年《量刑指导意见》对基准刑所规定的模式具有一定的合理性,但并不意味着没有改进的空间,因此,本书也试图对需要改进的措施进行说明。

1. 基准刑的生成法则——实证分析法

对于基准刑应如何生成的问题,学界有多种观点,如"中线论""分割线论""形势论""主要因素论""重心论"等。由于学界对该问题探讨的资料较多,本书无意堆砌文字而过多着墨,仅仅阐明立场观点:基准刑应该通过实证分析,以大量已判决案件为样本,提炼出较为平均化的刑量来确定基准刑。有如下几点理由。

第一,基准刑实际上是对法定刑的进一步细化,这也说明,基准刑本质上脱胎于法定刑并由社会危害性的当量所决定。由于具有社会危害性的事实往往源自既往发生的事实且较为固定,常态犯罪较容易通过统计数据获得,而且通过实证分析所得出的相应量刑数值也变得具有可行性。

第二,量刑活动本质上来说是一个通过经验予以加工的过程,而加工的工具就是经验理性之下的标准化及类型化。只不过,“量刑是自发的自下而上的经验归结,而不是在宏大理论体系指引下的逻辑演绎,因为量刑的合理性必然是相对特定时空的一种具有应然性的量刑结论”。[①] 所以,只有通过实证分析来对法官的经验理性进行归纳总结,才能够提出符合量刑规律的合理量刑依据。

第三,基准刑的应然价值是为了量刑的均衡与稳定,而基于大样本的量刑实证分析所得出的结论最具有可预测性与稳定性。换言之,基准刑的实证分析过程其实就是完成了一个“求同”的过程。这不仅契合了基准刑的应然价值诉求,也能够提高司法公信力与社会满意度。

第四,基于实证分析凝练基准刑的刑量,可以防止逻辑演绎法则的封闭。因为实证分析不只是冰冷的数据分析,更能还原为法官集体的经验智慧,这种经验智慧决定了量刑的结论并非一成不变的,而是随着时间的推移、经济的发展、观念的变迁、社会对某些犯罪包容度的增减而潜移默化地反映在量刑数据的变迁之中。因此,持续透过实证数据分析,可以得到一个动态开放的基准刑刑量值。

本书认为,实证分析法摒弃了纯粹逻辑演绎分析的形而上学的成分,这并非实证分析法的缺陷;相反,这恰恰是其具有生命力的一面,更重要的是它更能够实现量刑的公正。因为对常态犯罪的分析以及对平均基准刑量的提取,能够符合比较基础之上的个案公正的外在标准。

2. 基准刑的实践确立方法

根据现行《量刑指导意见》的规定,基准刑的确立是由量刑起点与增加的刑罚量所构成的,因此,欲合理地确立基准刑的刑量,其重心在

---

① 张训:《论量刑规律》,载《中国刑事法杂志》2010年第1期。

于合理地确立起点刑与增加刑。起点刑与增加刑属于前后相继的两个步骤,并且它们分别对应着基本的犯罪事实与其他影响犯罪构成的事实,所以需要分别予以探讨。

(1)基本犯罪构成事实的确定

根据现行《量刑指导意见》的规定,量刑起点需要“根据基本犯罪构成事实在相应的法定刑幅度内确定”。因此,确立量刑起点的关键,即在于弄清楚何为基本犯罪构成事实。“所谓基本犯罪构成是指,符合特定犯罪构成特征并达到在相应的法定刑幅度内量刑的最起码的构成要件,就具体犯罪而言,就是基本犯罪构成事实。”①这一定义虽然具有一定的权威性,但依然十分抽象,并不能形成很好的实践指导。

我们认为,对基本犯罪构成事实需要从以下几个方面来把握:

第一,基本犯罪构成事实并不一定唯一,它需要结合具体的法定刑来认定。有些犯罪只有一个法定刑幅度,如非法侵入住宅罪,因此,对该罪就仅仅有一个基本的犯罪构成事实,但是,有些犯罪如故意伤害罪或者盗窃罪等,它们具有多个法定刑幅度,因此,每一个法定刑幅度就对应一个最基本的犯罪构成事实。以《刑法》第234条故意伤害罪为例,故意伤害致一人轻伤且无其他情节的,就属于第一个法定刑幅度内的基本犯罪构成事实;故意伤害致一人重伤且无其他情节的,就属于第二个升格法定刑幅度内的基本犯罪构成事实;依次类推。

第二,基本犯罪构成事实必须以刑法规定为标尺。从上文分析可知,基本犯罪构成事实需要结合法定刑幅度来认定,其可以表现为一个类型化的事实。但是,类型化的事实虽然可以决定罪质,并与其他事实区别开来,但在认定的时候必须结合具体个案比照刑法规定。正如学者所言,事实要素各不相同,千变万化,然而其评价标尺都是刑法规范

① 熊选国主编:《量刑规范化办案指南》,法律出版社2011年版,第40页。

文本,在这一点上是同一的。犯罪构成与否及其严重与否的权衡标准就是刑法本身,并且它“指导着从事实中寻找罪素,并确定刑的轻重范围”。[①] 例如,在冒充军警人员抢劫的案件中,“冒充”行为可以成为抢劫罪升格法定刑幅度内的基本犯罪构成事实,然而,在冒充军警人员进行敲诈勒索的情形之中,这种冒充行为就不能归结为敲诈勒索罪中的基本犯罪构成事实,其仅仅只能以酌定从重的量刑情节来认定。

第三,基本犯罪构成事实具有相对性。在某些情况下,犯罪行为人并不是仅仅依照刑法的构成要件要素所决定的事实来实施行为的,很有可能一个行为人实施的是多个相对独立的犯罪构成事实。以拐卖妇女、儿童罪为例,如果案件的行为人拐卖了一名妇女,并通过先强奸后强迫的手段让该妇女到娱乐场所从事卖淫服务,还最终将她卖往境外,那么,这些行为就同时齐备了三个基本的犯罪构成事实,亦即奸淫被拐卖的妇女、强迫被拐卖妇女卖淫、将被拐卖的妇女卖往境外。显然,当法官在选择其中一个作为基本的犯罪构成事实之后,其他的事实则会转变为“其他犯罪构成事实”。所以,基本犯罪构成事实具有相对性的一面,根据案件的适用情况,在某些场合下会发生转换。

(2)如何确定其他影响犯罪构成的事实

2021年《量刑指导意见》规定,基准刑是“根据其他影响犯罪构成的犯罪数额、犯罪次数、犯罪后果等犯罪事实”,而在量刑起点的基础上增加刑罚量来确定的。所以,何为“其他影响犯罪构成的事实”?是需要根据具体案件情况来进行确定的。

我们认为,甄别其他影响犯罪构成的事实,主要在于识别其他影响犯罪构成的事实与基本犯罪构成事实是否具有质的同一性。具体而言。

---

① 王敏:《标准:基准刑确定的根据》,载《政治与法律》2010年第3期。

一方面，质的同一性可以区别出其他影响犯罪构成的事实与量刑情节。具言之，基本犯罪构成事实是一般成立犯罪既遂的事实，而其他影响犯罪构成的事实，如犯罪数额、犯罪次数、犯罪后果等，都与基本犯罪构成事实具有质的同一性，且仅仅是在量上具有叠加性。若二者不具有质的同一性，则可能会成为量刑情节来予以考量。譬如，行为人致一人轻微伤、两人轻伤、一人重伤并持械。那么，在量刑时，就应当以重伤的结果作为基本犯罪构成事实，并以此来确定量刑起点；同时，致一人轻微伤、两人轻伤的事实则应当作为其他影响犯罪构成的事实，从而在量刑起点的基础上增加刑罚量以得出基准刑；另外，持械这个事实则属于量刑情节，仅仅可以调整基准刑。因为轻微伤、轻伤、重伤都属于故意伤害的结果范畴，在伤害这个本质上具有一致性；而持械则不同于伤害，其具有质上的不同属性。此外，值得注意的是，在 2009 年最高人民法院曾经试行的《新增十个罪名的量刑指导意见(试行)》中，诈骗的次数也被作为增加基准刑的其他犯罪构成事实。但是，既然诈骗罪是纯粹的数额犯，那么将不具有同质性的事实(多次诈骗)作为诈骗罪的其他犯罪构成事实显然就是不当的。故此，2017 年《量刑指导意见》才删去了诈骗罪次数增加刑罚量的规定，并反映在 2021 年《量刑指导意见》中。

另一方面，质的同一性决定了同一罪名内部的多种选择性构成要件之间不能相互叠加为其他影响犯罪构成的事实。在我国，《刑法》分则大部分罪名仅仅只有一种行为模式，但也有一些犯罪具有多种构成要件模式，如盗窃罪，不仅数额较大可以构罪，多次盗窃、入户盗窃、携带凶器盗窃、扒窃也能单独构罪。但是，盗窃数额与盗窃次数、入户盗窃、盗窃手段等事实具有质的不同之处，所以在个案量刑实践中，不可轻易叠加处理。

3. 基准刑的完善

通过前文分析可知，目前我国“三步”量刑法中的基准刑设置基本上是合理的，它改变了以往“估堆式”的量刑法，不仅对量刑的均衡性与统一性具有助益，也为个案妥当性的权衡留下了法官自由裁量的空间。尽管如此，未来我国量刑改革中的基准刑设置还应当从以下几个方面来进一步改进。

其一，对量刑起点，应进一步限缩幅度。在实践中，量刑起点的确立关乎基准刑合理确立的关键与成败，且量刑起点本身就属于基准刑的核心部分。前已述及，基准刑以犯罪的社会危害性为判断基础，其应然价值在于实现罪刑均衡、形式公正、报应正义，这就决定了量刑起点虽然从立法技术上需要以幅度的方式来呈现，但其本身肩负着要实现量刑统一化的职能，因此，过大的幅度会使这个目的落空。此外，量刑起点不同于法定的最低刑，其需要对应基本犯罪事实且刚达至既遂状态的刑罚量，所以，为了给从犯、未遂等情形留下适用的余地，需要量刑起点在设置上略高于法定的最低刑。

其二，对于增加刑，各地的实施细则对增加刑罚量的规定设置应该在体现量刑统一性原则的基础上，兼顾灵活性。基准刑以量刑统一性为要旨，这就需要尽可能地减少量刑的不确定性因素，即使是对非数额性增加刑罚量情况的裁量也应该贯彻这种理念。所以，尽可能详尽而明确地区分量刑区别化的情形，并赋予小幅度的裁量空间，既坚持了量刑均衡的优先性，又兼顾了量刑的灵活性，可以实现量刑统一性基础之上的个案公正。

第九章　作为个案公正调节因素的酌定量刑情节

在刑事案件中,法定量刑情节的数量通常是比较有限的,却有着名目繁多的酌定量刑情节需要考虑。对酌定量刑情节的合理判断与适用,不仅考验一个法官的法律智慧与司法水平,也直接关系刑事个案公正的实现。一方面,酌定量刑情节本来就是因案而异的情节,且需要以法官裁量权的行使为依托,以刑罚个别化为指针,对不同犯罪之间的量刑发挥区别功能,因而,它可以被看作实现刑事个案正义的重要调节因素。易言之,不能体现个别化裁量思想而仅追求个案公正的情节就不能被称为酌定量刑情节。另一方面,酌定量刑情节属于法官在具体个案认定过程中需要综合考量的情节。在这个综合考量的过程中,法官不是完全受制于抽象的法律条文,也不是完全拘泥于指导性案例,而是运用其自由裁量权进行酌情定夺。这也是酌定量刑情节所谓“酌定”之所在。而“酌定”一说，已经清楚地表明一个事实：酌定量刑情节酌定性的特征以及与之匹配的综合性自由裁量权，恰好是实现个案公正的契机与保障。故而，如何合理地适用酌定量刑情节对实现量刑的个案公正至关重要，有必要进行深入讨论。

一、酌定量刑情节的适用原则

在司法实践中，酌定量刑情节的适用问题较为复杂，这主要是因为，酌定量刑情节缺乏规范指引，不具有法定量刑情节那样的典型性；而且酌定量刑情节的提取范围具有广泛性，这也决定了其选择适用不易把握。因此，要做到酌定量刑情节被规范化地适用，必须首先明确能够贯穿量刑活动始终的酌定量刑情节的适用原则，以起到纲举目张之效。本书认为，酌定量刑情节的适用应遵循以下原则。

（一）全面提取适用原则

所谓全面提取适用原则，是指在法官提取和适用酌定量刑情节的时候，应该综合性地全面考察关于待判个案所有可能对量刑结果产生影响的事实与因素，不能有所偏废。具体而言，酌定量刑情节的全面提取适用原则主要体现在以下三个方面。

第一，酌定量刑情节与法定量刑情节同等适用。长期以来，对于酌定量刑情节的适用规则一直存有一个误区，即认为法定量刑情节的适用应当优先于酌定量刑情节。但是，我们认为，酌定量刑情节的全面提取适用，就是需要法官不能忽视其所提取的酌定量刑情节的适用力度，亦即酌定量刑情节与法定量刑情节同时对量刑结果的调节发生影响，二者本身并无高下优劣之分。在量刑过程中，酌定量刑情节立足于刑罚个案妥当性为基础的个案公正之实现，需要法官逐一考察全案的法定与酌定量刑情节，针对个案的特殊情节具体问题具体分析，进而综合考量并决定最终的量刑结果，不可人为地对酌定量刑情节的适用效力“减等”。

第二,不忽视影响微小的酌定量刑情节。在现实司法实践中,酌定量刑情节本身也有很多种类。有的酌定量刑情节体现个案的社会危害性与人身危险性程度较高,对量刑结果的调节力度也较大;而有的酌定量刑情节则对最终的量刑结果的影响微小。此时,法官绝不能忽视对影响微小的酌定量刑情节的提取与适用,仍然应该做到一视同仁。

第三,同等对待有利与不利情节。酌定量刑情节对刑罚的影响力,有的是与刑罚适用力度呈正相关性的,其不利于被告人;而有的则是有利于被告人的,属于减轻刑罚适用的酌定量刑情节。对此,法官在量刑时不能受到重刑主义思想的影响,只重视不利情节的提取与适用,而忽视有利情节。正如林山田教授指出的那样:"刑罚裁量事实中,有对行为人不利而可作为从重裁量的依据者,同时,亦有对行为人有利而可作为从轻裁量的依据者,故法官审酌刑罚裁量事实时,对于这两类不同评价方向的刑罚裁量事实应同时兼顾,给予同等分量的注意,切忌厚此薄彼;否则,即无法公正裁量。"①此外,法官也不能走向另一个极端,过于注重刑罚的轻缓化而过度追求量刑畸轻,以致只重视对被告人有利的酌定量刑情节。概言之,法官应当以实现量刑公正为目标,综合全面地考量与评判有利与不利的酌定情节,而不是人为地进行取舍。

(二)偏重预防原则

这里所谓的偏重预防原则,也就是偏重特殊预防主义,它主张法官在提取和适用酌定量刑情节的时候,应该重视能够体现被告人人身危险性的酌定量刑情节,以便更好地实现刑罚预防犯罪的目的。之所以将偏重预防原则作为酌定量刑情节的适用原则予以强调,主要是基于以下三个理由。

第一,从实证角度分析,酌定量刑情节侧重于特殊预防目的之实

---

① 林山田:《刑法通论》(下册),北京大学出版社2012年版,第361~362页。

现。有学者曾经对司法实践中的酌定量刑情节的适用情况作过实证统计分析，并提出："在研究的1589个样本中，适用酌定量刑情节2545个，其中体现为预防刑理念的酌定量刑情节有2455个，占酌定量刑情节总数的96.5%，主要包括赔偿被害人经济损失情节、当庭自愿认罪情节及认罪态度好情节；而体现报应刑理念的酌定量刑情节仅有90个，占酌定量刑情节总数的3.5%，主要包括犯罪手段残忍，犯罪后果严重或较轻的情节、以弱势群体为犯罪对象情节及犯罪中的作用大小情节。"①因此，酌定量刑情节的实践表达从客观上说明了其重在对特殊预防目的的贯彻。

第二，从本质属性来看，酌定量刑情节以个案特殊性为向度。首先，酌定量刑情节所反映出的不同犯罪之间以及相似犯罪之间的不同之处，具有"因案而异"的特征属性，其是法官甄别不同案件而有针对性地调整量刑结果的重要参考因素。此外，酌定量刑情节所凸显出的酌情定夺的特质需要赋予法官一定的自由裁量权，而酌定量刑情节所依托的自由裁量权的授予，主要是为了能够使法官在量刑过程中考量到个案的不同之处以便于行事。有学者提出，酌定量刑情节本身就是为了调节基准刑而形成具体个案的量刑结果，体现为刑罚个别化的需要。② 而特殊预防也是基于刑罚个别化的产物，因此，二者之间在内在的本质属性上存在融贯性。其次，特殊预防所针对犯罪人的特点，使表征人身危险性的因素难以通过典型性的方式予以归纳并形成类型化，而这恰好与酌定量刑情节自身所具有的广泛开放性特征相契合。最后，承认酌定量刑情节对特殊预防的侧重性，有利于在保持量刑均衡的基础上实现个案的衡平与正义。虽然酌定量刑情节并非全部针对特殊预防主义的考量，也有针对报应主义的酌定量刑情节，但是，报应刑是

① 耿磊：《酌定量刑情节规范化路径》，法律出版社2017年版，第69页。

② 参见石经海：《量刑个别化的基本原理》，法律出版社2010年版，第294页。

基于相对客观的社会危害性而言的，与预防刑相比，报应刑更容易被规范类型化而予以明确化。这样的制度安排可以确保法官在酌定量刑情节的考量层面主要针对难以类型化、明确化的特殊预防情节予以酌定考量，进而对基准刑进行一定微调，以防止报应刑的过度变动而影响到量刑的均衡化。质言之，侧重特殊预防主义而不是报应主义去权衡酌定量刑情节，有助于以报应为基础兼顾特殊预防，从而达致量刑的稳定性，也即达致形式公正基础之上的实质公正。

第三，从规范文本观察，酌定量刑情节侧重特殊预防，与我国量刑改革所确立的量刑方法不谋而合。上已述及，现行《量刑指导意见》确立了起点刑、基准刑、宣告刑的"三步"量刑法。起点刑是针对既遂状态的一般犯罪事实而言的；基准刑是基于一般犯罪事实基础之上的犯罪数额、次数、结果等客观事实而予以增加的刑罚量；而酌定量刑情节则是对基准刑的调节，进而最终形成宣告刑。因此，"无论是起点刑的确定还是基准刑的计算，无不是对犯罪人社会危害性的评价，是刑罚报应要求的集中反映。那么，在随后的宣告刑形成阶段，自然也是兼顾预防刑的理念，由主要体现预防刑情节的量刑情节对基准刑进行调节"。[①] 从这个角度来看，将酌定量刑情节的价值取向定位于偏重特殊预防，能够与我国的"三步"量刑法同步。

（三）禁止重复评价原则

在刑事领域，禁止重复评价原则存在两个层面的意义，有定罪上的禁止重复评价原则和量刑上的禁止重复评价原则之分，本书此处所指的则是后者。林山田教授将量刑上的禁止重复评价原则称为重复使用禁止原则，他指出："重复使用禁止（Doppelverwertungsverbot）乃谓禁止对于法条所规定的构成要件要素，在刑罚裁量中再度当作刑罚裁量事

---

① 耿磊：《酌定量刑情节规范化路径》，法律出版社 2017 年版，第 171 页。

实,重复加以使用,而作为从重裁量或从轻裁量的依据。”[①]实际上,很多国家的刑法典已经明确写入禁止重复评价的原则。例如,《德国刑法典》第46条关于量刑的基本原则便规定:“属于法定构成要件的情况,可不予考虑。”显然,该规定意味着,属于法定构成要件的情况,由于已作为定罪情节而被使用,不能再作为量刑时考虑的因素。换言之,在量刑阶段,应当将定罪情节与量刑情节予以区分,不可在两个环节重复评价。又如,《俄罗斯联邦刑法典》第61条第3款也规定:“如果减轻处罚的情节已在本法典分则相应条款中作为犯罪要件加以规定,则它本身不得在处刑时再重复予以考虑。”并且,该法典在第63条第2款同时对加重处罚的情节也作了类似规定。除此之外,日本对量刑上的禁止重复评价原则虽然没有明文规定,但该原则普遍被认为是合理的。[②] 在我国,最高人民法院2010年《量刑指导意见》明确规定:“对于同一事实涉及不同量刑情节时,不能重复评价。”尽管2013年和2017年的《量刑指导意见》删除了该条文,但我们认为,禁止重复评价已然成为刑法领域一项不言自明的公理。2021年《量刑指导意见》虽然也没有像2010年《量刑指导意见》那样对量刑情节的禁止重复评价作总体性的规定,却明确规定了“认罪认罚与自首、坦白、当庭自愿认罪、退赃退赔、赔偿谅解、刑事和解、羁押期间表现好等量刑情节不作重复评价”。

酌定量刑情节的禁止重复评价原则具体包括两个方面的内容:其一,作为具体犯罪构成要件的事实被评价之后,不得再作为酌定量刑情节予以考量。例如,就公职人员的职务犯罪而言,一旦公务员的身份成为犯罪构成要件要素而予以定罪评价之后,该身份就不可再次作为酌

---

① 林山田:《刑法通论》(下册),北京大学出版社2012年版,第362页。

② 参见[日]城下裕二:《量刑理论的现代课题》(增补版),黎其武、赵姗姗译,法律出版社2016年版,第76页。

定从重的情节予以评价；又如，在过失致人死亡罪中，死亡结果既然是构罪的定罪情节，那么，在量刑过程中就不得再次酌情考量死亡因素而予以从重处罚；再如，对于《刑法》分则中有暴力手段外加情节严重的犯罪(如强迫交易罪)，当被告人使用了暴力手段且属于情节严重时，情节严重的构成要件事实则不得在量刑中予以考虑。其二，酌定量刑情节之间、法定量刑情节与酌定量刑情节之间，已经在量刑阶段评价过的情节不得再次被评价。例如，对一个被告人实施的一个犯罪行为，如果法官认定为具有自首情节，那么不能再考虑适用当庭自愿认罪这一酌定量刑情节而予以从轻量刑，因为当庭自愿认罪这一酌定考虑因素已经包含在自首之中了。

酌定量刑情节在适用中遵循禁止重复评价原则，不仅是罪刑相适应原则的客观需要，也是防止量刑畸轻畸重从而实现个案公正的有力保障。退一步讲，即使《量刑指导意见》没有明文规定，在实践中，“对于同一事实涉及不同量刑情节时，不能重复评价”，也应被作为量刑领域的基本指导原则。

二、单个酌定量刑情节的适用规则

考虑到一个案件中酌定量刑情节的适用有单个和多个之分，而单个酌定量刑情节的适用是多个酌定量刑情节适用的基础和前提，所以，首先需要搞清楚的是单个酌定量刑情节的适用问题。同时，需要清醒地认识到，酌定量刑情节的适用是一个难度较大的问题。比如，意大利刑法学者帕多瓦尼就曾指出：“由于无明确规定的加重情节是一种法律没有规定确切的限制，实际上完全是由法官来决定是否加重刑事责任的情况，因而如何解释这种情节同具有宪法意义的明确性原则的关系，是一个很严肃的问题。”①故此，酌定量刑情节的适用并不是一个按

① [意]杜里奥·帕多瓦尼：《意大利刑法学原理》，陈忠林译评，中国人民大学出版社2004年版，第243页。

图索骥般的静态过程，而是一个动态开放的智力活动，体现为一定的思维逻辑过程。具体而言，法官必须明确具体有哪些情节能够成为酌定的量刑情节，从而对基准刑的调节产生影响。在此基础之上，法官再对进入其视野的酌定量刑情节斟酌判断，在综合具体案情的基础上对这些情节影响刑罚的轻重程度进行衡量，以实现酌定量刑情节对刑罚调节的功能。此外，纳入法官适用视野的酌定量刑情节还需要经得起刑罚基本理论的正当性拷问。概言之，酌定量刑情节的适用过程是一个酌定量刑情节的选取与功能实现的过程，并且前者主要体现为定性分析，而后者则侧重定量分析。

（一）酌定量刑情节的提取规则

酌定量刑情节的适用首先在于如何提取。提取哪些情节作为酌定量刑情节，对正确适用酌定量刑情节具有决定性的意义，因此，这是需要首先予以厘定的问题。

1. 以刑罚的正当化依据为提取的实质标准

在理论界，一般均认为报应主义与预防主义是刑罚的正当化依据，这并无过多争议，在笔者看来，将刑罚的正当化依据作为酌定量刑情节提取的实质性标准，需要做到以下两个方面。

一方面，需要从学理上以及司法实践中确立责任刑情节与预防刑情节的划分。目前，量刑情节划分为法定量刑情节与酌定量刑情节。这种划分对法官量刑来说意义并不大，甚至有可能导致酌定量刑情节被过度弱化，但是，其有利于在量刑情节的适用过程中贯彻刑罚的正当化依据。影响责任刑的情节往往是基于行为的社会危害性而言的，表现为对法益的侵害及其程度。犯罪构成要件之外的一些能够客观表征犯罪行为的社会危害性大小的因素，便成为以责任刑为基础的法定量刑情节，如犯罪行为的手段、犯罪的后果等情节。同时，体现人身危险性大小的情节，则可以被视为影响预防刑的酌定量刑情节，它们表征着行为人的再犯可能性以及社会对其改造的难易程度，如犯罪行为人罪前、罪后的态度等情节。将刑罚的正当化依据作为提取酌定量刑情节的实质性标准，需要法官对具体案件的诸多情节围绕这条主线来进行甄别。比如，我们不能将被害人劣迹作为酌定量刑情节来提取，从而认为被害人劣迹可以减轻被告人的责任。倘若在犯罪行为人从轻处罚的酌定情节中将被害人劣迹囊括进来，则完全可能助长犯罪行为人主动侵害有历史劣迹的被害人。①

另一方面，需要确立影响责任刑酌定量刑情节适用的优先性。责任主义要求以责任划定刑罚的上限，尤其是消极的责任主义倡导没有责任就没有刑罚，显然，这就意味着需要以责任刑制约预防刑。因此，在确立酌定量刑情节的时候，首先需要考虑的是影响责任刑的量刑情节，根据这些情节对责任刑进行调节之后，再进一步考虑影响预防必要性大小的预防刑的情节，顺序不可颠倒，否则必然会与责任主义相悖而造成量刑失当。也正因如此，张明楷教授才指出："对影响责任刑的情节与影响预防刑的情节不能等量齐观，也不能将二者总合考虑。影响责任刑的情节是确定责任刑的根据。在确定责任刑时，不得考虑预防的必要性大小。"②

总之，在考虑具体某个情节是否属于酌定量刑情节时，首要考虑的是能否体现行为的人身危险性，这是一个实质性的衡量标准。申言之，刑罚正当化依据是提取酌定量刑情节的基础，其贯穿整个酌定量刑过程的始终。

2. 以经验性验证为提取的形式标准

曲新久教授曾指出："无论是'犯罪的社会危害性'还是'犯罪人的

---

① 参见周金刚：《酌定量刑情节的泛化现象研究》，载张仁善主编：《南京大学法律评论》2010年春季卷（总第33期），法律出版社2010年版。

② 张明楷：《责任刑与预防刑》，北京大学出版社2015年版，第274页。

人身危险性’都是已然的、实际存在的，而不是未然的、尚不存在的，它们都是一种客观现实存在——犯罪与犯罪人的内在属性。”①所以，酌定量刑情节虽然重在体现刑罚个别化原则而偏重行为人的犯罪预防层面，但从酌定量刑情节本身来看，其仍然是客观存在且能够得到经验证明的。换言之，法官对酌定量刑情节的把握是凭借案件相关的证据材料与客观情形来进行的，并且，这个过程并不是一个完全借由内心主观恣意认定的过程。当然，从另一个角度思考，经验性的验证标准也为我国的法官提出了一个要求，即只要是能够在经验层面全面客观反映行为人人身危险性程度的相关情节，均应被纳入法官酌情裁量的视野之中。尤其对反映预防刑裁量的酌定情节，法官绝不能因人身危险性较难认定而不当地限缩考量范围。但是，在司法实践中存在一种倾向，即法官对行为人罪前因素的考量往往拘泥于前科劣迹，而容易忽视行为人除此之外的其他能够表征人身危险性的事实因素，显然，这就没有合理地依据形式化标准甄别酌定量刑情节。

有学者认为：“在酌定量刑情节的认定过程中，典型性是必须坚持的程度标准，借此可以将那些细枝末节、对量刑结果影响力极小甚至不该有影响的非典型案件情节予以排除。”②本书并不完全赞同这种看法，不可否认，典型性特征确实有助于法官对酌定量刑情节进行甄别，防止法官提取酌定量刑情节时无所适从。但是，酌定量刑情节数目毕竟繁多且难以一一穷尽，再加上社会生活的错综复杂与具体案情的千差万别，因此，一味地考虑典型性的酌定量刑情节，只会不当地限缩酌定量刑情节的适用范围。此外，即便是经常发生的看似典型的酌定情节，站在不同的角度与立场也会产生不同的解读。例如，强奸的对象是

---

① 曲新久：《刑法的精神与范畴》（2003 年修订版），中国政法大学出版社 2003 年版，第 535 页。

② 许美：《酌定量刑情节规范适用研究》，黑龙江人民出版社 2016 年版，第 142 页。

卖淫女这一情节,既可以认为行为人是基于卖淫女普遍容易忍气吞声且不敢报警这一特性,故而,认定行为人具有较大的人身危险性而予以从重处罚;也可以认为卖淫女这一特殊身份群体具有诱发强奸犯罪的成分,故而,认为可以给予行为人酌情从轻处罚。又如,光天化日之下实施盗窃这一情节,既可以认为行为人公然实施犯罪,因而应给予从重处罚;也可以认为白天盗窃会使案发后容易被及时发现,因此,可以给予行为人从轻处罚。显而易见,酌定量刑情节与法定量刑情节的不同之处在于,难以概括性涵摄与灵活多变,而这恰恰是酌定量刑情节生命力之所在。酌定量刑情节与法官自由裁量权须臾不可分离,二者融合交织在一起,共同发挥着弥合事实与规范之鸿沟,进而实现个案公正的功能。

当然,典型性特征虽然不能够独自成为甄别酌定量刑情节的形式化标准,但是,典型性特征仍然具有重大的理论价值与实践意义。其一,典型性特征可以成为形式化标准的辅助认定指标。易言之,通过个案之间的比较进而抽象出来的常态化酌定情节,本身就是客观意义上存在且可被感知的,其属于经验性可资验证性的范畴,否则就无所谓常态化与比较之说。其二,典型性特征也为酌定量刑情节法定化的实现提供了经验上的来源与依据。量刑指导意见及其实施细则对常见犯罪的酌定量刑情节的规定正是对典型性酌定情节在规范层面的抽象提升,为司法实践合理适用酌定量刑情节提供了方法指引。其三,典型性特征有助于反向排除酌定量刑情节的适用范畴,进而将不该纳入酌定量刑情节范围内的因素排除在外,而这也是接下来需要探讨的问题。

(二)不该纳入酌定量刑情节的因素

上文分析了酌定量刑情节的提取规则并总结出了一定的标准。然而,不得不承认,上文提出的标准仅是一个指导性的理论探讨,酌定量刑情节不一而足,难以提供一个精确的提取公式给予法官适用,更多地需要法官根据具体案情综合认定。同时,随着酌定量刑情节理论研究的深入,对一些争议性较大且典型的酌定量刑情节予以分析,也有助于法官对酌定量刑情节进行合理把握。

1. 关于被告人的一贯表现

被告人的一贯表现能够反映出一定的人格特性。例如,有的人平时谦虚礼让、待人平和、遵纪守法、对朋友讲义气、对父母尽孝道,有的人平日欺行霸市、横行乡里、惹是生非。被告人的一贯表现可以成为酌定的量刑情节。例如,有学者认为,刑罚科处的酌定量刑因素可以考虑犯人的品行,而"犯人之品行:即犯人之品德与素行,如素行温和,偶尔伤人"。[①] 但是,不是所有与被告人相关的一贯表现都能成为增加或减少预防刑的考量情节,而是需要结合具体个案,在具体个案中与预防必要性大小相关联的一贯表现才能够成为影响预防刑大小的酌定量刑情节。例如,对一个犯强奸罪的被告人来说,与强奸罪紧密关联的应该是平日里有无对妇女动手动脚、猥亵等不良行为的存在,据此来考察被告人再犯强奸罪的可能性大小。而与这些无关的其他一贯表现则与强奸罪的预防必要性不甚相关,不能成为酌定量刑情节。例如,不能认为在校期间不认真学习是与抢劫、杀人具有相关性的从重酌定量刑情节,被告人不认真学习并不必然导致犯抢劫罪、故意杀人罪。所以,不能将被告人所有的一贯表现均纳入再犯可能性大小考量之下的酌定量刑情节,而是需要结合具体的案情与涉嫌的罪名综合认定。

2. 关于社会治安状况

社会治安状况,是指一定时间和地域范围内的社会公共安全形势。本书不赞同将社会治安状况作为酌定量刑情节来考虑。理由在于,维护社会治安状况是基于一般预防的考量,是为了通过增加刑罚的威慑

① 张丽卿:《刑法总则理论与运用》,台北,五南图书出版股份有限公司2011年版,第507页。

力而达到预防其他人不再犯罪的目的。前文已述及,一般预防作为量刑的考量因素容易导致重刑化,不利于人权保障。更何况,社会治安状况的维系并不完全是一个刑罚适用就能解决的问题,其是一个社会综合性治理问题,试图凭借刑罚的适用来提升社会治安状况,有复杂问题简单化之嫌。此外,将社会治安状况作为酌定量刑情节,也与酌定量刑情节提取的实质性标准没有任何关联。质言之,社会治安状况的好坏与个案中犯罪人的社会危害性、人身危险性没有什么联系,因而,很难将具体发生的个案与社会治安状况相互勾连。从以上分析可以看出,社会治安状况不应在量刑阶段作为酌定量刑情节来考量。

(三)酌定量刑情节的量化

在考量了哪些情节可以作为酌定量刑情节之后,随之需要解决的问题则是,如何对提取出的酌定量刑情节进行赋值。对酌定量刑情节进行赋值就是对量刑结果的影响力大小进行综合判断,这是实现酌定量刑情节功能的关键环节。现行《量刑指导意见》对个别常见的酌定量刑情节适用的赋值比例进行了规定,有助于引导法官合理运用自由裁量权,在个案中具体斟酌适用,以更好达致个案公正。但是,具体的酌定量刑情节对量刑结果调整的幅度及大小本身难以通过规范性文件一一作出详尽规定,也不可能提供一个十分精确的运算公式。尽管如此,该问题也并非无章可循。本书认为,可以依据以下三种方法,大致对单个酌定量刑情节的调节比例问题进行认定。

1. 依据罪刑相适应原则

罪刑相适应原则要求罪行与具体的量刑相适应,做到重罪重罚、轻罪轻罚的罪刑相称。该原则不仅是定罪的基本原则,同时贯穿量刑阶段,对酌定量刑情节的适用也极具意义。具体言之:对于重罪来说,趋轻型酌定量刑情节应该被赋予比较小的调整比例,而趋重型酌定量刑情节则应该被赋予比较大的调整比例;对于轻罪来说,趋轻型酌定量刑情节应该适用比较大的调整幅度，而趋重型酌定量刑情节则可以适用比较小的调整幅度。比如，根据现行《量刑指导意见》的规定，“对于犯罪对象为未成年人、老年人、残疾人、孕妇等弱势人员的”，可以增加基准刑的20%以下。在一般性的针对弱势人员的普通盗窃罪中，弱势人员这一酌定量刑情节的调整比例就应该大致限定为增加基准刑的10%以下；但是，在针对弱势人员的抢劫罪中，由于抢劫罪的罪行较普通盗窃罪更重，弱势人员这一酌定量刑情节的调整幅度限定为增加基准刑的10%～20%较为合适。之所以将酌定量刑情节对刑罚影响力的权重大小依据重罪与轻罪进行划分，是因为假如不区分轻、重罪质，单纯对趋重型酌定量刑情节影响刑罚的幅度赋予相同的权重，则会造成同样的趋重型酌定量刑情节在轻罪中从重幅度大，在重罪中反而小的情形出现。这就使刑罚裁量中出现重罪轻罚与轻罪重罚的量刑布局，进而与罪刑相适应原则相悖。

2. 依据犯罪的类别特性

“相同的酌定量刑情节在不同的个案中所起的作用可能不尽相同，其作用不同，对刑罚的影响也必然不相同。假若对酌定量刑情节一体适用同一权重，无论是方法还是结果都会背离刑法的基本要求。”①上面分析了酌定量刑情节赋值是针对不同罪行轻重而区别对待的问题，然而，除了考量罪行的轻重，当适用同一个酌定量刑情节对基准刑进行调节时，还应当对犯罪的类别加以必要的考虑。比如，对现行《量刑指导意见》明确规定的退赃、退赔与赔偿经济损失这一类酌定量刑情节，针对侵犯财产类犯罪与侵犯人身权利犯罪，对基准刑调节的比例不应该相同。与侵犯人身权利犯罪的量刑相比，侵犯财产类犯罪的量刑受到退赃、退赔与赔偿经济损失这一酌定量刑情节的影响力应该更

---

① 王利宾：《酌定量刑情节规范适用研究》，上海社会科学院出版社2010年版，第70页。

大。因为在通常情况下,财产类犯罪的犯罪人是出于贪利性的目的而实施犯罪的,犯罪人自愿剥夺自己的财产偿还给被害人,更能够体现出特殊预防的效果。而对侵犯人身权利的犯罪人人身自由的剥夺往往更能体现出预防的效果。申言之,剥夺财产对财产类犯罪的效果更优于侵犯人身权利的犯罪,更能体现出预防和矫正的目的。① 法官对此应该区别对待,根据犯罪的不同类别而酌情决定酌定量刑情节的调节幅度。

3. 依据情节的本质属性

在对单一酌定量刑情节量化赋值的场合,除考量罪刑均衡以及犯罪的类别之外,更多地需要根据情节本身的属性,结合具体的个案认定,这种情况占据酌定量刑情节适用场合的绝大多数。我们不能希冀量刑指导意见提供所有现成的适用规则让法官参照比对。比如,关于被害人过错这一情节,由于被害人过错与犯罪人的主观恶性相关联,能够体现出犯罪人的特殊预防必要性大小,在司法实践中,被害人过错一般被视作酌定量刑情节,只是一直到 2021 年《量刑指导意见》,该情节仍未能够得到规范确认。在量刑实践中,对千差万别的具有被害人过错的案件,法官到底应当如何确定过错对刑罚的影响力呢？现行《量刑指导意见》对此付诸阙如,某些地方法院则有相应的规定可以参照。比如,2014 年《四川省高级人民法院〈关于常见犯罪的量刑指导意见〉实施细则》就规定:“被害人对犯罪发生有过错的,可以减少基准刑的 30% 以下。(1)被害人对犯罪发生有一般过错的,可以减少基准刑的 10% 以下;(2)被害人对犯罪发生有明显过错的,可以减少基准刑的

---

① 参见郑高键、孙立强:《量刑规范化理论与实务研究》,法律出版社 2017 年版,第 153 页。

30%以下。”[①]由此可见，在具体个案中，法官需要根据被害人过错的程度并结合案件其他情况，综合予以认定，以确定情节调整基准刑的幅度。即使没有类似实施细则等规范性文件让法官参照，法官依然需要根据酌定量刑情节的内部特征深入分析，从而形成一个妥当的结论。实际上，对现行《量刑指导意见》已经明确规定的酌定量刑情节，具体的适用也并不是那么明确，仍然需要法官将目光往返于情节的本质属性与具体个案来进行考量。例如，2021年《量刑指导意见》对当庭自愿认罪这一情节的规定，相对较为明晰：“对于当庭自愿认罪的，根据犯罪的性质、罪行的轻重、认罪程度以及悔罪表现等情况，可以减少基准刑的10%以下。依法认定自首、坦白的除外。”但是，对其他大多数常见量刑情节的适用，基本的规定模式都是在具备该情节的基础上，提示性地规定需要综合考虑案件的其他情况来确定减少的基准刑比例。

上文所提出的依据罪刑相适应、犯罪类别特性与本质属性三个方面的考量因素，实际上都旨在强调一个事实，亦即酌定量刑情节对基准刑的具体赋值比例的适用问题，本质上就是一个针对个案特殊性进行综合认定的问题。正如酌定量刑情节无法穷尽列举一样，具体酌定量刑情节的量化也没有精准完备的适用规则供法官参考，上文所提出的解决方案也仅仅是一个大致可行的示范性规则，最终目的在于引导法官充分发挥自由裁量权，在充分利用酌定量刑情节灵活性特质的基础上综合把握个案的特殊性，以实现个案公正。

三、多个酌定量刑情节的适用规则

多个酌定量刑情节的适用问题，即多个酌定量刑情节的竞合处理，是指在一个待量刑案件中有两个及两个以上的酌定量刑情节发生叠加，从而需要具体适用的情况。由于多个酌定量刑情节的适用规则问

---

①　在2022年6月27日印发的《四川省高级人民法院、四川省人民检察院〈关于常见犯罪的量刑指导意见（试行）〉实施细则》中，已经删除了相关内容的规定。

题被包含于多个量刑情节适用问题的范围之内,且学界多从量刑情节的角度对该问题有所论及,同时,量刑指导意见也有相关规定。因此,为了论述方便,此处拟从多个量刑情节的角度对该问题进行阐述,以期说明问题要旨。

对多个量刑情节的适用规则,2021 年《量刑指导意见》有具体规定:“具有多个量刑情节的,一般根据各个量刑情节的调节比例,采用同向相加、逆向相减的方法调节基准刑;具有未成年人犯罪、老年人犯罪、限制行为能力的精神病人犯罪、又聋又哑的人或者盲人犯罪,防卫过当、避险过当、犯罪预备、犯罪未遂、犯罪中止,从犯、胁从犯和教唆犯等量刑情节的,先适用该量刑情节对基准刑进行调节,在此基础上,再适用其他量刑情节进行调节。”毋庸讳言,现行《量刑指导意见》确立的多个量刑情节的处理规定具有积极的借鉴意义,但由于该规定过于粗疏、简单,不能对量刑实践中涉及的全部问题进行处理。详言之,该意见其实并没有兼顾到量刑情节有从轻、减轻、从重之分,同时,从轻、减轻与从重之间也有相互排列组合的适用场合;此外,多个量刑情节的适用还需要深入量刑理论内部进行挖掘,以归纳出具有指导意义的适用规则。对多个量刑情节的适用规则,我们需要根据不同的情况分别进行探讨。

(一)同向量刑情节竞合的处理规则

同向量刑情节竞合,是指一个待量刑案件存在多个趋重型或趋轻型量刑情节。具体分为两类。

1. 同向趋重型量刑情节竞合

对存在多个从重情节的处理较为简单,只需对各个从重的量刑情节影响基准刑的比例进行确定,然后对各自确定的刑罚比例依照“同向相加”的规则进行累计计算,进而得出具体的刑罚量即可。但是,对此问题有所争议的是,“同向相加”的几个从重情节能否构成加重处罚,即能否超过法定最高刑来确定刑罚量。对此,有学者提出:“先对每一种从重情节在从重幅度内依其在具体案件中的轻重程度情况决定其从重处罚量,然后把多种情节的从重量相加,计算出全案相对于量刑基准的从重处罚量。当然适用的结果同样须受法定刑幅度的限制,不能超过法定量刑幅度的最高刑。”①本书赞同该种观点。如果承认多个从重量刑情节的竞合可以升格法定刑幅度,就意味着变相承认了刑法中存在加重处罚,同时,这也会变相增加行为人的刑罚,进而与罪刑法定原则相悖。

此外,在同向趋重型量刑情节竞合的场合,需要注意的是,采用“同向相加”规则而得出具体的刑罚量时,可以根据案件情况,在法定刑幅度内适当加大处罚力度。因为在一个案件中存在多个从重处罚情节,表明该案的社会危险性及行为人的人身危险性较大,所以从严把握可以体现“重罪重罚”的宽严相济刑事政策要求。

2. 同向趋轻型量刑情节竞合

同向趋轻型量刑情节竞合,仍然适用“同向相加”规则,但是,由于趋轻型量刑情节有从轻情节与减轻情节之分,所以要分情况探讨。

第一,两个及两个以上从轻情节的叠加。两个及两个以上从轻情节叠加在一起适用的时候,需要考虑的问题在于适用的量刑结果能否突破法定刑的下限,即能否降格为一定减轻处罚。通说认为,不能将多个从轻情节降格为减轻处罚情节。但是,在符合《刑法》第 63 条第 2 款的减轻处罚的特殊条件时,可以减轻处罚。② 本书同意通说的观点,认为两个及两个以上从轻情节的叠加降格为减轻处罚缺乏法律依据,而且《刑法》第 63 条第 2 款的减轻处罚的规定需要符合特定的程序,只能

① 蒋明:《量刑情节研究》,中国方正出版社 2004 年版,第 222 页。

② 参见高铭暄、马克昌主编:《刑法学》(第 8 版),高等教育出版社、北京大学出版社 2017 年版,第 259 页。

成为一般量刑情节的适用规则，因为“司法实际工作中，不可能大量存在多个从轻处罚情节竞合都能获得最高人民法院核准为减轻处罚的状况”。[①] 一言以蔽之，在适用多个量刑情节的时候，既需要考虑到罪刑相适应原则做到罚当其罪，也不能轻易改变量刑情节的具体功能。

第二，两个及两个以上减轻情节的叠加。两个及两个以上减轻情节的叠加适用存在的争议问题在于：多个减轻处罚叠加适用能否对量刑的宽宥幅度更进一步加大，即适用免除处罚的问题。对此，否定说主张：“减轻处罚不能是无原则地减轻，而应限于在法定最低刑下一格判处。”[②]与之相反，肯定说则认为，否定说的主张并无具体的法律依据，《刑法》并没有对减轻处罚受到刑罚幅度的限制作出相关规定。[③] 本书赞同否定说的观点，认为两个及两个以上减轻情节在叠加适用的情况下，不能轻易地再次下降刑格而成为免除处罚。一方面，《刑法修正案（八）》对减轻处罚的处理作了明文规定：“犯罪分子具有本法规定的减轻处罚情节的，应当在法定刑以下判处刑罚；本法规定有数个量刑幅度的，应当在法定量刑幅度的下一个量刑幅度内判处刑罚。”因此，肯定说的观点并不能成立。另一方面，从法定刑配置以及罪刑均衡的角度来看，立法者在配置法定刑的时候，会根据不同的情节配置不同的刑罚，充分说明，立法者是根据情节的从重或者从轻（减轻）幅度衔接地配置刑罚。因此，在量刑的时候，法官就应该根据量刑情节来上下衔接地逐一确定刑罚的从轻、减轻幅度，而不应该轻易地破坏这种刑罚阶梯的衔接性，一味地减轻，乃至免除处罚。因此，认为多个减轻情节可以转化为免除处罚，容易使量刑畸轻而宽纵了犯罪分子，从而不符合罚当

---

① 皮勇、王刚、刘胜超：《量刑原论》，武汉大学出版社 2014 年版，第 538 页。

② 赵秉志、彭新林编著：《量刑情节与量刑方法专题整理》，中国人民公安大学出版社 2009 年版，第 49～50 页。

③ 参见中国人民大学法学院刑法专业编：《刑事法专论》（上卷），中国方正出版社 1998 年版，第 388～389 页。

其罪的罪刑相适应原则的要求。

第三，既有从轻情节也有减轻情节的叠加。既有从轻情节也有减轻情节的叠加适用，存在两个疑问：一是减轻情节是否能够吸收从轻情节；二是从轻情节与减轻情节的适用是否存在位阶。对于第一个问题基本争议不大。一般认为，在减轻情节与从轻情节同时存在的场合，减轻情节不能吸收从轻情节，否则不仅会混淆不同量刑情节的功能，还会与全面评价原则相冲突。[①] 对于第二个问题，理论界则存有较大争议。比如，有学者认为："从轻情节与应当减轻情节并存时，虽然不需要考虑先从轻处罚再减轻处罚还是先减轻处罚再从轻处罚的先后顺序，但在依法确定宣告刑时必须要体现减轻处罚。"[②]此外，也有学者认为，对于这种情形，具体适用是有先后顺序的，应该先适用减轻情节，再适用从轻情节。[③] 笔者的看法是，在从轻情节与减轻情节相叠加而形成竞合适用的场合，二者都具有不可替代的功能，都必须体现在对具体基准刑的调节之中，这既是罪刑相适应原则的要求，也有利于实现刑罚个别化背景下的个案公正。还应当承认减轻情节具有优先适用性；否则，便难以体现出从轻情节对宣告刑的影响力。

（二）逆向量刑情节竞合的处理规则

在实践中，同向量刑情节竞合的适用问题，一般遵照"同向相加"的规则来处理，这虽然具有诸多争议，但由于该规则同时受到了法定刑的制约以及罪刑均衡原则的影响，其往往能够得到较妥当的处理。在量刑问题上，真正的难题可能是逆向量刑情节竞合时应该如何处理的问题。量刑情节的逆向竞合，是指一个刑事案件中同时存在趋重型和

---

① 参见皮勇、王刚、刘胜超：《量刑原论》，武汉大学出版社 2014 年版，第 540 页。

② 陈学勇：《谈量刑情节的适用》，载《法律适用》2007 年第 10 期。

③ 参见李洁：《定罪量刑情节若干问题研究》，载《北华大学学报（社会科学版）》2001 年第 1 期。

趋轻型量刑情节的情形，而这种情形要比同向竞合的处理复杂得多。对于此问题，理论界莫衷一是，在量刑规范化改革之前，曾有过诸多学说：(1)整体综合判断说；①(2)绝对抵消说；②(3)相对抵消说；③(4)优势情节适用说；④(5)分别综合判断说；⑤等等。这些学说虽然在理论界与实务界产生了一些影响，但由于自身均存在诸多不足，并未完全被此次量刑规范化改革采纳。关于这一点，本书在此不再赘述。需要主要阐明的是：随着2021年《量刑指导意见》的出台，关于逆向量刑情节的处理已经有章可循，即遵循“逆向相减”且“部分连乘”的规则。目前，对于该规则，理论界褒贬不一，大致持肯定态度，并可细分为两种评价。

其一，部分否定说，即认为量刑指导意见所确立的逆向量刑情节适用规则有部分规则是合理的，有部分内容则不具合理性。例如，有学者认为，“同向相加、逆向相减”的规则具有可行性，但“部分连乘”的规则却难以得到证成。其具体理由是：“如此操作方式相对复杂，以至于部分法官表示操作麻烦和难以理解。”⑥又如，也有学者主张应该倡导“以抵消说为基础的综合判断说”，对量刑指导意见持部分肯定的态度。其认为：“一方面，在某些情况下存在不能被抵消的情节。此时，对这种情节是否优先被适用，还需要进行特殊判断。另一方面，综合判断要求在量刑时，必须遵循一定的先后次序，在此过程中，需要进行选择、判断。”⑦

---

① 参见高铭暄、马克昌主编：《刑法学》，高等教育出版社、北京大学出版社2000年版，第276～277页。

② 参见陈航：《量刑情节的冲突问题研究》，载《法学研究》1995年第5期。

③ 参见邱兴隆等：《刑罚学》，中国政法大学出版社1999年版，第270～272页。

④ 参见马克昌等主编：《刑法学全书》，上海科学技术文献出版社1993年版，第20页。

⑤ 参见周振想：《刑罚适用论》，法律出版社1990年版，第286页。

⑥ 白云飞：《规范化量刑方法研究》，中国政法大学出版社2015年版，第150页。

⑦ 周光权：《刑法客观主义与方法论》，法律出版社2013年版，第264页。

其二,完全肯定说,即认为量刑指导意见所确立的适用规则是完全合理的。比如,有学者就曾提出,“逆向相减”且“部分连乘”的规则属于分级定量评价的范畴,相较而言,它比理论界曾经出现过的其他学说更为合理,更能与量化分析的要求相契合。①

由此可见,对于量刑指导意见确立的量刑情节逆向竞合的适用规则中的“逆向相减”的抵消规则,基本没有太大异议,主要争议集中在“部分连乘”优先规则的合理性问题上。虽然理论界的上述讨论是针对较早之前的量刑指导意见所确立的规则,但由于2021年《量刑指导意见》沿用了之前的规则,故这些讨论仍然具有有效性。对此,我们的基本看法如下。

一是关于逆向竞合问题,2021年《量刑指导意见》的处理具有一定的合理性。从规则确立的立法理由来看,这些予以优先适用的“部分连乘”的量刑情节,均是特定的量刑情节。从理论上说,这些量刑情节属于“修正的犯罪构成”,是影响犯罪行为人的刑事责任大小的主要因素。回到这些“部分连乘”情节本身:未成年人犯罪、老年人犯罪、限制行为能力的精神病人犯罪、又聋又哑的人或者盲人犯罪,防卫过当、避险过当、犯罪预备、犯罪未遂、犯罪中止,从犯、胁从犯和教唆犯等量刑情节,其实也都是影响责任刑大小的情节,而影响责任刑大小的情节既包括表明法益侵害程度的不法事实,也包括有责性程度的事实。具体而言,前者包括未成年人犯罪、老年人犯罪、限制行为能力的精神病人犯罪、又聋又哑的人或者盲人犯罪等情节,而后者涵盖犯罪预备、犯罪未遂、犯罪中止等情节。因此,这些影响责任刑的情节优先对基准刑进行调节,可以提前划定好刑罚的上限,从而为之后的预防刑的调节提供限定框架。概言之,现行《量刑指导意见》这样的布局安排具有一定的

---

① 参见皮勇、王刚、刘胜超:《量刑原论》,武汉大学出版社2014年版,第544页。

合理性。

二是量刑指导意见确立的“部分连乘”优先规则存在不足之处。不难发现,现行《量刑指导意见》所列举的这些情节的确是影响责任刑的情节,也确实是刑法典中所规定的会影响责任刑大小的法定量刑情节,但仅仅通过列举式的规定,难免挂一漏万,会不当地限缩影响责任刑的情节适用的范畴,尤其是,它还没有兼顾到对影响责任刑的酌定量刑情节的适用问题。虽然现行《量刑指导意见》在这些具体情节之后用了“等情节”的字样而没有进行完全闭合式的列举,但是,这样列举式的规定并未抽象出一种规范指引给法官作为裁判指南。此外,即使通过“部分连乘”优先规则对责任刑进行调节,也难以保证得出的责任刑结果能够完全划定刑罚的上限,因为,根据现行《量刑指导意见》的规定,“部分连乘”优先规则适用之后,还需要其他情节继续根据“同向相加、逆向相减”的规则进行调节,而这就难免在之后的调节过程中,会使责任刑不当地提高或者降低,抑或预防刑突破责任刑的上限。故此,本书认为,现行《量刑指导意见》的规定有必要继续进行完善。一方面,需要在“量刑指导原则”中确立责任主义思想,以责任划定刑罚的上限;另一方面,在“调节基准刑的方法”中,也需要贯彻责任主义的思想。具体而言,可以考虑将“部分连乘”优先规则的设置修改为:“具有多个量刑情节的,一般根据各个量刑情节的调节比例,采用同向相加、逆向相减的方法调节基准刑;具有未成年人犯罪、老年人犯罪、限制行为能力的精神病人犯罪、又聋又哑的人或者盲人犯罪,防卫过当、避险过当、犯罪预备、犯罪未遂、犯罪中止,从犯、胁从犯和教唆犯等影响责任刑的量刑情节的,先适用该量刑情节对基准刑进行调节,在此基础上,再适用其他影响预防刑的量刑情节进行调节。预防刑调节的结果不得超过责任刑调节结果的上限。”该种制度设置,既可以达到列举式规定的指引效果,凸显此规范所指引的类概念是“责任刑的量刑情节”，也能够树立起责任刑制约预防刑裁量的机制。

对法定量刑情节来说，由于其适用条件和适用方法均由法律设定，其适用更多地体现为对一般公正的实现。但相比之下，在酌定量刑情节的判断、选择和适用上，法官拥有较大的裁量权，因而酌定量刑情节的规范化适用是刑事司法的一个重要议题。它必须在正确的观念引导之下，用科学合理的方法来实现。可以说，酌定量刑情节的规范化适用对个案公正的实现极为重要，它们实际上可以被看作在一般公正之下，对个案公正实现的一种调节性因素。

结　语

刑事个案公正的实现,既离不开公平正义观念的引导,也离不开具体法律方法的建构。而建构方法的途径必然是综合的和多方位的。本书的研究不可能对此提供一个流水线般体系化、严格化的全景操作图鉴,而只能算是一个初步的探索。

法律的有限性和社会生活的复杂性,决定了“司法审判的核心其实就是判断力的行使”,就是通过行使判断力,达致个案公正。也就是说,要将法律的普遍正义落实到具体案件中,离不开司法者对案件的具体审查和判断;个案公正取决于这种具体判断,而不是取决于先前某个同类案件。因此,“同案同判”司法理念,并不能作为个案公正实现的标志。尽管“同案同判”所体现的平等观念至关重要,但是,由于判定“同案”并不容易,主张“同判”也不尽合理,这一被高度肯定的司法准则并不具有实践中的工具性价值。而如果让被绝对化的

“同案同判”命题回归到“类似案件类似判决”,就必须承认差异化判决的合理性。

在此,我们应当区分为不合理的“同案异判”与合理的差异化判决。就刑事案件来说,差异化判决仍然在相对意义上实现了刑罚均衡,不能轻易给其贴上“同案不同判”的标签而加以批判。案件处理结果的具体妥当性,只能建立在法律论证的基础上,包括对定罪的论证和对量刑的论证。因此,承认差异化判决,也必然需要对法官的论证责任提出更高要求,这也与目前强化司法责任制的司法体制改革的基本精神相暗合。在司法责任制下,主审法官需要对案件的正当性、合法性、合理性负责,追求个案公正不仅成为司法的内在动力和基本目标,而且对案件具体妥当性的论证,也成为法官对案件承担责任的直接体现。

由于司法实践中普遍存在的乃是“相似案件”(实质上的“异案”),而非“同案”,差异化判决不仅是正常的现象,而且不可避免。相应地,我们真正需要解决的现实问题其实是“类似案件不类似处理”,而非“同案不同判”。本书认为,“同案同判”命题不能解决刑事案件判决的公正性问题,因为面对“同案”,“同判”本身无法说明案件判决的实质合理性,它能够解决的仅是司法的统一性问题。在很多情况下,这种“统一”恰恰不利于个案公正的实现。因此,判决正当性的论证并不能建立在“同案同判”的基础上,而只能建立在个案理由阐释的基础上。

在此,所要强调的仅仅是,对于所谓的“同案”,若再无区分对待的事实因素存在,当然应该“同判”;但是,不应以“同案同判”这一并非严谨的命题来排斥对案件的个别化思考。这一观点立论的基础在于,一切所谓“同案”事实上不过都是“类似案件”,而由此导出的“类似判决”当然只求“类似”,而不必求“同”。由于“类似”存在程度问题,其包含了“同”与“不同”,巨大的“不同”已非“类似”,因而差异化判决实际上亦拒斥“类似案件不类似处理”。从这一点来看,刑事案件合理的差异化判决与刑事个案公正之间具有内在的一致性。

还需要特别提示的一点是,差异化判决之合理性的论证中包含着一项非常重要的要求:法官需要对案件判决结果进行个别化论证。因为"在法院里,'正义'必须显示它自己是一个论证的结论,这个论证设计来尽可能最好地表明这是法律就此事件而言的意义";[①]因此,法院没有理由仅以逻辑推导的"同判"来回避自己对个案的具体妥当性加以论证的义务。

由于成文法本身的局限以及社会生活的变动不居,司法机关在适用法律时应当享有一定的灵活适用法律的权力。不仅法官的裁量权和法律解释权应当得到承认,而且在很多情况下法官个人的价值判断对于法律适用中个案正义的实现也是必不可少的。即便是在刑法领域,"法官只是适用法律的机器"也完全是一种不切实际的观念。实际上,无论是在事实认定、法律适用上,还是在定罪量刑上,法官都必须享有一定的裁量权,以便克服刑法的僵化性、滞后性的缺陷,这也是实现刑罚个别化和法律适用结果上的具体妥当性所必需的。

法律解释是法律适用的前提。从追求司法公正的意义上理解法律适用,可以认为,法律适用就是将法律的一般公正加以对象化、具体化,体现为个案公正的过程。严格来说,法律解释问题是法律方法问题,是司法技术问题,也就是准确、合理地理解法律条文,并将其适用于具体案件的一种观念、方法和技巧。从方法论的意义上说,刑法解释也是实现刑事个案公正的一种不可或缺的司法技术。要正确地适用法律,首先必须准确地理解法律,而理解其实就是解释。所以有人说,"法律必先解释而适用",适用法律的过程中必然会伴随对法律的解释。而法律解释的观念与方法对刑事个案公正实现的重要意义,也是不言而

① [英]迈克尔·欧克肖特:《政治中的理性主义》,张汝伦译,上海译文出版社2003年版,第179页。

喻的。

随着我国依法治国方略的施行以及新一轮司法改革的纵深推进，个案公正的实现与否势必会成为检验改革成败的"试金石"。个案公正不仅是从形式正义过渡到实质正义的关键环节，也是彰显司法公正的重要途径。而欲实现个案公正，需要从多个维度深入：首先，从观念上使法官在量刑过程中不拘泥于既有的"同案同判"以及"重刑主义"等误导性思想，而从贯彻体系性思考以及并合主义的角度充分发挥司法能动性。其次，在以量刑指导意见为代表的规范文本上进行适当扩张与修正，创设一定的灵活性机制，进而为法官合理兼顾个案特殊性提供规范指引。最后，也是最需要明确的一点，观念与文本最终都需落脚到司法技术上并体现为量刑实践。故而，在司法技术层面寻求突破方是问题的根本解决之道。

鉴于此，我们主张在维护目前量刑改革所确立的量刑方法的前提下，合理指引法官确立基准刑，为个案公正的实现构建量刑均衡与稳定的基础。与此同时，充分调动法官灵活适用酌定量刑情节以甄别个案的特殊性；此外，最高人民法院持续推进的案例指导制度也是实现个案公正必不可少的有益补充。当然，也应该清醒地认识到，量刑规范化改革背景下个案公正的实现问题是一个宏大的理论叙事，而在此宏大的叙事背后，具体方法的建构对司法实践而言才是更迫切的任务，其对个案公正的实现尤为重要。

后　记

本书是我主持的2017年国家社会科学基金一般项目“实行刑事个案公正的法律方法研究”(项目编号:17BFX189)的最终研究成果。当初之所以选择这一研究议题,是因为刑事个案公正是司法公正的最直接反映,具有很强的现实意义,也是一个极复杂的理论与实践难题。我试图通过对这一议题的研究,为刑事个案公正的实现提供一套系统化的法律方法。因而,我希望这种研究是技术性的,而不是理论性的,以便更具司法实践上的方法论意义。

坦率地讲,这个最终成果的面貌并未完全达到我申报项目时的理论设想,虽有未竟之意,但也只能以不完美的方式画上句号。留下的遗憾,或许再无机会进行补救。就如一个孩子的诞生一样,一部书一旦形成,就成为一种客观的存在,要想再去改变它的基本面貌,是一件相当困难的事,除非我想重新写，但我并没有精力和勇气去做这样的努力。所以，犹豫再三，决定就以结项时的文本提交出版社，出版后愿接受读者的任何批评。

本书由我和倪震博士二人撰写。倪震是我在东南大学法学院工作时指导的博士研究生，现任教于常州大学史良法学院。作为项目课题组成员，倪震独立撰写了本书第一章第六部分、第五章第三部分、第八章、第九章，其余各章由我撰写，并由我对全书进行了校改。

在本书即将付梓之际，特向发表过项目阶段性成果的《中国法学》《法学》《法律科学》《法商研究》《环球法律评论》等期刊及相关责任编辑表示感谢。也特别感谢法律出版社王锋副社长、陈妮编辑在本书出版过程中给予的支持和帮助。书中存在的问题，由我负全部责任。

2024 年 4 月 26 日